人口減少時代に打ち克つ!

自治体 生存戦略

どの自治体でも取り組める **3** つの視点と **10** のポイント

松木茂弘 [著]

JN021726

学陽書房

はじめに

　平成から令和に元号が改定されましたが、私自身、1989年（平成元年）から30年あまり、自治体行政の現場で主に財政担当を中心に携わってきました。現在も自治体の職員として自治体経営に携わり、新しいニーズへの対応と行財政運営に悪戦苦闘を繰り返しています。

　人事異動が頻繁に行われるのが常の自治体の中にあって、企画・財政部門を事務担当者からマネージャーまで担当してきたのは、かなり珍しいのではないかと思っています。私自身は、地方財政の研究者でもコンサルタントでもなく実務者ですが、この特異な経験の中で、自治体が抱える矛盾や役所体質と揶揄される課題、改善・改良にスピード感がない守り重視で国依存体質の現場を体験し、苦しい経験をしてきています。学術的なあるべき論や制度論だけで改善されない問題は多々あります。それでも自治体経営のあり方を研究し、新しい取り組みへのトライ＆エラーを繰り返しながら自治体の行財政改革に取り組んでいます。

　新しい取り組みにチャレンジしているのは、自治体の未来に、決して明るさを感じないからです。これから、本格的に人口減少、少子高齢化が進み、税収が減少していく苦難の時代が来ます。これは、想像以上に大変なことです。これまでのように対症療法で手法を改良するだけでは対応できないといった焦りを感じています。平成の30年間は、バブル崩壊後の税収が増えない中で、行政ニーズの多様化、複雑化に対応すべく、何とかやりくりをしてきた時代でした。そのやりくりを支えたのが、国の地方財政対策であり、多くの自治体が地方交付税制度によって支えられ、今日を迎えているといっても過言ではないでしょう。では、自治体は、いつまでこの体制を継続できるのでしょうか。本当に、このまま国の庇護のもとで大丈夫なのでしょうか。

　これが、私自身がチャレンジを止められない理由です。日に日に、将来の自治体経営に対する不安は大きくなってきています。また、この不安は、多くの自治体職員が抱く共通のものではないかと思います。

　では、これからの時代は、いったいどうすればいいのでしょうか。そのためには、今一度、これまでの自治体経営の取り組みを検証し、新しい時代に対応する経営手法を再構築していく必要があります。まさに、税収を含め財源が減少する時代の中での生き残り戦略です。

　本書のねらいはそこにあります。まずは、第1章で地方自治体を取り巻く環境を再認識します。特に、これまで地方自治体の行政経営を支えてきた地方交付税制度と地方がこれから対峙しなければならない社会保障制度について、それぞれの制度と地方財政に与える課題について整理します。

第2章では、これから迎える人口問題について考えます。人口問題はどのように地方自治体の行政経営に影響を与えるのか、そこをしっかりと押さえておきたいと思います。人口問題の影響を的確に把握することが、自治体の戦略や経営手法の再構築には必要となります。

　次に、第3章では、自治体の行政経営における実践ポイントを10項目取り上げ、これまでの取組みを検証します。平成の時代に行ってきた取組みは、次の時代に向けてのヒントを多く内包しています。特に、行政経営の失敗から学ぶことが大切です。失敗を繰り返さないためにも、そのエッセンスを次の時代に生かすことが必要です。

　最後に、第4章で、自治体経営にこれから必要な視点を三つ提案します。ここは、これから取組みが求められる部分です。この先、より一層不透明な時代を迎えます。特に、行革のあり方、人材戦略、自治体間連携は非常に重要なテーマになってきます。したがって、その取り組みの方向性について提案します。

　本書では、あえて「自治体経営」「行政経営」という表現を用いています。なぜ、「自治体運営」でなく「自治体経営」を使うのかと疑問をもたれる方もおられると思いますが、これまでよく使われてきた「運営」と「経営」の違いを明らかにして、ここをベースにして考えたいからです。「運営」は、団体が機能を発揮させることができるように組織をまとめて動かしていくことであると理解しています。一方で「経営」は、事業目的を達成するために、継続的・計画的に意思決定を行って実行に移し、事業を管理・遂行することです。その意味では、経営が民間の会社経営だけの言葉でなく、PDCAサイクルを回してよりよい行政サービスを展開する自治体にもあてはまるもので、この経営の概念が大切であると考えています。

　また、本書では、私自身が関西地区の自治体職員と一緒に現場に赴いて勉強した内容と兵庫県川西市（人口約15万人）の取り組み事例をもとに編集しています。自治体の取り組みや川西市の事例は、すでに情報公開されている資料をベースにしていますが、考え方の部分はあくまでも私見です。なお、1,724市町村（2019年11月末時点）には、政令指定都市から村まであり、人口規模や担う地域の大きさによって、その組織や行政経営の手法に差があります。本書で紹介する内容が読者の皆様が考える自治体経営との間に、若干のずれが生じることはご容赦いただきたいと思います。

　その上に立って、自治体で仕事をするものとして、これから迎える難しい時代の自治体の舵取りについて、向かうべき方向性を共通項として捉えてお読みいただき、今後の自治体経営のヒントをつかんでいただければと思っています。

　　　　　　　　　　　　　　　2020年（令和2年）1月　　松木 茂弘

第3章　自治体力強化の10のポイント

第1章

自治体を取り巻く環境

1 ▶ 自治体の行財政制度

（1）財源保障の制度を理解することが基本のき
～自治体の行政経営は国で制度補完されているが、これからは不透明に～

　自治体が行政サービスを行う場合、行財政制度、とりわけ、地方財政制度と地方交付税の仕組みを的確に把握しておく必要があります。自治体職員の中には、「そういう制度のことは、財政担当がわかっていればいいのだ」と言う人もいますが、実はそこが一番大切なところであり、特に、自治体経営に関わる幹部職員をはじめ各セクションのリーダーはここを正しく認識して行政サービスの制度設計を行っていかなければなりません。あわせて、行財

図表1－1　地方財政の果たす役割

> ○　我が国の内政を担っているのは地方公共団体であり、国民生活に密接に関連する行政は、そのほとんどが地方団体の手で実施されている。
> ○　その結果、政府支出に占める地方財政のウェートは国と地方の歳出決算・最終支出ベースで約3／5となっている。

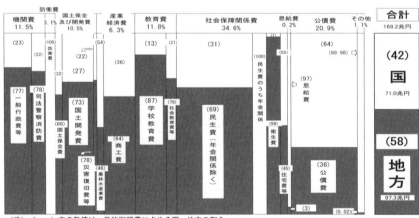

（注）　（　）内の数値は、目的別経費に占める国・地方の割合
　　　計数は精査中であり、異動する場合がある。

（出所：総務省HP）

政改革を検討し、実践していく際には、この部分の知識が必要不可欠です。

　なぜなら、すべての行政サービスに共通して、地方財政制度としての財源保障がしっかり効いた制度設計になっているからです。ここではその部分を整理しておきます。

　図表１－１では、我が国の内政を担っているのが自治体であることを目的別に整理しています。合計のところで見れば、国が約42％、地方が約58％となっていますが、目的別に内訳を見れば、民生費、衛生費、学校教育費、国土開発費等で自治体の役割が大きくなっていることがわかります。一方、この地方の支出に対応する税収が、地方にどれだけ担保されているのかということがポイントになります。つまり入りと出のバランスです。このバランスをとることが課題になっています。

　バランスをとるには、二つの側面から捉えることが必要です。一つは、地方全体として、地方が担う支出額に相応の財源が得られる地方税の体系になっているかというマクロの観点、二つには、1,724の自治体ごとに財源の対

図表１－２　国・地方の税源配分について

◎国・地方の歳入歳出（平成29年度決算）

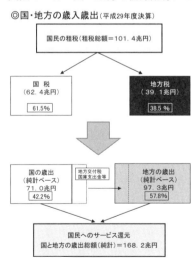

◎税源配分の推移

年度	租税総額	国　税	地方税	〈法人事業税への復元時ベース〉
H20	84.7兆円	45.8兆円【54.1%】	38.9兆円【45.9%】	
H21	74.2兆円	40.2兆円【54.2%】	34.0兆円【45.8%】	〈46.7%〉
H22	77.4兆円	43.7兆円【56.5%】	33.7兆円【43.5%】	〈45.3%〉
H23	78.7兆円	45.2兆円【57.4%】	33.5兆円【42.6%】	〈44.6%〉
H24	80.8兆円	47.0兆円【58.2%】	33.8兆円【41.8%】	〈43.9%〉
H25	85.9兆円	51.2兆円【59.6%】	34.7兆円【40.4%】	〈42.7%〉
H26	93.9兆円	57.8兆円【61.6%】	36.0兆円【38.4%】	〈40.9%〉
H27	98.3兆円	60.0兆円【61.0%】	38.3兆円【39.0%】	〈41.1%〉
H28	97.5兆円	59.0兆円【60.5%】	38.6兆円【39.5%】	〈41.4%〉
H29	101.4兆円	62.4兆円【61.5%】	39.1兆円【38.5%】	〈40.3%〉
H30見込	103.5兆円	63.8兆円【61.6%】	39.7兆円【38.4%】	〈40.4%〉
R1計画	106.7兆円	66.4兆円【62.3%】	40.2兆円【37.7%】	〈39.7%〉

（注）精査中であり、数値が異動することがある。
（注）地方税には、超過課税及び法定外税等を含まない。
（注）国税は地方法人特別税を含み、地方税は地方法人特別譲与税を含まない。

（注）地方税には、超過課税及び法定外税等を含まない。
（注）枠外の〈 〉は、国税に地方法人特別税を含まず、地方税に地方法人特別譲与税を含めた場合の地方の配分比率である。
（注）「H30見込」は国税においては補正後予算額、地方税においては推計額（H30.12時点）である。

（出所：総務省ＨＰ）

応ができているかというミクロの観点です。

　地方税として課税客体の捉え方や税源の偏在などの課題があって、マクロ・ミクロ両面においてアンバランスになっていますので、その部分を地方財政制度でもって補完しているのが実態です。

（2）マクロ（地方全体）とミクロ（自治体）で考える

　図表1－2は、マクロとして、地方の収入（租税）と支出（歳出）がアンバランスになっている状況を表しています。地方の支出（歳出）が国・地方全体の約58％を担っているのに対し、地方の収入（租税）総額は全体の約40％となっています。これでは地方は支出ができないので、国から自治体に財源移転が行われています。この主なものが地方交付税、国庫支出金です。この財源移転でもって、地方に必要となる行政サービスの財源をマクロの観点から財源保障しているところです。

　この財源保障は、地方財政計画を策定することで対応しています。総務省は、この地方財政計画による財源保障と地方財政計画の役割を次のように説明しています。

地方財政計画を通じた財源保障

　人口や産業の集積の度合いによる地域間格差や景気の動向による税収の年度間格差にかかわらず、地方公共団体がその重要な責任を果たすことが出来るよう地方財政計画（多種多様な地方公共団体の財政の複合体である地方財政の規模や収支見通しを全体として捉えたもの）を通じて、地方の財源を保障し、地方交付税や地方債などにより各地方公共団体に財源保障をしています。

（出所：総務省ＨＰ）

図表1－3　地方財政計画の役割

地方交付税法（昭和25年法律第211号）
（歳入歳出総額の見込額の提出及び公表の義務）
第7条　内閣は、毎年度左に掲げる事項を記載した翌年度の地方団体の歳入歳出総額の見込額に関する書類を作成し、これを国会に提出するとともに、一般に公表しなければならない。
　　1　地方団体の歳入総額の見込額及び左の各号に掲げるその内訳
　　　イ　各税目ごとの課税標準額、税率、調定見込額及び徴収見込額
　　　ロ　使用料及び手数料
　　　ハ　起債額
　　　ニ　国庫支出金
　　　ホ　雑収入
　　2　地方団体の歳出総額の見込額及び左の各号に掲げるその内訳
　　　イ　歳出の種類ごとの総額及び前年度に対する増減額
　　　ロ　国庫支出金に基づく経費の総額
　　　ハ　地方債の利子及び元金償還金

【 地 方 財 政 計 画 の 役 割 】

①　国家財政・国民経済等との整合性の確保

　→　国の毎年度の予算編成を受けて、予算に盛られた施策を具体化するとともに、地方財政との調整を図る。

②　地方団体が標準的な行政水準を確保できるよう地方財源を保障

③　地方団体の毎年度の財政運営の指針

したがって、次に掲げるような経費は地方財政計画には計上していない。
　○歳入
　　・超過課税、法定外普通税、法定外目的税

　○歳出
　　・国家公務員の給与水準を超えて支給される給与

（出所：総務省ＨＰ）

図表１−４　人口一人当たりの税収額の指数（５年平均（H25〜 H29決算））

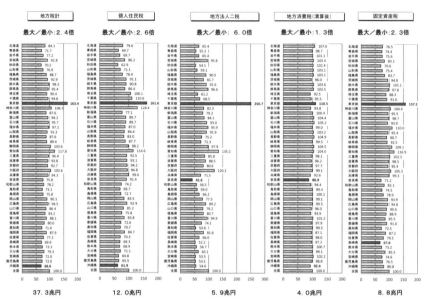

※上段の「最大／最小」は、各都道府県ごとの人口1人当たり税収額の最大値を最小値で割った数値であり、下段の数値は、税目ごとの税収総額である。
※地方消費税の税収額は、平成30年度に適用される清算基準に基づき清算を行った場合の理論値である。

（出所：総務省ＨＰ）

　次に、ミクロの観点からの対応です。税源に偏在があることから、それを是正するために財源を調整する仕組みが必要です。図表１−４では、都道府県ごとの税源の偏在の実態を表しています。地方税全体で見ると、東京都と沖縄県で2.4倍の偏在があります。

　また、図表１−５、１−６では、この偏在の税目ごとのこれまでの推移と三大都市圏に税収が大きく偏在していることを示しています。これらの図表から、法人税に大きな偏在がある一方で、地方消費税の偏在度が低くなっていることがわかります。このため地方税改革の基本的なスタンスは、法人税はできるだけ国の財源に、偏在度が小さい地方消費税はできるだけ地方の財源にとなっているところです。

図表１−５　人口一人当たり税収額の偏在度の推移

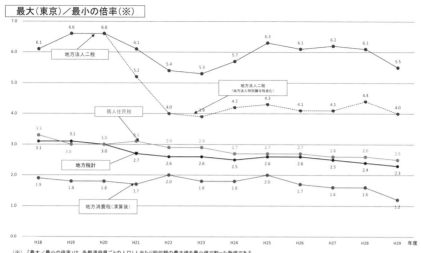

（注）（※）「最大／最小の倍率」は、各都道府県ごとの人口１人当たり税収額の最大値を最小値で割った値である。
（注１）税収額については各年度の決算額（各年度とも超過課税及び法定外税等を除く。）であり、人口は住民基本台帳人口（24年度までは各年度末日、25年度以降は各年度1月1日）による。
（注２）「個人住民税」の税収額は、個人道府県民税（均等割及び所得割）及び個人市町村民税（均等割及び所得割）の合計額である。
（注３）「地方法人二税」のH21以降の点線は、地方法人二税に地方法人特別譲与税を加えた額である。
（注４）平成28年度の「地方消費税（清算後）」は平成28年度決算における清算前の税収を、平成28年度に適用される清算基準に基づき清算を行った場合の理論値である。平成29年度は平成29年度決算における清算前の税収を、平成30年度に適用される清算基準に基づき清算を行った場合の理論値である。

（出所：総務省ＨＰ）

図表１−６　地方税収に占める３都府県の割合（平成29年度決算額）

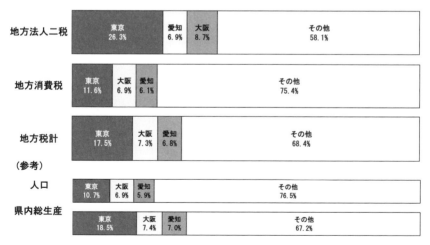

（注）１．値は平成29年度決算額の全国計におけるシェアであり、地方消費税清算後ベースである。
　　　２．地方法人二税は、法人住民税及び法人事業税の合計から超過課税等を除いた額によるものである。
　　　３．地方消費税は、平成29年度決算における清算前の税収を、平成30年度に適用される清算基準に基づき清算を行った場合の理論値である。
　　　４．地方税計は、地方法人特別譲与税を含まず、超過課税及び法定外税等を除いた額によるものである。
　　　５．人口は住民基本台帳人口（平成30年1月1日時点）の全国計におけるシェアである。
　　　６．県内総生産は平成26年度の全国計におけるシェアである。

（出所：総務省ＨＰ）

（3）地方交付税の役割と一般財源の確保

　この財源の偏在を調整する手法に地方交付税制度があります。地方交付税による財源調整を総務省は次のように説明しています。

地方交付税による財源調整
本来、地方公共団体の財源は自ら徴収する地方税など自主財源をもって賄うことが理想です。しかし、現実には税源などは地域的に偏在しているため、これを調整し、地方税収の少ない団体にも、一般財源（使途が特定されず、どのような経費にも使用することができる財源）を保障するための仕組みが必要となります。このような趣旨から設けられたのが地方交付税制度です。

（出所：総務省ＨＰ）

　では、この地方交付税はどのように決まるのでしょうか。地方交付税の総額は、国の責任において見積もった地方全体の財政需要である地方財政計画の歳出に対して、地方税収入の見込額や、国の予算に盛り込まれた地方の一般会計等に対する国庫支出金の交付予定額、投資的経費に一定割合として決まる地方債などの地方財政計画の歳入を積上げ、地方財政計画の歳出と同額の歳入を確保するための額として決まります。[1]

　つまり、地方交付税は各団体の財源不足額の合計値を積み上げたものではなく、あるべき姿としての地方全体の財政収支見込額における総額の財源不足額を各自治体のあり様に基づいて配分される仕組みだということです。

　ここは自治体にかなり誤解される点であり留意が必要です。地方交付税は、決められた総額を配分ルールに基づいて交付されているイメージです。「必要な額が交付されていない」などの自治体関係者からの意見を仄聞することがありますが、必要となる額は地方財政制度の中で財源保障されているといった理解が必要です。

　では、次に、その地方財政全体の一般財源はどのような水準で財源保障されているのかを見てみましょう。図表１－８は、「地方一般財源総額　実質同水準」ルールについて、財務省がまとめたものです。一般財源とは、地方財政計画の地方交付税から臨財債（臨時財政対策債）までの62.8兆円を表して

1　小西砂千夫『財政学』172頁（日本評論社、2017年）

図表1－7　地方交付税の概要

1　地方交付税のしくみ

○所得税、法人税、酒税、消費税の一定割合及び地方法人税の全額とされている**地方交付税は、地方公共団体間の財源の不均衡を調整し**、どの地域に住む国民にも一定の行政サービスを提供できるよう**財源を保障するためのもので、地方の固有財源である。**

地方交付税制度の概要

性　格：本来地方の税収入とすべきであるが、団体間の財源の不均衡を調整し、すべての地方団体が一定の水準を維持しうるよう財源を保障する見地から、国税として国が代わって徴収し、一定の合理的な基準によって再配分する、いわば**「国が地方に代わって徴収する地方税である。」**（固有財源）

（参考　平成17年2月15日　衆・本会議　小泉総理大臣答弁）
　　　地方交付税改革の中で交付税の性格についてはという話ですが、地方交付税は、国税五税の一定割合が地方団体に法律上当然帰属するという意味において、地方の固有財源であると考えます。

総　額：所得税・法人税の33.1％、酒税の50％、消費税の22.3％、地方法人税の全額

種　類：普通交付税＝交付税総額の94％、特別交付税＝交付税総額の6％

__普通交付税の額の決定方法：__

　各団体ごとの普通交付税額　＝　（基準財政需要額　－　基準財政収入額）　＝　財源不足額
　基準財政需要額　＝　単位費用（法定）　×　測定単位（国調人口等）　×　補正係数（寒冷補正等）
　基準財政収入額　＝　標準的な地方税収入見込額　×　原則として75％

普通交付税の仕組み

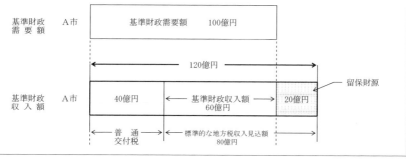

（出所：総務省ＨＰ）

図表1−8 「地方一般財源総額 実質同水準」ルールについて

○ 「地方一般財源総額実質同水準ルール」とは、財政健全化目標の達成に向けて、地方が国の取組と基調を合わせた歳出改革に取り組みつつ、安定的な財政運営を確保する観点から、一般財源の総額(注)について、実質的に同水準を確保するとするもの。
　(注) 一般財源総額とは、地方交付税、地方特例交付金、地方税、地方譲与税及び臨時財政対策債の総額。
○ 平成23年度に導入され、平成30年6月に策定された「新経済・財政再生計画」においては、同ルールを令和3(2021)年度まで維持する旨が規定されている。

令和元年度地方財政計画 （単位:兆円）

【歳出:89.6】	【歳入:89.6】	
給与関係経費:20.3	地方交付税:16.2	一般財源
	地方特例交付金等:0.4	
一般行政経費:38.4 うち、補助分:21.5 うち、単独分:14.2 うち、まち・ひと・しごと 　創生事業費:1.0 うち、重点課題対応分:0.27	地方税・地方譲与税:42.9	
投資的経費:13.0	臨時財政対策債:3.3	
	国庫支出金:14.7	特定財源
公債費:11.9	その他地方債:6.2	
水準超経費:2.0	その他:6.0	
その他:3.9		

新経済・財政再生計画における記述

（「骨太2018」(平成30年6月15日閣議決定)）

③ 地方の歳出水準については、国の一般歳出の取組と基調を合わせつつ、交付団体をはじめ地方の安定的な財政運営に必要となる一般財源の総額について、2018年度地方財政計画の水準を下回らないよう実質的に同水準を確保する。

※ 特定財源
・「国庫支出金」は、一般行政経費(補助)及び投資的経費(補助)の財源。
・「その他地方債」は、建設事業費や災害救助・復旧事業費等の適債事業の財源。
・「その他」は使用料及び手数料、雑収入。

（出所：財務省ＨＰ）

いています。図表右側は「経済財政運営と改革の基本方針2018」（骨太方針2018）に示された一般財源総額の確保の文章です。

　では、この一般財源総額はどのように水準が確保されてきたのかを時系列で見てみましょう。図表1−9は、財務省が示している資料です。一般財源総額は、2011年度（平成23年度）に一般財源総額実質同水準ルールを設定してから、消費税率の引き上げのあった年度を加味して確保されています。

　重要なところは、総額は確保されているということです。2002年度（平成14年度）から2004年度（16年度）までに三位一体改革で地方の一般財源総額は大きく減額され、自治体の財政運営は大きな影響を受けました。その後、地方の行財政運営を安定化させることを主眼にした取り組みで安定的な財源確保がなされて、一定額の財源確保が保障されるようになってきたところです。

　ただ、総額は維持されているだけで消費税率改定分を除いては、一般財源総額は伸びているわけではありません。そこが自治体の行財政運営で正しく認識しておく必要があるところです。言い換えれば、増税が行われない限り、一般財源は増えないという認識が必要です。国の財政事情を見ると歳出

図表１－９　地方一般財源総額の推移（地方財政計画ベース）

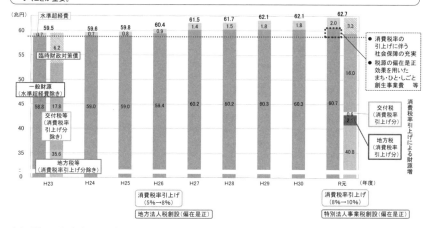

○ 一般財源総額実質同水準ルールに基づく毎年度の予算編成の結果、地方の一般財源総額は、不交付団体の水準超経費（注）や消費税率の引上げに伴う社会保障の充実等に相当する分を上乗せした水準で維持されている。

　（注）水準超経費（＝不交付団体の基準財政収入が基準財政需要を超過する額）を含めて一般財源総額を同額とした場合、不交付団体における税収増に伴って交付団体の財源（地方交付税）が減少することとなる。

○ 税収増（自然増＋制度改正増）により交付税総額が増額した分を、一般財源総額実質同水準ルールの下、臨財債の圧縮に充てていくことが重要。

（出所：財務省ＨＰ）

削減は必須事項であることがわかります。

　図表１－10は、近年の国の財政事情です。増税が行われても歳入歳出の乖離が大きく、依然として多額の国債発行を余儀なくされています。財務省が地方財政に厳しい目を向けるのはこのような財政事情がバックにあることを、自治体の職員は認識しておく必要があります。

　この観点を外して我田引水的な発想で、地方交付税を中心とした地方の一般財源の増額に期待した行財政運営をすることはできず、一般財源総額が維持されている間に、将来に向けた自治体の体質改善に取り組むことが必要であることは明らかです。

図表1−10 一般会計における歳出・歳入の状況

> 我が国財政は歳出が歳入（税収）を上回る状況が続いています。その差は借金である国債（建設公債・特例公債）の発行によって賄われています。

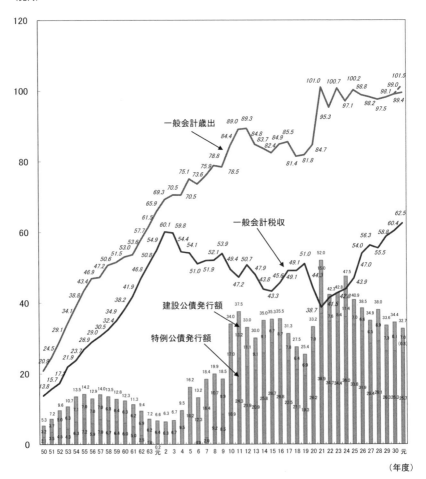

（注1）平成30年度までは決算、令和元年度は予算による。
（注2）公債発行額は、平成2年度は湾岸地域における平和回復活動を支援する財源を調達するための臨時特別公債、平成6〜8年度は消費税率3％から5％への引上げに先行して行った減税による租税収入の減少を補うための減税特例公債、平成23年度は東日本大震災からの復興のために実施する施策の財源を調達するための復興債、平成24年度及び25年度は基礎年金国庫負担2分の1を実現する財源を調達するための年金特例公債を除いている。
（注3）令和元年度の計数は、一般会計歳出については、点線が臨時・特別の措置に係る計数を含んだもの、実線が臨時・特別の措置に係る計数を除いたもの。また、公債発行額については、総額は臨時・特別の措置分も含めた計数、（）内は臨時・特別の措置に係る建設公債発行額。

（出所：財務省ＨＰ）

2 社会保障経費の増加が行財政運営に与える影響
～全体最適と部分最適のバランスをとることがポイント～

（1）社会保障経費の推移と財源

　自治体の行政経営は、大変厳しい環境にあると言われています。その要因に挙げられるのが、社会保障経費の増加です。

　社会保障経費は、図表1－11で示しているように、ここ近年、急激に増加しています。2019年度（令和元年度）予算ベースで見ると年金、医療、福祉その他の合計として約124兆円の支出があり、国民所得の約30％に達しています。半世紀前の1970年度（昭和45年度）が約6％であることを考えると急増している実態がわかります。

　社会保障経費の枠組みは、年金、高齢者医療、介護の高齢者向けの3経費に子育て支援をあわせた4経費であり、全世代対応型の社会保障になってい

図表1－11　社会保障給付費の推移

（兆円）		1970	1980	1990	2000	2010	2019（予算ベース）
	国民所得額（兆円）A	61.0	203.9	346.9	386.0	361.9	423.9
	給付費総額（兆円）B	3.5（100.0%）	24.8（100.0%）	47.4（100.0%）	78.4（100.0%）	105.4（100.0%）	123.7（100.0%）
	（内訳）年金	0.9（24.3%）	10.3（41.7%）	23.8（50.1%）	40.5（51.7%）	52.2（49.6%）	56.9（46.0%）
	医療	2.1（58.9%）	10.8（43.4%）	18.6（39.3%）	26.6（33.9%）	33.6（31.9%）	39.6（32.0%）
	福祉その他	0.6（16.8%）	3.7（14.9%）	5.0（10.6%）	11.3（14.4%）	19.5（18.5%）	27.2（22.0%）
	B／A	5.77%	12.15%	13.67%	20.31%	29.11%	29.28%

資料：国立社会保障・人口問題研究所「平成28年度社会保障費用統計」、2017～2019年度（予算ベース）は厚生労働省推計、2019年度の国民所得額は「平成31年度の経済見通しと経済財政運営の基本的態度（平成31年1月28日閣議決定）」
（注）図中の数値は、1950,1960,1970,1980,1990,2000及び2010並びに2019年度（予算ベース）の社会保障給付費（兆円）である。

（出所：厚生労働省ＨＰ）

る状況です。この中でも、特に、年金と医療の経費が急増しています。我が国が直面する課題である人口減少、少子高齢化に伴い、この社会保障経費の推移はよく理解できるところでもあります。

　この社会保障経費が、自治体の経営にどのような影響を与えているかを理解しておく必要があります。

　図表1−12は、この社会保障を支える財源面からまとめた資料です。社会保障の主な項目を横軸に並べてあり、上下左右にその費用を支えているステークホルダーと金額が表示されています。国庫からの支出が33.1兆円、保険料の負担が70.2兆円、地方自治体の地方負担が13.8兆円、そのほか、運用利子等の資産収入等で賄っている形になっています。地方負担の13.8兆円は、表の中に示しているように都道府県と市町村で分担している形になっています。

　この図表1−12を鳥瞰するとわかるように、我が国の社会保障制度は大きく保険料に依存した財源構成になっていて、諸外国と比較しても保険料に依存する部分が大きく、税負担よりかなり多くなっているのが特徴です。ま

図表1−12　社会保障財源の全体像（イメージ）

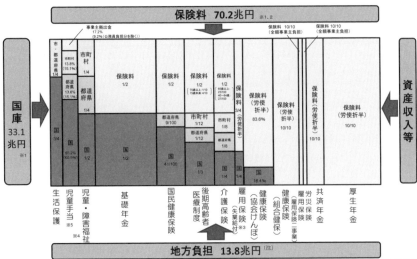

（注）※1 保険料、国庫、地方負担の額は平成30年度当初予算ベース。※2 保険料＋事業主拠出金を含む。※3 雇用保険（失業給付）については、平成29〜31年度の3年間、国庫負担額（1／4）の10%に相当する額を負担。※4 児童・障害福祉のうち、児童入所施設等の措置費の負担割合は、原則として、国1/2、都道府県・指定都市・中核市・児童相談所設置市1/2等となっている。※5 児童手当については、平成30年度当初予算ベースの割合を示したものであり、括弧書きは公務員負担分を除いた割合である。

（出所：厚生労働省ＨＰ）

図表1－13　国と地方との行政事務の分担

分野		公 共 資 本	教 育	福 祉	そ の 他
国		○高速自動車道 ○国道 ○一級河川	○大学 ○私学助成（大学）	○社会保険 ○医師等免許 ○医薬品許可免許	○防衛 ○外交 ○通貨
地方	都道府県	○国道（国管理以外） ○都道府県道 ○一級河川（国管理以外） ○二級河川 ○港湾 ○公営住宅 ○市街化区域、調整区域決定	○高等学校・特別支援学校 ○小・中学校教員の給与・人事 ○私学助成（幼～高） ○公立大学（特定の県）	○生活保護（町村の区域） ○児童福祉 ○保健所	○警察 ○職業訓練
	市町村	○都市計画等（用途地域、都市施設） ○市町村道 ○準用河川 ○港湾 ○公営住宅 ○下水道	○小・中学校 ○幼稚園	○生活保護（市の区域） ○児童福祉 ○国民健康保険 ○介護保険 ○上水道 ○ごみ・し尿処理 ○保健所（特定の市）	○戸籍 ○住民基本台帳 ○消防

（出所：総務省ＨＰ）

た、この財源構成はかなり複雑な構造になっていますが、国（国庫）と保険料のウエートがかなり大きくなっていて、それぞれ分担しながら社会保障を支えていることになります。

　財源面で見れば、意外と自治体の関わっている部分が小さいことに気づかれることと思います。一方で、図表1－13の国と地方との行政事務の分担を見れば、住民サービスとして直接関わっている部分で自治体の業務が多くなっています。

　要するに、財源面での分担があるものの、住民にサービスを提供する部分は、住民に身近な自治体が担っているため、住民サービスの業務量としては、増えてきている実態があります。これが地方自治体の負担感となり、「社会保障経費が大変なんだ」という感覚につながっているところです。

（2）社会保障費の負担と自治体に求められるもの

　国全体として、先ほどの図表1－11にあるように社会保障費用が増嵩しているのをどのようにコントロールして抑制していくか、また、どのような形で費用負担するかの制度設計が社会保障への対応として最も大切なところになります。

　社会保障は、各ステークホルダーの個別課題ではなく、社会全体としてどうするべきかの議論が大切で、国（政府）の政策議論として取り扱っていく

ことが望ましい姿です。いわゆる全体最適の議論です。そのためには、社会保障で自治体が国と連携して対応している部分について、前節で説明したような、地方財政制度としての制度補完が図られることが必要です。

　言い換えれば、個別での独自対応としてのサービスを増やさない限りにおいては、マクロでの地方財政制度により補完はされており、自治体経営上は問題が発生しないことになります。

　そう考えると、自治体において留意しなくてはならないことは、マクロでの制度補完が的確に行われているかを常に検証しながら、個々の自治体が独自に抱える社会保障に関する課題に対しての政策をどのように展開していくかです。つまり、自治体に求められているものは、全体最適と部分最適のバランスだということです。

　現時点では、社会保障経費が自治体の行政経営に即座に重荷になるのではありませんが、図表1－10のように国全体として大きな財源不足を抱えています。そのことが自治体の行政経営にどのように影響するのか、また、人口が高齢化する中で、ミクロで補完する自治体独自の社会保障に関するコストにどのように対応していくのか。

　まさに、全体最適と部分最適のバランスをどう図っていくかが、今後の自治体の行政経営に必要となってきます。ここが押さえておくべきポイントになります。

第2章
自治体が直面する人口問題

~人口減少は自治体経営にどう影響するか~

（1）自治体消滅という衝撃

　人口減少が自治体にとって、今後、最も大きな課題となってきます。ここで、人口問題が自治体にもたらす課題について整理しておきましょう。

　人口問題が脚光を浴び、自治体にショックを与えたのは、2014年（平成26年）に発表された、「増田レポート」[2]でした。このレポートでは、少子化に伴う人口減少によって、存続が困難になる自治体が全国1724市町村のうち約半数あり、これらの自治体を消滅する可能性がある「消滅可能性都市」とし

図表2－1　人口減少のプロセス

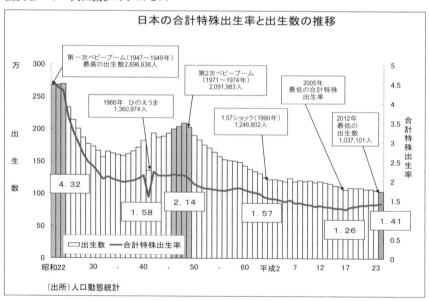

（出所：増田寛也「人口減少問題と地方の課題」2014年1月30日内閣府「選択する未来」委員会提出資料）

2　2014年に「日本創生会議」（座長・増田寛也）が2040年の人口試算をもとに、消滅可能性都市」を発表したことから、通称「増田レポート」と呼ばれている。

て示したものでした。「正直なところ、感覚ではわかっていたものの、エビデンスを突き付けられ、名指しをされてしまいショックを受けた」という自治体が多くあったものと思います。ここでは、人口減少の実態と人口減少が都市にもたらす影響を考えてみたいと思います。

　図表2－1は、人口減少のプロセスを表しています。これを見ればわかるように、人口が減少する最大の要因である出生数は、1974年（昭和49年）から減少プロセスに入っていることが明らかになっています。要するに、人口減少は今に始まったものではなく、ここ40年ぐらいをかけて漸進的に進んできたことがよくわかります。

　さらに、「増田レポート」ではこれからの人口動向を、「三つの減少段階を経て人口減少に至る」と説明しています。図表2－2がその説明です。大都市や中核市は第一段階ですが、地方ではすでに第二段階もしくは第三段階に突入しているという見解です。

　また、「人口減少と人口の東京一極集中是正の関りがもう一つピンと来ない」という意見もよく聞くところです。その点に関しても増田氏が、図表2－3を示して、大都市への「若者流入」が人口減少に拍車をかけると説明しています。

　その考え方は、地方から3大都市、特に東京圏に人口が移動すると、東京圏のほうが地方と比較して超低出生率なので少子化を加速する影響が大きくなるというもので、そのことが、人口減少に拍車をかけることになると言われています。地方と東京圏の結婚観や出産力に差があることを前提とした議論ですが、図表2－4で示しているように東京圏の合計特殊出生率が1.09と極端に低いことを見ると、この現状を否定できないものだと感じています。

　この実態は、自治体のほうでも、一部の人口が増加しているところを除いては、感覚的にはわかっていると言うべきでしょう。一方で、自治体には、迫りくる課題を直視するのを避けて対策を後回しにしてしまうという役所がもつ保守的な考え方が働き、議論を避けてきたところがあります。改めて、この「増田レポート」によって逃れない現実を突きつけられたというほうが的確な表現だと思います。

図表２－２　人口減少に至る３つのプロセス

〇人口減少は３つのプロセスを経て進行。大都市や中核市は第一段階にあるのに対して、地方
　では既に第二段階、さらには第三段階に差し掛かっている地域もある。
　　第一段階　：　老年人口増加　＋　生産年齢・年少人口減少
　　第二段階　：　老年人口維持・微減　＋　生産年齢・年少人口減少
　　第三段階　：　老年人口減少　＋　生産年齢・年少人口減少　⇒　本格的な人口減少時代

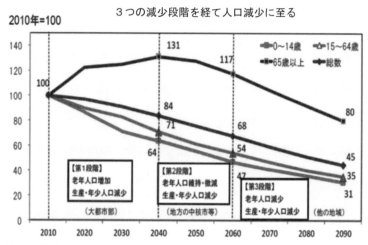

（出所：前掲資料）

図表２－３　東京一極集中と人口減少

〇大都市への「若者流入」が人口減少に拍車をかける。

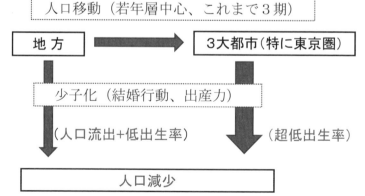

（出所：前掲資料）

図表２－４　大都市部で低い合計特殊出生率

〇人口稠密な大都市圏の出生率は低い。東京の合計特殊出生率は1.09（日本全体では1.41）。
〇東京への若者の流入が増えれば、人口減少のスピードはさらに加速する。

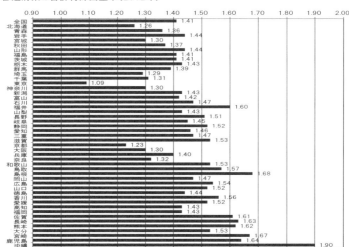

（出所：前掲資料）

（2）人口減少の影響

　では、いったいこの人口減少は自治体のあり方にどのような影響を与えるのでしょうか。国土交通省が示してる分析に興味深いものがあります。

　図表２－５で人口減少が地方のまち・生活に与える影響を５つにまとめています。

　(1)は、生活関連サービス（小売・飲食・娯楽・医療機関等）の縮小、(2)税収源による行政サービス水準の低下、(3)地域公共交通の撤退・縮小、(4)空き家、空き店舗、工場跡地、耕作放棄地等の増加、(5)地域コミュニティの機能低下です。

　この国土交通省のレポートに示されている(1)～(5)の５つの点は、これまでの人口増、右肩上がり経済で築き上げられたものであり、それが一挙に失われていく感じがします。特に(1)は市場の原理とはいえ、サービスの商環境が成り立たなくなれば、当然、生活サービス関連は撤退します。高齢化にあわせて必要性の高くなる医療・福祉関係がなくなると住民生活の基盤が失わ

図表2−5　地方自治体のあり方に影響を与える人口減少

2 人口減少が地方のまち・生活に与える影響

　ここでは、人口減少が進行した場合に想定される地方のまち・生活への具体的な影響について主なものを見ていく。

（1）生活関連サービス（小売・飲食・娯楽・医療機関等）の縮小

　我々が日常生活を送るために必要な各種サービスは、一定の人口規模のうえに成り立っている。必要とされる人口規模はサービスの種類により様々であり、その分布状況を示したものが図表1-2-3である。例えば、ある市町村に一般病院が80％以上の確率で立地するためには、27,500人以上の人口規模が必要（50％以上の確率で立地するためには5,500人以上の規模が必要）である。人口減少によって、こうした生活関連サービスの立地に必要な人口規模を割り込む場合には、地域からサービス産業の撤退が進み、生活に必要な商品やサービスを入手することが困難になるなど、日々の生活が不便になるおそれがある。

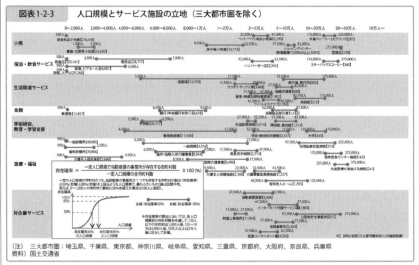

図表1-2-3　人口規模とサービス施設の立地（三大都市圏を除く）

（注）　三大都市圏：埼玉県、千葉県、東京都、神奈川県、岐阜県、愛知県、三重県、京都府、大阪府、奈良県、兵庫県
資料）　国土交通省

（2）税収減による行政サービス水準の低下

　人口減少は地方財政にも大きな影響を及ぼす。人口減少とそれに伴う経済・産業活動の縮小によって、地方公共団体の税収入は減少するが、その一方で、高齢化の進行から社会保障費の増加が見込まれており、地方財政はますます厳しさを増していくことが予想される。こうした状況が続いた場合、それまで受けられていた行政サービスが廃止又は有料化されるといった場合が生じることも考えられ、結果として生活利便性が低下することになる。

　こうした厳しい地方財政状況のなかで、高度経済成長期に建設された公共施設や道路・橋・上下水道といったインフラの老朽化問題への対応も必要となる。

（3）地域公共交通の撤退・縮小

　これまで、地域公共交通は主として民間の事業者によって支えられてきた。しかし、人口減少による児童・生徒や生産年齢人口の減少が進めば、通勤通学者が減少し、民間事業者による採算ベースでの輸送サービスの提供が困難となり、地方の鉄道や路線バスにおいて、不採算路線からの撤退や運行回数の減少が予想される。他方では、高齢化の進行に伴い、自家用車を運転できない高齢者等の移動手段として公共交通の重要性が増大しており、地域公共交通の衰退が地域の生活に与える影響は従前より大きいものとなっている。

（4）空き家、空き店舗、工場跡地、耕作放棄地等の増加

　人口が減少する一方で、総住宅数は増加しており、全国的に空き家数は一貫して増加傾向にある。なかでも、賃貸または売却の予定がなく長期にわたって居住世帯が不在の住宅等を含む「その他の住宅」が増加している。「その他の住宅」は、管理・処分方針が未定のものもあり、他の区分の空き家と比べて管理が不十分になりがちな傾向がある（図表1-2-5）。

　また、地域の経済・産業活動の縮小や後継者不足等によって空き店舗、工場跡地、耕作放棄地も増加しており、空き家の増加とともに、地域の景観の悪化、治安の悪化、倒壊や火災発生といった防災上の問題等が発生し、地域の魅力低下につながってしまう。

図表1-2-5　空き家数の種類別推移

（注）　二次的住宅：別荘及びその他（たまに寝泊まりしている人がいる住宅）、賃貸または売却用の住宅：新築・中古を問わず、賃貸または売却のために空き家になっている住宅、その他の住宅：上記以外の人が住んでいない住宅で、例えば、転勤・入院等のため居住世帯が長期にわたって不在の住宅や建て替えなどのために取り壊すことになっている住宅等
資料）　総務省「住宅・土地統計調査」より国土交通省作成

（5）地域コミュニティの機能低下

　人口減少は、地域コミュニティの機能の低下に与える影響も大きい。町内会や自治会といった住民組織の担い手が不足し共助機能が低下するほか、地域住民によって構成される消防団の団員数の減少は、地域の防災力を低下させる懸念がある。

　また、児童・生徒の減少が進み、学級数の減少、クラスの少人数化が予想され、いずれは学校の統廃合という事態も起こり得る。こうした若年層の減少は、地域の歴史や伝統文化の継承を困難にし、地域の祭りのような伝統行事が継続できなくなるおそれがある。

　このように、住民の地域活動が縮小することによって、住民同士の交流の機会が減少し、地域のにぎわいや地域への愛着が失われていく。

（出所：『平成26年版　国土交通白書』19〜21頁）

れ、まちの消滅につながる可能性があります。

　図表2−5の中の図表1−2−3は、三大都市圏を除いた人口規模とサービス施設の立地を表にしています。小売りや医療・福祉など生活には必要不可欠なものが、一定の人口以下になると存在しなくなる可能性を示しており、これが現実化しつつあるのが実態です。また、(3)地域公共交通の撤退・縮小も各地ですでに起き始めている事象です。生活基盤がなくなり、人口が減少すると交通機関が縮小もしくは撤退する可能性が出てきて、それがさらなる人口減少に拍車をかけることになってきます。

　このように、自治体は非常に深刻で重たい課題を背負うことになります。この重い課題に対する解決の糸口を見つけるのは、簡単なことではないと感じています。

　このような状況下で、当面、自治体は迫りくる人口減少を食い止めるために、果敢にチャレンジすることが求められており、そのチャレンジが2014年（平成26年）からスタートした地方創生の取り組みです。

2 地方創生の課題と今後の方向性

（1）地方創生のスタート

　人口減少社会の到来を迎え、国では2014年（平成26年）9月に内閣に「まち・ひと・しごと創生本部」を設置し、同年12月に、2060年に人口1億人程度に維持するなどの中長期の展望を示した「まち・ひと・しごと長期ビジョン」を策定しています。この長期ビジョンの基本的方向のもと、具体的な施策をまとめた「まち・ひと・しごと創生総合戦略」を2014年から2019年（令和元年）を第1期として策定し、取り組みをスタートしています。時を同じくして、地方自治体でもすべての都道府県と約1740市区町村において、地方人口ビジョンと地方版総合戦略の策定がされています。

　国の総合戦略は、4つの基本目標と地方創生版・三本の矢（情報支援、人材育成、財政支援）でもって構成され、自治体もそれに追随した内容の総合戦略を策定し取り組んできました。現在は、2020年（令和2年）からの第2期の計画に向けての計画改定の取り組みがスタートしています。

　ただ、残念なことは、第1期の課題を検証した結果、その成果についての辛口のコメントが多く見受けられるところです。国からの地方創生交付金を受けて地方自治体も様々な対策を打ってきましたが、東京一極集中の風は止められず、地方の人口減少に歯止めが利かない現状です。これは第1期の計画において、国・自治体が総力をあげて戦略の組み立てを行ったものの、時間のない中での計画策定であった点に加え、学識経験者や関係団体など有識者の意見を受けた計画策定であったため、理念や方針だけが先行し、現状分析や住民との意見交換が不十分であり、戦略・施策の組み立てにおいても具体性を欠いた点が原因です。

　一方、地方自治体においても、国からの地方創生交付金の確保に重点を置いた計画策定になったことは事実です。これまでのように、国が予算を確保し、地方自治体がその予算を受けて、旗を振り、人を呼び込むことに主眼をおいた政策が中心では、一過性の対症療法になってしまいます。このこと

は、第1期を経験して実感しているところです。

（2）第1期の反省を生かした地方創生総合戦略

　これから必要なことは、自分たちの地域をどんなまちにしたいのかを住民参加で議論を深めて計画に反映させることです。住民が未来のまちづくりに対して、自分事として策定した戦略には、魂が入り、実行性が伴ってきます。

　したがって、第2期の戦略の改定作業において、人口減少を受け止めた上で、「まちづくりをどうするか」住民目線で考えることを大切にすべきです。そのためには、人口減少のスピードを緩めることが大切になってきます。なぜなら、政策効果は簡単には、短い期間では出ないからです。中長期の目線で、どうすれば未来にソフトランディングできるのかを考えます。人口急減を防ぎながら、ゆっくりとしたペースで新しい自治体の姿にしていく、つまり、将来に備えて住民生活のクオリティを維持し、幸せを共有できるまちづくりをしていくことに主眼を置いた計画づくりが必要です。

　第2期の総合戦略の策定では、住民目線でこのような取り組みをしている自治体が出てきています。急がば回れです。著者の在籍する川西市でも、第2期の総合戦略の策定では、無作為抽出した市民2000人に案内を送り、応募していただいた約160人と若手市職員メンバー20人が「市民会議」において未来のまちのあり方を議論しています。この取り組みにおいて、市民の関心が非常に高いことにある意味驚いています。まだ、スタートしたばかりですが、市民を巻き込んでつくりあげることにトライすることが必要だと改めて実感しています。このような取り組みが自治体に広がりを見せることができれば、かなり実効性のある地方創生の取り組みになるのではないかと期待するところです。

第3章

自治体力強化の 10のポイント

はじめに

　ここまで自治体を取り巻く環境と人口問題を説明してきました。これからの自治体の運営は、人口減少・高齢化という避けられない課題の中で、税収が減少し、地域における共同体機能がますます弱体化する、まさに苦難の道のりです。もっと厳しい見方をすれば、自治体そのものの存続や継続性が問われる可能性があります。その意味では、今まで通りの行政経営手法や長年積み重ねてきた経験則が通じない局面が多くなると思われます。それでも住民生活を支える自治体として、住民の期待に応えるためにもこの難局を乗り越えていくためのチャレンジをしていかなければならないのは明らかです。そのためには、自治体の職員が知恵を絞り、トライ＆エラーを繰り返しながら前を向いていく必要があります。

　第3章では、地方自治体の行政経営の手法にフォーカスして、これまでの取り組みの中での課題を踏まえ、将来に向けて、10個の実践ポイントを探っていきます。なお、この実践ポイントは、著者がこれまでの研究や実践してきた取り組みに加え、関西地区の自治体職員による勉強会での研究を中心にまとめています。著者が在籍する兵庫県川西市の事例が多くなってきますが、それらの取り組みの中で、何が大切でこれから何を必要とするのかをまとめています。

1 総合計画はどうあるべきか
～地方創生総合戦略との連携を考える～

（1）総合計画の役割

　自治体＝計画づくりと言ってよいぐらい、自治体の計画は、総合計画から各論の計画まで多種多様であり、その数もかなり多くあります。その中でも総合計画の位置づけはとても大切です。一方で、総合計画はどういう役割を担うのかが今、改めて問われているような気がしています。

　少しこれまでの経過を踏まえると、総合計画は、1969年（昭和44年）に地方自治法改正により、市町村に基本構想の策定が義務付けられたことからスタートをきり、基本構想−基本計画−実施計画の三層構造の総合計画の策定が定着してきた経過があります。

　その後、時代が変わり、地方分権の流れの中で、2011年（平成23年）に地方分権改革の一つとして、地方自治法の改正の中で基本構想の義務付けが廃止されました。基本構想の義務付けはなくなったものの、これまで多くの先進自治体で取り組まれてきた自治基本条例に基づく総合計画への取り組みとして継承されてきたことや、地方自治法改正の際に総務省から自律的に条例による基本構想の策定を勧められたこともあって、多くの自治体で、基本構想の策定を含む総合計画が継続して策定されてきています。

　図表3−1−1は、公益財団法人日本生産性本部が2016年（平成28年）に行った調査です。この調査では、市町村のうち、「計画期間中の総合計画がある」と答えた団体は98.3％で、概ねほとんどの団体で総合計画が策定されていることがわかります。また、数値目標も75.9％の団体で設定されています。ただし、数値目標の設定は、基本計画、実施計画の具体的な施策、事業展開のところで設定されているところが多いのが実態です。

（2）総合計画は機能してきたか

　一方で、総合計画の機能、役割を行政サービスの展開の中で活用してきたかというと、どちらかと言えば十分でなかったところも多くあると思いま

図表３－１－１

Q1. 貴団体の現在（計画期間中）の総合計画について、以下の選択肢の中から、最もよくあてはまるものを一つ選び、番号に〇印をつけてください。（n=940）

	団体数	%
計画期間中の総合計画がある	924	98.3%
計画期間中の総合計画はない	16	1.7%
合計	940	100.0%

Q4. 貴団体では、総合計画に数値目標が設定されていますか。「数値目標」とは、文章ではなく数値で表現された目標を指します。以下の選択肢の中から、最もよくあてはまるものを一つ選び、番号に〇印をつけてください。（n=924）

	団体数	%
設定されている	701	75.9%
設定されていない	211	22.8%
未回答	12	1.3%
合計	924	100.0%

Q4-1. 貴団体では、どの計画に数値目標が設定されていますか。以下の選択肢の中から、あてはまるものすべてを選び、番号に〇印をつけてください。（n=701）

	団体数	%
基本構想	113	16.1%
基本計画	611	87.2%
実施計画	230	32.8%
地区別計画	4	0.6%
その他	11	1.6%

（出所：公益財団法人日本生産性本部「『基礎的自治体の総合計画に関する
実態調査』調査結果報告書」７～11頁、平成28年９月）

す。何が原因であったのかは一概には言えないものの、総合計画－基本計画
－実施計画とブレイクダウンしていく中で、一番行政サービスに近づく実施
計画の段階と実際に執行する予算との連動に課題があったように感じていま
す。

先ほどの報告書でその部分は図表３－１－２のように分析しています。

図表３－１－２

　　実施計画に予算額が含まれている団体は46.8％となっている。約半数の団体では実施計画に予算額が設定されておらず、予算要求には不十分であることがわかる。そこで、予算要求書についてみてみると、実施計画を策定している団体のうち、予算事業と実施計画事業は86.6％の団体が「完全一致いている」または「ほぼ一致している」としている。しかし、予算の要求書には定性的な目標25.4％、数値目標が8.2％の団体でしか設定されていない。定性的な目標が予算要求書にされておらず実施計画にされている団体は14.6％、数値目標が予算要求書に設定されておらず実施計画に設定されている団体は26.3％に過ぎない。予算要求書には予算額が示されるものの、その予算を使って達成すべき水準が実施計画でも予算要求書でも明確になっていない団体が少なくないことがわかる。

Q19. 貴団体では、実施計画事業と予算事業がどのような関係になっていますか。以下の選択肢の中から、最もよくあてはまるものを一つ選び、番号に○印をつけてください。（n=752）

	団体数	％
完全に一致している	144	19.1％
ほぼ一致している	523	69.5％
ほぼ一致していない	38	5.1％
関係は特に考えていない	32	4.3％
わからない	9	1.2％
未回答	6	0.8％
合計	752	100.0％

Q23. 貴団体では、予算要求書に定性的な目標が設定されていますか。「定性的な目標」とは、「～をめざす」のように数値ではなく文章で表現された目標を指します。以下の選択肢の中から、最もよくあてはまるものを一つ選び、番号に○印をつけてください。（n=924）

	団体数	％
設定されている	235	25.4％
設定されていない	641	69.4％
わからない	26	2.8％
未回答	22	2.4％
合計	924	100.0％

Q24. 貴団体では、予算要求書に数値目標が設定されていますか。「数値目標」とは、文章ではなく数値で表現された目標を指します。以下の選択肢の中から、最もよくあてはまるものを一つ選び、番号に〇印をつけてください。（n=924）

	団体数	％
設定されている	76	8.2%
設定されていない	815	88.2%
わからない	11	1.2%
未回答	22	2.4%
合計	924	100.0%

（出所：公益財団法人日本生産性本部「『基礎的自治体の総合計画に関する実態調査』調査結果報告書」22～23頁、平成28年９月）

　総合計画－基本計画－実施計画という計画サイドからの政策の組み立てが、実行局面を迎える予算編成の際の予算要求書の中に記載するところがない、つまり、予算編成では計画は重要なファクターとして扱われていなかったことを表すものです。その意味では、政策をアウトプットする最終局面（予算編成）で総合計画とどのようにリンクさせていくかが一つのポイントになります。

　その点では、総合計画を基本に据えて政策形成に取り組んでいる岐阜県多治見市の事例は参考になります。なお、多治見市の事例については、本書46頁の「２．政策形成としての予算編成はどうあるべきか」のところで詳しく説明します。

（3）総合計画と個別計画の関係

　次に課題になるのは、総合計画と個別計画の関係です。最近の自治体を見ているとどうも計画づくりに力が入りすぎて、具体化する局面が弱いように思えてなりません。国の「まち・ひと・しごと創生総合戦略」に基づいた地方創生の取り組みが行われ、自治体においても、地方創生総合戦略の策定が進められてきているために、余計に計画の連携がわかりにくくなってきている実態があります。どれがメインの計画でどのように連携しているのかを的確に把握しておかなければ、計画づくりだけに奔走し、成果が出ないことに

なりかねません。

　図表3－1－3は、総合計画と各個別計画の関係を表したものです。

　この中で、メインとなるのは総合計画です。基本構想－基本計画－実施計画の三層構想で、政策から行政サービスの実行までの中心に位置づけられます。それを補完する意味で右側に地域別構想があります。これは自治体内部の地域ごとにそこに関わる住民が自主的にありたい姿を描き、それを推進していくための地域活動の目標です。この右側の地域別構想との連携・補完を図りながら、行政が基本計画－実施計画の中で具体的な政策実行を行っていきます。

　では、左側の個別計画との連動はどうなるかです。分野別の個別計画は、総合計画の基本計画－実施計画の補完・具体化するものであるべきと考えられます。個別分野での詳細な現状把握と課題分析により、解決に向けたより具体的な方策とスケジュールを明らかにしていくことが必要になります。

　とは言え、そもそも個別計画の策定は、国の分野別の補助メニューの交付条件として定められているものが多く、補助金交付を前提にした計画づくりになる部分があります。その意味では、分野別計画が総合計画、特により具体的な実施計画の抜粋になるなど重複感があるのは事実です。ここの取り扱いが難しいところで、分野別の計画を政策形成の中心に据えて行政運営をしていくと、総合計画の基本計画―実施計画のラインが骨抜きになってしまうことになります。個々の行政サービスだけを見れば分野別計画の実行とフォローアップで対応可能なところですが、まちづくり全体を見る視点が欠如し

図表3－1－3　総合計画の構成と各個別計画との関連性のイメージ図

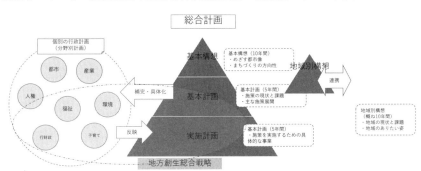

ます。

　つまり、自治体としてめざす都市像にどのようにアプローチしていくか、また、どのようにまちづくりを全体として進めていくのか、そして、その成果をどう検証するかという、自治体のPDCAサイクル、自治体トータルとしての戦略として見ていく部分が必要であることを認識することが大切です。

　それを踏まえると、総合計画で全体の戦略と戦術をおさえて、その成果を検証するシステムは必須です。

　一方で、成果の検証の部分での総合計画と個別計画の連動が求められます。特に、成果指標の取り扱いがポイントになります。双方に、共通した目標設定が必要ですが、総合計画－基本計画のところでの成果指標は、他の事業とも重ね合わせながら進めているまちづくりを住民がどう感じているかといった、アウトカムとしての実感指標をメインにしていく必要があるように思います。

　一方で、個別分野の計画での指標設定は、分野ごとのめざす姿を追うのでそこに違いを求めます。要するに、成果指標においても役割分担をしていくことが必要です。

（4）地方創生総合戦略の位置付け

　ここで問題なのは、地方創生総合戦略です。国・地方で共同歩調の地方創生の取り組みですが、第1期はどちらかと言えば、計画策定に時間制約がある中で、国からの地方創生交付金を得るための計画づくりになったようなところがあります。要するに既存の計画から政策・施策を抜出して脚色した事業と、地方創生交付金の活用を前提とした新規事業を組み合わせ、それに既存の評価指標を設定してつくりこんだ計画であり、今一つ成果に結び付かなかったという反省に立つべきものだと感じています。

　また、作成プロセスにおいても、国の手引き（内閣府地方創生推進室「地方版総合戦略策定のための手引き」平成27年1月）に基づき、幅広い年齢層からなる住民をはじめ、産業界・市町村や国の関係行政機関・教育機関・金融機関・労働団体・メディア（産官学金労言）等で構成する推進組織でその方向性や具体案について審議・検討することになり、多くの専門家の意見を聞いてつくり上げるシステムにしたものの、肝心の住民参加の点が弱くなっ

た点が課題でありました。時間的な制約があったためやむを得ない点はあるものの、策定の際の推進会議に、各分野の専門家や識者、行政機関のメンバーが多く入ると、参加する住民から本音部分の意見は出にくくなり、本来行うべき住民意識や住民ニーズに沿った計画づくりとの乖離が生まれる可能性が強くなります。計画づくりの段階で、住民が本気で自分事として参加する仕組みにしないとまちづくりとしての成果に結びつきにくいものになってしまいます。

　あわせて、国の手引きでは総合計画と地方創生総合戦略の関係を次のように示しています。

　「いわゆる総合計画等は、各地方公共団体の総合的な振興・発展を目的としたものであり、両者の目的や、含まれる政策の範囲は必ずしも同じではありません。また、地方版総合戦略においては数値目標や重要業績評価指標（KPI）を設定することとなっていますが、こうした手法は、総合計画等において義務付けられたものではありません。これらの理由から、地方版総合戦略は総合計画等とは別に策定してください。ただし、総合計画等を見直す際に、見直し後の総合計画等において人口減少克服・地方創生という目的が明確であり、数値目標や重要業績評価指標（KPI）が設定されるなど、地方版総合戦略としての内容を備えているような場合には、総合計画等と総合戦略を一つのものとして策定することは可能であると考えられます。」

　この表現は、自治体の策定する総合計画を過小評価したものと言えるでしょう。総合計画においては、ほとんどの団体が人口減少問題や地方創生を目的にしていますし、仮に、総合計画でその目的を明確にしていないことが理由であれば、別の計画を策定するのではなく、まずは、総合計画を改定するべきだと思います。

　また、すべての自治体が同一のレベルではないですが、総合計画の三層構造の中で行政サービスのPDCAサイクルを機能させようとしている自治体では、成果指標の設定は必須項目です。それらのことを踏まえると、地方創生総合戦略と総合計画は明らかに同一の内容になってきます。

（5）第2期地方創生総合戦略を生かすために

　2020年（令和2年）からスタートする第2期の総合戦略ではこれらの点を克服し、基本計画−実施計画におけるプライオリティ戦略にするべきだと考えています。

　では、地方創生総合戦略はどのように位置づけるべきでしょうか。まずは、計画期間も含めて、基本計画−実施計画と合体する、つまり、基本計画＋実施計画＝総合戦略にしてしまうことです。イメージで示すと図表3−1−4のようになります。この場合、非常にシンプルでわかりやすく、計画策定の効率化も図れます。また、行政サービスを担う職員にとっても、目標やスケジュールなどが一本化し、PDCAをまわしやすい体制をとることができます。

　さらに、この計画づくりのポイントは、住民が自分事として参加して、意見を言う仕組みを取り入れることです。

　著者の属する川西市では、第2期の総合戦略の策定に向けて新たな仕掛けを行っています。図表3−1−5は、川西市での第2次総合戦略（川西市では第2期ではなく第2次といいます）の策定体制を図示したものです。特徴は、かわにし市民会議の立ち上げです。市民2,000人に無作為抽出で募集をしたところ163人の市民に応募していただきました。応募率は8.2%です。年齢も16歳から89歳までと幅広い年齢層であり、男女比で言えば半数以上が女性の参加となっています。全国的に見てもこの8.2%の応募率は高いようで、多くの市民の方に関心をもってもらえているものと思います。

　一方、図の左側で庁内組織の策定手法を明示しています。「かわにし創生本部部会」で将来を担う中堅・若手職員が参加して、自分たちのまちをどのようにすべきかを議論する体制を構築しています。要するに、市民・職員が自分事としてまちをどのようにしたいかを考える仕組みにしたところです。

　このような方法で総合戦略のつくりこみをしていくことが、これからの計画づくりに必要になってきているものと考えます。

図表３－１－４　総合計画と地方創生総合戦略一体化のイメージ

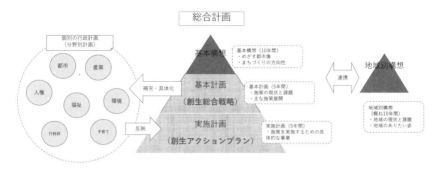

図表３－１－５　川西市の第２次総合戦略の策定体制

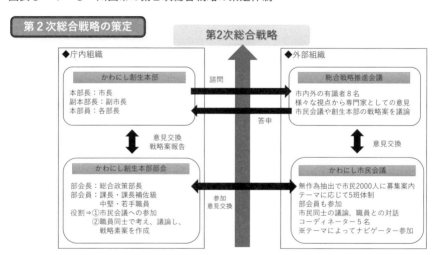

（出所：川西市HP）

2 政策形成としての 予算編成はどうあるべきか

（1）政策を決定する予算編成

　自治体の政策形成は、何を指すのでしょうか。この問いには、「総合計画です」と答える人もいれば、「各論の計画である」と言う人もいます。また、「地方創生総合戦略も政策形成だ」と言う人もいれば、「やはり予算編成でしょう」と言う人もいるなど、まちまちです。どれも正解であり、すべて政策形成に包含されるものです。このように多種多様な計画があっても最終的には、毎年度予算という形で民意の統制（議会の議決）を受けて、実効性が付与され、行政サービスが実施されていきます。このように考えれば、予算編成は終局の政策形成であると言えます。その予算編成も時代の流れに沿って変わってきています。まずは、予算編成のこれまでの移り変わりを押さえた上で、今、予算編成をどのように工夫することが政策形成として有効なのかを考えてみたいと思います。

（2）予算編成手法の変遷

　オーソドックスな予算編成方法として「1件査定方式」があり、それを改良してきたのが枠配分方式です。現在、多くの自治体で使われている予算編成手法はこの二つです。

　これまで、予算編成方法は、時代背景や経済環境に大きく影響を受けて変わってきました。ここで、これまでの予算編成方法の変遷を概ね三つの期間に分けて整理してみます。

＜第1期＞

　第1期は、高度経済成長期です。1961年（昭和36年）から1974年（昭和49年）までの間、人口増と税収増により地方の財政規模は拡大していきます。地方の普通会計決算額の状況で見ると、地方の普通会計決算額は、1961年の2兆3,911億円から1974年には22兆8,879億円へと13年間で9倍に増加しています。これは、国と地方税の多額の自然増収によるものであり、それを支え

図表３－２－１　予算編成手法

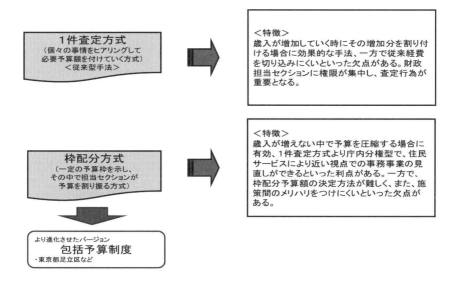

た予算制度は増える税収を住民ニーズに最適配分することを主眼として行われてきました。毎年度の予算編成作業は、増える税収と国からの財政移転である地方交付税や国庫支出金などの財源を、求められる行政需要の増大に割り振る作業であり、まさに積み上げ型の予算編成でした。担当部局が増大する行政需要から必要性と実現性を訴えて事業ごとに財政部局に要求し、財政部局はそれを基に財源の配分を行う作業です。この時点の予算編成手法としては、まさにフィットしていたと思います。

＜第２期＞

　第２期は、高度経済成長の終えんを迎えた後の財政再建・行革の時代です。1973年（昭和48年）の第１次石油危機から日本経済は冬の時代を迎えます。国のほうでも、1980年代に入ってから本格的な財政再建への取り組みをはじめます。1981年（昭和56年）に「増税なき財政再建」を基本方針に掲げた第二次臨時行政調査会（第二臨調）を発足させ、三公社の見直しなど大きな行革の嵐が吹き荒れます。それを受け、国の予算編成でも1982年（昭和57年）にゼロ・シーリング、1983年（昭和58年）にマイナス・シーリングの採用が行われました。第二臨調は一貫して「小さな政府」を志向し、歳出の徹

底的削減のための方策を提言します。特に、自治体に対しては、定員の合理化・適正化、給与・退職金の適正化等の提言が行われ、それを受けた自治体も簡素化・合理化のための行政改革へ大きく舵を切ることになりました。それらに加えてこれまでの地方財政を支えてきた国庫支出金等の整理合理化が行われ、この点も地方財政に大きな影響を与えています。この期間の自治体の予算編成は、財源の削減のために何をするべきかが主題になり、自治体も地方行革として様々な取り組みを行いました。

　自治体の予算編成でも、国と同様にマイナス・シーリングの手法が多く用いられています。財源が減少する中での予算編成は、まず、歳出を抑制することが必要です。そのためには、従前のように予算要求を受けた財政担当部局が切り込むには限界があり、要求する担当部局のほうで自ら切り込みを行い、財源を捻出するための手法がマイナス・シーリングです。また、新規事業を実施するにも、無駄や非効率を取り除くための工夫をして財源を生みだすことが必要で、担当部局にとってはこれまでと一変してかなり厳しい作業が必要になってきました。

　このマイナス・シーリングにも課題が多いところです。シーリング方式は、従来の積み上げ方式の編成手法に枠をかけて規制するもので、経常的な経費の削減には一定の寄与をするものの、経常的経費以外の投資的経費を含めた政策経費を別扱いする場合や経常的経費の中でも自然増する項目への対応など、要求制限ルールにかなりの漏れ落ちが出てきました。

　本来ならこの時期に抜本的に予算編成手法を見直すべきであったところですが、いずれ経済が回復してまた元の状態に戻るものという期待が社会全体にあったことから、抜本的な手法改革に着手できず、所謂、対症療法的な改革になりました。実際、1980年台後半のバブル期を迎えて大きく税収が回復したことにより、従前の予算編成手法が機能したこともあって、予算編成手法の見直しは一時的にトーンダウンしてしまいます。

＜第3期＞

　第3期として見ることができるのは、地方分権期です。1990年代のバブル崩壊後、長い不況期を迎えると同時に、2000年（平成12年）の地方分権一括法の制定による地方分権の加速や1999年（平成11年）から2006年（平成18年）にかけての平成の大合併、さらに、2002年（平成14年）にスタートした国の

三位一体改革により、地方自治体の一般財源総額が減額され、財源不足が顕著となって、自治体運営の能力が問われる時代が到来しました。所謂、自主自立的な運営ができ、かつ、住民への説明責任が果たせることが強く求められています。この流れは今日まで続いているもので、それに対応する予算編成手法もこの時代から各地で様々な工夫が見られるようになってきています。

　特に、多くの自治体で取り入れられたのが事業別予算と枠配分方式でした。事業別予算は、これまで目的別に計上していた予算を事業ごとに整理して事業コストとそのパフォーマンスを比較考量しようとする手法です。ただ、少し残念なのは、事業別予算を現行の予算制度を前提に取り入れたことが、本来の事業別予算（パフォーマンス・バジェット）のフルコストを把握して対費用効果を図るというものではなく、現行予算を事業ごとに整理するレベルにとどまっている点です。

　一方、枠配分方式については、従来の担当部局が個別事業ごとに予算案を積み上げて要求し、財政当局の査定で予算を編成する方法から、あらかじめ予算額を枠として設定し、それを担当部局が自由に予算を組み替えて、最適配分をめざすものです。具体的には、財政部局が財政計画に基づく次年度の財源の中で担当部局に予算枠を示し、その枠内で担当部局が予算を編成して財政部局に提出する手法です。シーリングと違う点は、事業や財源の組み換えの自由度を高め、そして現場の担当部局に権限を移譲する仕組みとなっている点です。枠配分方式にも様々な手法がありますが、多くの自治体で枠配分方式が取り入れられたのは、一般財源総額が減少し、積み上げ型の予算編成手法に限界がきたことにより、事業そのものの見直しが必要になってきたことが一つの要因になっています。そのため、これまで財政担当部局で行っていた査定行為から、行政サービスをもっともよく知る現場が行って予算を編成する方法に変更することで、より効果的な予算編成をめざすものとなっています。さらに、予算編成に革新的な工夫をする自治体が出始めました。1995年（平成7年）の三重県での事務事業評価システムの導入、1997年（平成9年）の静岡県の業務棚卸、北海道の「時のアセスメント」、2003年（平成15年）三重県名張市の「ゆめづくり地域予算制度」、岐阜県多治見市や三重県四日市市の総合計画を重視した予算編成、また、東京都足立区などで取り組まれている包括予算制度です。いずれも、一般財源総額が伸びずに圧縮

される時代を迎える中での予算の最適配分へ向けての工夫です。紙幅の関係ですべてを紹介することはできませんが、昭和から平成への時代の移り変わりの中で、予算編成も大きく変貌してきたところです。この予算編成の変貌も、平成から令和に時代が移り、人口減少社会を迎える中においては、さらに、ステップアップのための改良が必要になってくると思われます。その意味でも現在、改良が行われている二つの自治体モデルを紹介して、その勘所を探ってみたいと思います。

　二つの自治体モデルは、これからの財源縮小時代の予算編成に対して有意義な示唆を与えてくれる岐阜県多治見市の取り組みと著者が長年取り組んできた川西市の総額管理枠配分方式による政策形成の事例です。この二つのモデルの共通した実践ポイントは、総合計画をどう生かすかです。

（3）新たな予算編成モデル～多治見市～

　まず、岐阜県多治見市です。市の概要は、図表3－2－2のとおりです。

図表3－2－2　岐阜県多治見市の概要

（出所：多治見市HP資料に筆者が加筆）

50

図表３－２－３

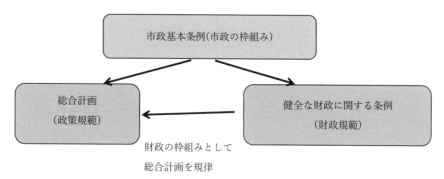

（出所：多治見市資料）

　ここで紹介する多治見市モデルは、総合計画を中心に据えて行財政運営を抜本的に変革する取組みです。

　多治見市モデルを整理すると図表３－２－３ようなルールになります。

　多治見市の市政基本条例（2006年（平成18年）９月制定）では、第20条で総合計画のルール化を規定しています。特に、緊急を要するもののほかはすべて総合計画に基づくものとしている点、基本構想、基本計画を議決事項としている点が特徴で、さらに計画の進行管理の公表も規定しています。

　また、第25条において財務原則を規定しています。ここでは、①総合計画に基づいた予算編成、計画的で健全な財政運営の実施、②毎年度、計画期間を定めた財政計画の策定、③財政計画、予算編成、予算執行と決算認定の状況の市民への公表、④効果的で合理的な予算執行、⑤健全な財政に関し必要な事項は別に条例で定めることとしています。ここで特筆すべきは⑤の健全な財政に関する事項を条例で定める点です。ここまで踏み込んで財政面で自律する仕組みを取り入れている自治体は多くはないと思います。

　実は、多治見市は、県下で最も悪い財政状況になったことを受けて1996年（平成８年）に財政緊急事態宣言を行い、財政の健全化に着手した後、財政の健全性を回復し、2001年（平成13年）に宣言を解除しています。

　その後、財政改革指針を策定し財政運営を行っていきますが、今後の少子高齢化社会を考えた場合の課題、歳入基盤が脆弱な点、社会インフラの維持に計画的な投資が必要な点の解決に向けて「多治見市健全な財政に関する条

例」を制定しています。この条例は2007年（平成19年）12月に制定し、2008年（平成20年）4月から施行しています。

　この条例で注目する点は、第16条で総合計画策定における原則を定め、総合計画を財源の根拠をもって策定することを強く意識しているところです。要するに、首長の交代期に総合計画の見直しが行われるものの、その際に財政向上目標を留意しながら、総合計画が膨らんで財政を圧迫することを防ぐ役割を担っている点です。さらに第18条で中期財政計画の策定も規定しています。これも視点が短期的なものとならないように、中期的な視点で財政を担保する仕組みとなっています。また、行政改革大綱における原則も第20条の2で規定しています。

　このように、総合計画を中心に据えながら、的確に財政の健全性を担保する仕組みを組み合わせるルールを自治体が自ら定めることによって、安定的な行財政運営ができる仕組みを構築しています。この取り組みは、従来の予算編成を中心とした政策形成のあり方に大きな切り込みを入れた抜本的な改革であると思います。

　多治見市の具体的な予算編成と実行計画の関係は図表3−2−4のようになっています。6月から10月にかけて企画防災課と財政課の間で連携が図られています。特徴は、企画防災課のほうで事業費のデータを把握して総合計画事業を中心に政策形成が行われていることです。財政課のほうも、歳入・歳出推計と中期財政計画の策定で財政フレームをきちっと確認し、市全体での政策形成が行われています。

　多治見市のような取り組みが、これから迎える人口減少・財源縮小時代の予算編成に必要になってきます。その中でも特に留意すべきポイントをまとめると次のようになります。

❶　自治体がめざすビジョン、まちづくり目標の明確化
　　⇒総合計画・総合戦略の策定
❷　財政計画とのリンク⇒財政健全化に向けたルールづくり
❸　目標・成果指標の設定と検証⇒PDCAサイクルの展開
❹　情報の見える化⇒情報公開の徹底

図表３－２－４　多治見市予算編成と実行計画（平成28年度）

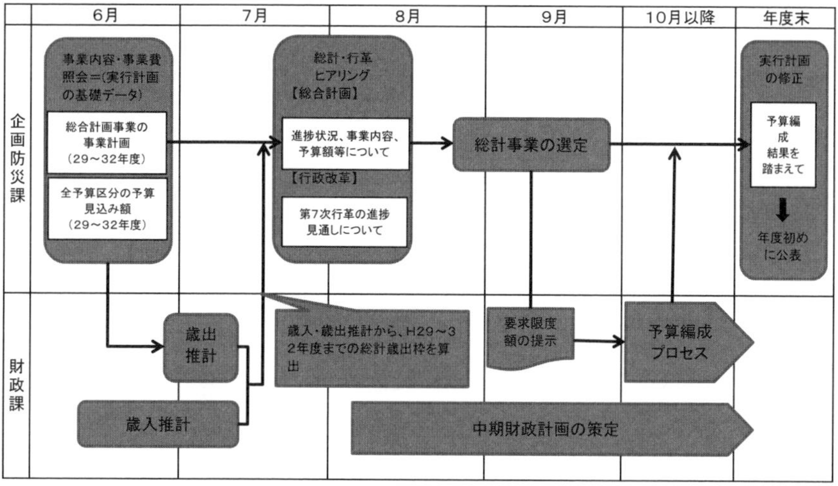

（出所：多治見市企画部企画防災課作成視察用資料、平成28年10月22日）

　この４点がポイントです。特に❷❸❹についての取り組みが肝になります。この部分の制度設計が予算編成という枠組みを超えて、自治体全体の政策形成としての実践ポイントです。要するに予算編成は政策形成手法の一つであるという認識の下で、PDCAサイクルを展開できる政策形成をめざした取り組みです。

（4）川西市の総額管理枠配分方式による政策形成

① 政策形式プロセスの改革の背景

　次に、川西市の政策形成プロセス改革について説明をします。まず、川西市の概要は図表３－２－５のとおりです。プロセス改革に長い時間をかけて漸進的に取り組んできています。この漸進的な取り組みは、組織風土を変えることにかなりのエネルギーがかかることの証になっています。これが一つのポイントになります。

　この取り組みは、22年前の1997年（平成９年）の「事業別予算システムの導入」の研究が最初のスタートです。この研究は、当時、著者自身が財政課主査（係長級）のときに行ったものであり、1999年（平成11年）に第６回日本

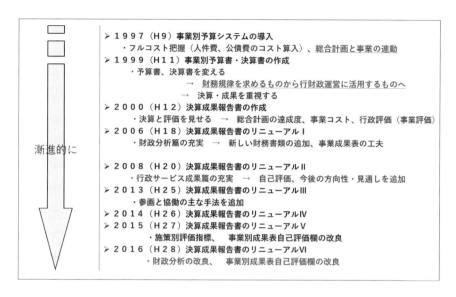

漸進的に

> 1997（H9）事業別予算システムの導入
　・フルコスト把握（人件費、公債費のコスト算入）、総合計画と事業の連動
> 1999（H11）事業別予算書・決算書の作成
　・予算書、決算書を変える
　　　　→　財務規律を求めるものから行財政運営に活用するものへ
　　　　→　決算・成果を重視する
> 2000（H12）決算成果報告書の作成
　・決算と評価を見せる　→　総合計画の達成度、事業コスト、行政評価（事業評価）
> 2006（H18）決算成果報告書のリニューアルⅠ
　・財政分析篇の充実　→　新しい財務書類の追加、事業成果表の工夫
> 2008（H20）決算成果報告書のリニューアルⅡ
　・行政サービス成果篇の充実　→　自己評価、今後の方向性・見通しを追加
> 2013（H25）決算成果報告書のリニューアルⅢ
　・参画と協働の主な手法を追加
> 2014（H26）決算成果報告書のリニューアルⅣ
> 2015（H27）決算成果報告書のリニューアルⅤ
　・施策別評価指標、　事業別成果表自己評価欄の改良
> 2016（H28）決算成果報告書のリニューアルⅥ
　・財政分析の改良、　事業別成果表自己評価欄の改良

地方財政学会（九州大学）において発表しています[3]。当時は、地方財政を取り巻く環境から地方財政への関心が強まりつつはあるものの、自治体の行財政運営のあり方については、学会では、さほど大きく取り上げられることもなく、自治体の政策形成の研究はこれからといった空気感でした。

　この研究から、その導入の背景、コンセプト、事業の統一化と予算書の改革、事業評価への連動－実用化への課題について、概要を説明します。これから政策形成システム改革に着手する自治体において、参考にしていただければと思います。

　まず、時代背景ですが、次のようになっています。
①バブル景気崩壊後の景気低迷、1995年（平成7年）の阪神淡路大震災
②人口急増期のインフラ整備に伴う公債残高の増

　川西市は①により、市税収入の減、災害復旧・復興対応などによる財政状況の悪化、といった課題を抱えていました。その原因については、次のようにまとめています。

　「川西市のように急に都市化が進んだ自治体は、行政側に都市化の進行過程で、人口の急増による市税収入の順調な伸びをよりどころにした積極的な

3　山本栄一・松木茂弘「自治体財政の効率化―川西市における事業別予算導入の動き―」日本地方財政学会編『地方財政改革の国際動向』（勁草書房、1999年）

事業展開を可能にした経過がある。住民側にも自分たちの街をいち早く住みよい街にしたいという願望があり、行政側と住民側の双方がマッチして財政支出を予想以上に膨張させ財政規律を失わせていく結果を招いてきた。その状況の中で、予算は要求されたものを積み上げ、単に事業の実施に必要な財源を確保し、収支を単年度で均衡させればよいだけであった。しかし、税収入が伸びず、過去に発行した地方債の償還に財政支出が圧縮される状況の中で、量から質に変化し、複雑化する住民ニーズに応える行政サービスの展開には、このような予算システムでは到底対応できない状況になっている。そのため、川西市では、市制施行以来変更されずにきた予算制度の見直しを含め、政策形成システム全体の抜本的改革を事業別予算の手法を用いて進めている。」

② コンセプト

　事業別予算システムは、英訳するとPerformance Budgeting Systemです。このシステムは、形式的には当時から多くの自治体で取り入れられており、決して目新しいものではありませんでした。このシステムの本来のあり方は、英訳のとおり、事業のコストとパフォーマンスを捉えることにより、行政経営の機能をレベルアップさせることです。しかし、実際には、ほとんどの自治体でこのレベルまで到達しておらず、予算を単に事業別に分類するだけに終わるなど、財政活動全般を視野に入れない予算でしか活用されていないのが実態でした。当時の川西市で導入した事業別予算システムは、予算編成という領域だけに限定せず、計画から決算までを含めたシステムの構築をめざしており、次の５つのコンセプトをもって導入を進めています。

<事業別予算システムの５つのコンセプト>
　① 計画－予算－執行－決算を通じた事業の統一化
　② 人件費を含めた事業別フルコストの把握
　③ 職員定数とのリンク
　④ 積極的な財政情報の公開
　⑤ 事業評価への連動

　この５つのコンセプトは、今日まで川西市の政策形成プロセス改革の柱に

なっており、以来、漸進的に改革を進めてきています。

その中でも、①の事業の統一化と②人件費を含めた事業別フルコスト把握についてどのように実施してきたかを説明します。

③ 事業の統一化

まず、①事業の統一化にどのように取り組んだかを、脚注3の研究報告で次のようにまとめています。

「事業別予算にとって、事業はキーファクターである。したがって、この事業をどのようなレベルに設定するかが極めて重要となる。各自治体で事業別予算が本来の機能を果たせていない原因の一つは、総合計画など計画策定での事業と、予算編成や財務執行で使用される事業とが一致していないことにある。各プロセスでの事業の捉え方の違いが、「Plan−Do−See」の経営サイクルの断絶を招く要因となってきた。

※「Plan-Do-See」サイクル

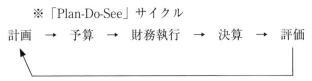

計画　→　予算　→　財務執行　→　決算　→　評価

川西市でも総合計画や基本計画での事業と、予算編成で使われている事業とが異なっており、さらに、財務執行及び決算では事業別にコストを把握する工夫さえされていない状況にあった。このような「Plan−Do−See」サイクルが機能せずに財政支出が行われることが、自治体のコスト意識を希薄にし、財政支出をコントロールできない要因となってきた。したがって、川西市では、上記の課題を克服するために、総合計画の体系からスタートする事業をベースに事業の統一化を図っている。ここで重要なポイントは、総合計画を中心とする計画体系を事業ベースにしたことである。＜中略＞総合計画は、それを策定すること自体が目標ではなく、計画に沿った行政運営が行われ、その基本構想や計画の目標とすることが達成されることに意義がある。したがって、総合計画に定められた目標を具現化していくために、自治体は下位計画として基本計画及び実施計画を策定しており、ここでは体系化された施策を誰が、何を、いつ、何のために、どこで、どのようにするかを定めている。最終的にこの実施計画に登載した事業が毎年度の予算編成を経て実施されることになる。このプロセスは、ほとんどの自治体で取り入れられて

いるものの、実際に計画された事業と予算がリンクしていない場合が多い。これは、自治体が予算中心主義の政策形成を行っていることが原因となっている。川西市では、総合計画策定に住民参加を進めてきた経過があることから、住民、行政双方に計画をフォローしていく機運があり、住民への説明手段としても、計画から実施及び評価までのプロセスを明らかにしていくことが必要となった。そのため、1998年度（平成10年度）からスタートする総合計画後期基本計画に基づいて、事業を組み立てていくことにしている。しかし、計画から事業を組み立てていくには、計画と予算の機能の違いから、でてくる問題点を解決しなければならない。総合計画は、行政サービスを施策体系ごとに分類し、基本構想から施策、事業へとブレイクダウンしていくものであり、他方で予算は、経済性質別に分類した費用を支出目的ごとに積み上げて編成するものである。したがって、両者は、機能面でなじみにくいといった問題点を抱えている。多くの自治体が事業を予算中心に組み立て、計画とのリンクができないでいるのも、この問題が大きな障害となるからである。川西市ではこの問題の解決に２つの方法を採用している。

　第１は、計画では事業として扱わない内部管理経費を個別の事業として取り出したことである。財政支出の効率化を図るうえで、管理経費の掌握と分析はコスト管理面から重要となる。また、管理経費は全庁的な管理経費と各事業執行に必要な中間管理経費に区分できる。さらに、この管理経費の把握方法は、各事業に按分して加算していく方法と、管理経費を個々の事業として扱う方法の２つのパターンがある。川西市では、後者の方法を採用し、管理経費を事業として取り扱うことにした。このように、全庁にかかる管理経費と各事業に必要な中間管理経費を掌握することにより、行政サービスにかかる管理経費の状況が明らかになり、時系列分析や他の事業部門との比較によるコストの質の分析を可能にする。このことは、財政支出の効率化を目指す場合に、自治体が取り組まなければならない重要なポイントになる。

　第２は、財務執行系との連動のために、事業の２段階方式を採用したことである。計画から事業を形成する場合、財務処理のイメージを持たずに行われるために、予算編成から執行、決算に至る財務執行系とうまく連動しない場合が生じる。自治体の財務執行は、財務規律を維持するために規則を定めて厳格に運用されており、そのための事務は相当な量にのぼる。したがっ

て、計画を重視するために事業をあまり細かくすると、事業数に比較して財務執行に伴う事務量が増大することになる。このことが、自治体内部の事務処理に非効率を生みだし、事業別予算を導入することのデメリットとなる可能性がある。そのため、川西市の事業分類は、基本計画と連動する「細事業」とそれをベースに目的と効果で集約した「事業」に分ける二段階方式を採用し、事務処理の効率性を損なわずに、それぞれの活用レベルに応じた役割を果たせるように工夫を図っている。自治体現場でのシステムの実用化を考えれば、このような工夫を各自治体の状況に応じて検討していく必要がある。」

　つまり、総合計画からの政策形成にしていくには、計画と予算がもつ機能・特性を生かしながら、双方のミスマッチを克服した制度設計が必要となります。あわせてPDSサイクル（その後の取り組みの中で、Plan-Do-Check-ActionのPDCAサイクルに改めているので以下、PDCAサイクルと表記します）を機能させることが大切です。川西市の事例は、まさにそれを実践したものです。事業の統一化と総合計画とのリンクを図るには、現場の職員が常に総合計画を意識して仕事を進める職場風土を醸成します。そのためには、日常業務としての財務執行で使用する予算・決算とのスムーズなリンク、仕事を必要以上に増やさない業務の効率化を組み込んだ制度設計にすることが大切でした。1997年（平成9年）に検討を庁内ではじめ、1998年を試行実施とし、1999年（平成11年）から予算・決算とのリンク、財務執行系とのリンクを全庁で行いました。本来、総合計画後期基本計画のスタートである1998年からスタートを切りたかったのですが、職員に、日常業務として取り扱ってもらい、この制度のねらいを理解してもらうためには、やはり時間をかけての対応が必要だったと改めて思います。事業を作成していく際にも、当初、担当課に自由に作成してもらうと、やたら細かく設定してくるところがあったり、必要以上に大きく括ってしまう担当課があったりと、事業レベルを合わせるのにかなり苦労しました。特に、事業費が小さい担当課のほうが、仕事をしていることをアピールをするかのように細かく事業を分類してしまう傾向にありました。一方で、事業費の大きいハード系の担当は、財務執行を流動的にするために大きな括りにすることを望むこともあって、結果的に、何の事業をしているのかわからないような事業も出てきました。一例で言えば、本来、「国際交流事業」として取り扱うものを「○○市青少年派遣事

図表３−２−６　事業数、細事業数（平成11年）

（区分）	（事業数）	（活用レベル）
事業	596	財務処理・決算・財務情報の活用
細事業	976	基本計画・実施計画・予算編成・効果分析

業」「○○市青少年受け入れ事業」などと細分化する一方で、「市道○○○線拡幅事業」「○○○幹線新設事業」というように具体的に明示すべき事業を「道路整備事業」に一括して財務執行をしやすい環境をつくってしまうようなアンバランスが生じました。ある程度レベルを合わせる作業を行いましたが、そこは焦らずに現場の意識を徐々に変えていくために、できるだけ現場意見を尊重して事業の統一化を進めてきたところです。したがって、1999年（平成11年）当時の事業数は図表３−２−６のとおり、かなり多い事業数となっています。

　2018年（平成30年）時点での細事業数は、整理が進み375に縮小しています。これを見てもわかるように、事業としては最初の段階でかなり細かい事務を事業に分類するところからスタートして、段階的に事務から事業へと統一化を進めてきました。パフォーマンスを見る対象として事業を捉えることが定着して、一挙にレベルアップしたと感じています。

　さらに、職員に総合計画を意識してもらうことには大変苦労しました。そもそも総合計画を意識せずとも仕事ができるところに一つの問題があります。ビジョンの共有なしでも、市民ニーズに応えること、課題を解決していくことを目的にして、着実に仕事をすることが大切という役所マインドがあります。これは、多分に、右肩上がりの経済成長のもと、人口と税収が増えることに支えられてきた自治体が共有するマインドであったように思います。そのようなマインドがある役所内では、総合計画をフォローアップして成果を検証する雰囲気などは全くと言ってよいほど出てきません。さらに、首長、幹部職員がそのようなマインドにどっぷり浸っている自治体は、かなり深刻です。川西市は、まさにそのような自治体でした。この役所マインドを変革するにはどうすればいいか、かなり悩んだ記憶がありますが、大ナタを振るうより、少しずつ変革を積み上げて変えていくほうがよいのではないかと考えて取り組みを進めてきました。これが功を奏したように思います。

では、具体的にどうしたかです。まずは、自分が担当している事業（事務）は総合計画のどの施策に基づいているのかを、逆からリンクさせる作業をしてもらいました。「皆さんの仕事は総合計画の何の施策に基づいていますか？」という問いからのスタートです。本当は基本構想があり、その目標があって施策が生まれ、それを具体化するための戦術として事業があるのですが、先に事業が存在していますので、全く逆から作業をしてもらった経過があります。ある程度予想されたことですが、担当によっては「総合計画の中に自分のしている仕事とリンクする施策がない」といった笑えない話が出たのも事実です。総合計画と事業をデータベースでリンクさせることで、総合計画－基本計画－実施計画－事業が一連のものとなります。総合計画から戦略を組み立て、戦術として事業を起こしていくシステムに徐々に変えていく。時間がかかりますが、この意識を根付かせることで、事業から生み出される成果を評価することにつながっていきます。そして、評価したことを計画にフィードバックするシステムづくりができていくと、ＰＤＣＡサイクルを機能させることにつながっていきます。

　一方、私自身、制度設計の最終イメージ（ＰＤＣＡサイクルを機能させる）はありましたが、その時点では、高度な事業評価や行政評価のことには触れずに進めてきました。職員にとっては失礼な話かもしれませんが、首長や幹部職員も含めての職員の意識改革、職場風土の改革が必要な場合に、難しい理論や理想、さらには、事務作業が多く発生する場合には負担感などからの抵抗がつきものであり、それらが改革を邪魔する場合がよくあります。まずは、総合計画体系と事業のリンクをする、それが根付いたら次のステップに進めるという形で漸進的に進めてきたのは、徐々に最終到達目標に向かうほうが抵抗感をやわらげ、結果的にスムーズに進めることができると感じたからです。急がば回れの考えです。

④　事業別フルコスト把握

　次のステップが、本書56頁で述べた②人件費を含めた事業別フルコスト把握への挑戦です。これは、改革のねらいとしたコスト意識の醸成を図るための挑戦です。ＰＤＣＡサイクルを機能させるためコストを正しく把握することからスタートしなければならないのですが、自治体の予算・決算制度ではそこが不十分なことが課題の一つになっています。したがって、川西市で

は、まず、予算書改革から取り組みを始めています。脚注3の研究報告で、予算書改革の取り組みを次のようにまとめています。

「事業別予算の導入においては、予算書の改革が大きな意味をもってくる。そこでまず、予算書の役割を整理すると、①自治体内部の財政規律書、②議会に提案する議案書、③住民に公表する財政情報に分けることができる。現在の予算書は、長年の経過の中で、①の財政規律書としての役割が強く意識されてきたことから、その機能は完成の域の達している。それに対して②、③の議案書や財政情報の提供の機能は、最近になって注目を集めつつあるものの、前者に比べればはるかにウェイトが小さく、不完全なものである。不完全である点は、現在の予算書が利用する側の議員や住民にとって非常に分かりにくいものとなっていることに表れている。予算書のわかりにくさは、予算書が事業ごとにコストを正しく捉えていないことにある。つまり、現在の予算書は、概ねどの自治体であっても地方自治法施行規則に基づいて作成されており、そこには、事業コストを捉えるといった概念は存在しない。具体的に、施行規則に則り予算を「款」「項」「目」の3段階で行政目的ごとに分類し、さらに、それを経済性質別に「節」に分類している。＜中略＞さらに、職員の人件費が時間外勤務時間と臨時職員の賃金しか計上されておらず、正規職員の本給などの人件費は、別の「目」にまとめて一括計上されている。そのため、人件費を含まずに事業コストを捉えるといったあいまいさを、予算制度に常態化させる結果となっている。このことが、各自治体で事業別予算の機能を発揮できないでいる原因の一つとなっている。」

これは、予算書が、首長が毎年度の税金の使い道として議会での民意の統制を受けるための資料としての役割を担っていることに起因しています。あわせて、議決の範囲内で首長の予算執行権を拘束する意味でも、この予算書機能は非常に大事な点です。今日に至っても、法律に基づき、予算書そのものに大きな変更が加えられないのは、この首長の財務執行に対する民意の統制機能があるからです。一方で、行政サービスの費用対効果を分析する点からすると、明らかに機能不全に陥っています。特に、行政サービスで大きなウェイトを占める人件費コストが事業ごとに分類できていない点が課題となっています。川西市では、ここを補完するため、人件費を含めたフルコスト把握に挑戦しています。

川西市では、モデル人件費方式を採用しています。この方式は、実際の人件費を事業ごとに振り分けるのではなく、事業にかかる職員定数を明示し、それに基づいて人件費がどれぐらいかかっているかが把握できるものとしています。予算書では従来、予算執行科目の「目」のうち、32個の総務的な「目」にまとめて計上していたのを、102個の「目」に分類してコスト表示することにしています。ただし、「目」を構成している個々の事業には、人件費を分割せず、事業従事職員の数だけを事業ごとに表示する方法を採用しています。図表3－2－7が、平成31年度の予算書です。事業ごとに職員数を見れば、その事業にかかる人件費が想定できる内容になっています。これは、事業ごとに人件費を分けて計上すると、予算書自体が財務管理システムと連動している関係で、人件費にかかる財務執行において膨大な事務が発生するので、これを避けるためです。「コストを捉えるといった観点から見れば、さほど厳密な人件費を必要とせず、事業費以外に人件費がどれぐらい必

図表3－2－7　平成31年度一般会計予算書（歳出事項別明細書）

(単位：千円)

事　　　業　　　別　　　説　　　明			
事　業　別　区　分	支　出　内　訳		財　源　内　訳
01企画費人件費（職員課）　147,588	02給料	69,414	一般財源　147,588
行　20人	03職員手当等	52,748	
再任用（行）　1人	04共済費	25,426	
02総合計画策定・管理事業（企画財政課）　297	11需用費	43	一般財源　297
事業従事職員数　1人	12役務費	198	
	14使用料及び賃借料	56	
03政策企画・立案事業（企画財政課）　2,925	07賃金	1,811	一般財源　2,925
事業従事職員数　6人	09旅費	39	
	11需用費	92	
	12役務費	890	
	14使用料及び賃借料	78	
	19負担金、補助及び交付金	15	
05組織・定数管理事業（企画財政課）　34	09旅費	2	一般財源　34
事業従事職員数　1人	11需用費	4	
	14使用料及び賃借料	28	
06行財政改革推進事業（政策創造課）　1,185	01報酬	991	一般財源　1,185
委員　6人	08報償費	100	
事業従事職員数　4人	09旅費	3	
	11需用費	49	
	14使用料及び賃借料	42	

（出所：川西市HP）

要かがわかる参考資料で足りる」というある意味割り切りを行って、事務効率を落とさないでコストを把握できるモデル人件費方式という現実的な選択をしたところです。予算書ではここまでにとどめていますが、事業の費用対効果を検証する決算の時点では、後ほど説明する決算成果報告書の中で、モデル人件費方式を用いて各事業にかかった人件費コストを見せる仕組みを実現しています。この取り組みは、コストを正しく捉える習慣付けと決算時点での費用対効果を重視した関係から、予算では概要が把握でき、決算では費用対効果を事業ごとに人件費を明示して行う制度設計にしたところです。

　このように人件費コストを事業別に分類するためには、職員数を事業ごとにデータとして分類しておくことが必要になります。この点は重要なポイントの一つになるのですが、なかなか職員定数を事業ごとに整理することは難しいことが多いです。ここで大切なポイントは、実現させるための割り切りです。一人が複数の事業を担当しているのは当たり前の時代です。そこで事業をさらに細分化した細事業レベルで、細事業ごとに何人が事業を担当しているのかを小数点第一位でデータ化してもらうことから始めました。A細事業0.3人、B細事業0.5人、C細事業0.1人、これらを合わせた事業の人数は0.9人となり、細事業を集約する事業レベルでは、四捨五入して1人という形にしています。これを全職場で担当している事業と細事業レベルとで整理して整数化しています。ここで問題なのは、部長、次長、課長などの管理職の人数カウントの方法です。部長、次長の人数は各部署の総務管理事業に一括計上し、課長の人数は各課の一番ウエイトの高い事業に計上する手法を取っています。ここも割り切ること、数値の精緻化にエネルギーをかけすぎないことが大切です。一度データを整理すると、あとは、決算、予算要求、予算決定のタイミングにあわせてデータを事業ごとに修正・更新する作業になり、担当部局も企画財政部門も容易にデータを取り扱えますので、ここはルールを決めてトライしておくといいと思います。

⑤　予算編成方法への実践

　では、次に、川西市の予算編成方法です。川西市の予算編成は、総合計画をベースにした「PDCAサイクル型総額管理枠配分方式」を取っています。図表3-2-8は、計画策定から予算編成までの流れです。

　まず、①で総合計画（基本計画）の政策分野別に基本目標・方針を策定し

図表３－２－８　計画策定から予算編成までの流れ（川西市の事例）

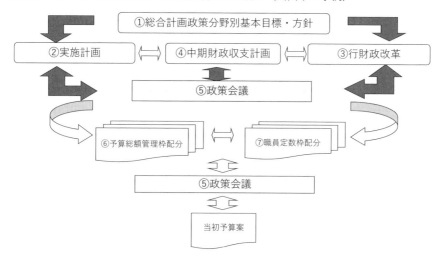

ます。現在、多くの団体で取り組まれている地方総合創生戦略などはまさし
くこの部分で、最初に首長と政策のプライオリティを決める議論をしっかり
しておく必要があります。自治体の政策形成の場合、この部分が不十分で事
務的な作業として予算編成に入ってしまうことが問題です。残念ですが、政
策形成プロセスを意識せずに、財政担当課中心の予算編成作業としてスター
トしている団体が多くあるのが現実です。国の予算編成では、2019年（令和
元年）６月に経済財政運営の基本方針（骨太方針）を閣議決定し、財務省へ
の概算要求の作業に入っています。それに代わるものが、自治体では予算編
成方針ですが、この予算編成方針が予算編成手法の手順書レベルになってい
ることが多くあります。具体的には、財政担当課の要求への制限、規制、留
意点が中心になっているのが目立つところです。所謂、政策方針などがスター
ト地点でないのが課題です。誤解があるといけないので正確に言えば、基
本計画や総合戦略があるものの、具体的にそれに基づいて次年度に何を優先
的に取り組むかの議論をしていないということです。そこは、PDCAサイク
ルを機能させていけば、決算での審議結果や市民意見などからどこに重点を
置いて取り組むべきかが明らかになってきますので、その点を議論できる仕
組みづくりが必要です。

　次に、②実施計画、③行財政改革を④の中期財政収支計画との連動の中で

調整を行います。スクラップビルドの考え方を、財政計画の制限のある中で調整するものとなります。②と③をセットで実施することに意味がありますが、③は実現にエネルギーが必要なので、選挙により選出される首長は、当然②に力が入ります。これは首長を補佐する職員にとって、拒否できるものではないので、②と③を同時に行えるような仕組みをつくることが大切になります。その協議を⑤の政策会議で行います。川西市の場合、市長、副市長、総合政策部長、担当部長が主要メンバーとなり政策を議論しています。ただし、②のほうは実施環境が一定整っていればさほど大きなエネルギーはかかりませんが、逆に、③の行財政改革は、事前説明や周知期間などを考えると実施環境を整えるまでに時間がかかります。その意味においては、②と③は同時に実行できるものでもありません。そこに難しさがあります。どちらかと言えば③の準備に時間がかかりますので、行財政改革計画を基本計画レベルとあわせて策定して、その年次計画として議会、住民に事前説明しておくとやりやすくなります。要するに③は後回しにすればするほど、調整時間がかかりますので、早めに意思決定し、準備期間を取りながら、政策調整を図っていくことが必要です。その上で、②と③の議論を経て計画が策定ができれば、それを予算として中期財政運営プラン（財政計画）に反映させて、配分可能な一般財源総額を推計し、それをもとに⑥予算配分の枠を設定していきます。細かな作業になりますが、枠配分をきちっとするならこれぐらいのレベルで行うべきだと考えています。それが、図表3－2－9の方法です。まずは、経常的経費（枠配分対象＋対象外）と特定経費（人件費・公債費・繰出金）に仕分けします。次に、前年（a年）の事業別一般財源をベースにして、前年の新規イニシャルコスト分と臨時経費を減額し、さらにa＋1年に行う行革計画実行による部分を減額します。一般財源ベースですので、行革計画で受益者負担を引き上げるとそれが一般財源にマイナス効果を生みます。そこも減額に反映させます。さらに、そこにa＋1年の実施計画に必要となる一般財源を上乗せして、a＋1年の事業別一般財源を確定させます。あくまでも枠配分するための一般財源の目安ですので確定ではありません。それができれば、部ごとに事業別一般財源を合計した一般財源を各担当部に配分することになります。各部はこの一般財源配分をベースに工夫して事業の組み立てを行っていきます。

図表３－２－９　総額管理枠配分方式の方法

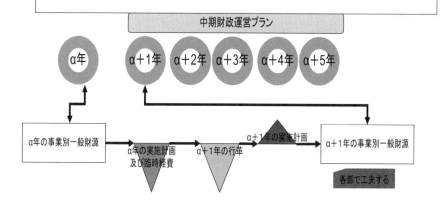

> ## 中期財政運営プランで配分総額を推計
> ☆5年間の中期財政運営プランを一般財源ベースで策定
> ☆財政指標の推移をもとに地方債の発行額の上限を設定
> ☆財政の持続性確保に向けた方策を織り込む
>
> 行財政改革実行計画　　地方債発行の抑制　　　基金の有効活用　　　公有地の有効活用
>
> ## 実施計画と行財政改革実行計画を反映して各部に配分
> ☆経常的経費（枠配分対象＋対象外）と特定経費（人件費、公債費、繰出金）に仕分け

中期財政運営プラン

α年　α＋1年　α＋2年　α＋3年　α＋4年　α＋5年

α年の事業別一般財源

α年の実施計画及び臨時経費

α＋1年の行革

α＋1年の実施計画

α＋1年の事業別一般財源

各部で工夫する

　次に、職員数の枠配分も同時に行います。人、物、金のリンク部分です。図表３－２－10は、職員定数枠配分の仕組みです。ここで職員数を事業別に整理したデータが活用できます。まず職員定数計画に基づいて実際の退職者数を減員し、採用人数をプラスして総数を仮置きし、それを部別事業別にデータ整理します。その前年（α年）の事業別職員数をベースに、行財政改革・事業終了分を減員し、実施計画・法改正などの要素分を増員し、α＋1年の部別事業別職員数を仮決定し、部の総数として配分します。この人員をもとに、各部では、工夫して事業ごとに配分していくスキームです。先ほどの一般財源の枠配分とあわせて、人・物・金のリンクを図るシステムです。

　この枠配分した一般財源と職員数を政策実現のための資源として、各部が行う行政サービスのパフォーマンスを最大化する工夫をして予算と職員数の

図表3－2－10　職員定数枠配分方式の方法

> ➤人・物・金のリンク
>   ☆職員定数管理計画に基づき、退職予定者数、新規採用枠を推計する
>   ☆中期財政収支計画、実施計画、行財政改革推進計画を反映した部別職員定数配分計画を策定
> ➤職員定数を各部に枠配分
>   ☆各部長は、配分された職員数を各事業別に配分した職員定数計画を策定する

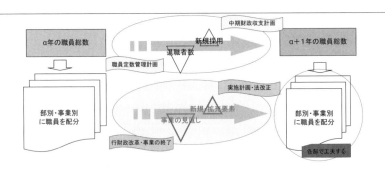

計画書を提出し、企画財政部門で調整を行った上で、図表3－2－8で示したように、最終的に予算書となって予算を確定させていきます。ここから、人・物・金がリンクした状態で、予算書として議会に提出し、議論をしてもらうことになります。

　ここで再度、この総額管理枠配分方式の要点を三つに整理します。

①　総合計画（基本計画）もしくは総合戦略に沿ったメリハリを、事前にどこまでつけることができるか。

②　中期の財政運営プラン（財政計画）で、的確な一般財源総額を示すことができるか。

③　配分した資源の工夫について、担当部局にどこまで自由度を与えて取り組んでもらうか。

　特に、③のポイントは、職員数と予算を交換できるところまで踏み込んで行うことができるかが鍵になってきます。東京都足立区では、早くも③の方法を予算編成に取り入れています。自治体がもつ資源（人・物・金）を活用してパフォーマンスの最大化を図ることが、予算編成に最も重要な視点であり、そこを意識して、予算編成手法の改革に取り組んでいくことが求められます。

3 行政評価を活用するために

（1）行政評価の現在の状況

　行政評価という言葉が盛んに使われ出してから、早くも20数年が経とうとしています。1995年（平成7年）に三重県が導入した事務事業評価システムは、驚きをもって迎えられるとともに、特効薬が現れたかのように多くの自治体が視察に行き、模倣し、自治体経営に取り入れようとしました。これは、決して悪い話ではなく、先進自治体の取り組みを学び、それを自治体経営に取り入れていくことは、推奨されるべきことです。一方で、行政評価ブームの中で取り組んだとしても、実際の行政経営に根付かせない取り組みでは意味がありません。大切なことは、行政評価を何のために、どのように活用するのかというポリシーをもって取り組むことです。

　まず、ブームが去った現在の行政評価は、各自治体でどのように取り扱われているのかを総務省の調査に基づいて整理してみます。

　行政評価という言葉は、多様な手法を含みます。ここで行政評価の定義を整理しておきます。総務省が「地方公共団体における行政評価の取組状況等に関する調査結果」（平成29年6月27日）において、行政評価の定義を次のように示しています。

> 　本調査における「行政評価」とは、「政策、施策及び事務事業について、事前、事中、事後を問わず、一定の基準、指標をもって、妥当性、達成度や成果を判定するもの」と位置付けています

　この定義で考えるなら様々な方法が行政評価にあたるものと考えられます。また、この調査結果によると、全国の自治体における導入割合は、図表3－3－1にあるように、事務事業で都道府県78.7%、指定都市94.7%、市区町村96.5%、施策評価で都道府県87.2%、指定都市89.5%、市区町村59.2%、政策評価で都道府県57.4%、政令都市31.6%、市区町村25.4%となっています。これを見れば、都市自治体においては、事務事業レベルで概ね導入済み

図表３－３－１　行政評価の対象について

① 　ほとんどの団体が「事務事業」を対象とした行政評価を実施している。団体
の規模が大きいほど、「施策」「政策」を対象とした行政評価をあわせて実施
している。

○行政評価の評価対象

			都道府県		指定都市		市区町村		合計	
			団体数	構成比(%)	団体数	構成比(%)	団体数	構成比(%)	団体数	構成比(%)
行政評価を導入している団体			47	100	19	100	1033	100	1099	100
事務事業について評価を実施			37	78.7	18	94.7	997	96.5	1052	95.7
	公営企業含む	全部	11	23.4	6	31.6	301	29.1	318	28.9
		一部	12	25.5	7	36.8	307	29.7	326	29.7
	公営企業除き	全部	2	4.3	1	5.3	172	16.7	175	15.9
		一部	12	25.5	4	21.1	217	21.0	233	21.2
施策について評価を実施			41	87.2	17	89.5	612	59.2	670	61.0
	全部		32	68.1	14	73.7	468	45.3	514	46.8
	一部		9	22.0	3	15.8	144	13.9	156	14.2
政策について評価を実施			27	57.4	6	31.6	262	25.4	295	26.8
	全部		19	40.4	5	26.3	187	18.1	211	19.2
	一部		8	17.0	1	5.3	75	7.3	84	7.6

※行政評価を導入している団体を対象。

※該当するものすべてを選択するため、団体数に相違あり。

【参考（政策体系とは）】

※「政策体系」とは、「行政の目的とそれを達成する手段で形成される一つの体系」と位置づけ
ます。一般に「政策－施策－事務事業」の三層構造でとらえられますが、この区分は相対的
なものであり、「施策」が複数の階層に分かれる場合や、「事務事業」に相当するものが存在
しない場合など、必ずしも３つの区分に明確に分かれるわけではありません。

(例) 政策体系が５つの区分の場合、第一区分：基本理念（政策）、第二区分：基本方針（施策）
第三区分：実施戦略（施策）、第四区分：重点事業（事務事業）、第五区分：基本事業
（事務事業）といった分類が可能です。

〈一般的な政策体系〉

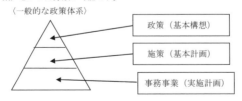

政策（基本構想）

施策（基本計画）

事務事業（実施計画）

（出所：総務省HP）

図表３－３－２　行政評価の実施及び体制について

① 　行政評価を導入している団体のうち、約５割が内部評価に加えて外部評価も
実施している。内部評価に加えて外部評価も実施している団体は、前回調査に
比べて増加している。

○行政評価の実施状況

	都道府県		指定都市		市区町村		合計	
	団体数	構成比(%)	団体数	構成比(%)	団体数	構成比(%)	団体数	構成比(%)
内部評価、外部評価	26 (24)	55.3 (51.1)	12 (14)	63.2 (73.7)	473 (425)	45.8 (42.8)	511 (463)	46.5 (43.7)
内部評価のみ	20 (22)	42.6 (46.8)	7 (5)	36.8 (26.3)	548 (550)	53.0 (55.3)	576 (577)	52.3 (54.4)
外部評価のみ	1 (1)	2.1 (2.1)	0 (0)	0.0 (0.0)	12 (19)	1.2 (1.9)	13 (20)	1.2 (1.9)

※行政評価を導入している団体を対象。

※外部評価とは「外部有識者による評価」等を指す。

※「外部有識者による評価」とは、政策、施策、事務事業について、外部有識者の特性や専門性を十分に活用しつつ、
より効果の高い政策等に改善することを目的として評価を行っているものをいう。

② 　内部評価の実施体制としては、約５割の団体において、事業担当課に加えて、
行革担当課等による評価が行われている。

○内部評価の実施体制

	都道府県		指定都市		市区町村		合計	
	団体数	構成比(%)	団体数	構成比(%)	団体数	構成比(%)	団体数	構成比(%)
事業担当課、行革担当課等	18	39.1	10	52.6	537	52.6	565	52.0
事業担当課のみ	28	60.9	9	47.4	484	47.4	521	48.0

※行政評価を導入している団体のうち、内部評価を実施している団体を対象。

（出所：総務省HP）

であり、規模の大きい都道府県、政令指定都市のほうが、より大きなカテゴ
リーで評価をする施策、政策レベルでの評価を多く取り入れていることがわ
かります。一時的なブームが終わった後もここまでしっかり自治体に定着し
ていることは、嬉しい限りです。あとは、いかにこの行政評価の質を高め、
実際の行政経営に活用しているかです。図表３－３－２で行政評価の実施及
び体制についての調査結果を見ると、全体の46.5％の自治体が内部評価と外
部評価をあわせて実施していることがわかります。また、内部評価の実施体

図表３－３－３　活用方法（予算への反映状況）について

① 行政評価を導入している団体のうち、約８割が評価結果を予算要求に反映又は
参考とし、約９割が評価結果を予算査定に反映又は参考としている。

○予算要求等への反映状況

	都道府県		指定都市		市区町村		合計	
	団体数	構成比(%)	団体数	構成比(%)	団体数	構成比(%)	団体数	構成比(%)
予算要求	46		19		1033		1098	
反映又は参考	44	95.7	16	84.2	778	75.3	838	76.3
反映していない	2	4.3	3	15.8	255	24.7	260	23.7
予算査定	46		19		1033		1098	
反映又は参考	46	100.0	19	100.0	910	88.1	975	88.8
反映していない	0	0.	0	0.0	123	11.9	123	11.2

※行政評価を導入している団体を対象。
※回答できない団体があるため、団体数に相違あり。

（出所：総務省HP）

制においても、約５割の自治体が、事業担当課に加えて行革担当課等による
評価を行っています。このように行政評価に客観性をもたせる取り組みが行
われ、行政評価の質的な向上をめざしていることがわかります。

　図表３－３－３は、活用方法の調査結果です。行政評価が予算編成などの
政策形成にどの程度使われているかですが、約９割が評価結果を予算査定に
反映または参考としているとのことです。

　この結果には、いささか違和感を覚えるところです。調査が「反映又は参
考」となっており、この参考という概念には幅があるので、「参考にしてい
る」と答えた団体が多くあったのではないかと思います。直ちに予算に反映
となれば、行政評価の質が問われるので、多分、そこまでは行っていないと
いうのが正しい捉え方ではないかと思います。予算編成において、行政評価
は一つの要素として参考にするけれども、実際には、予算査定は他の要素で
決まるといったことが多くあると感じています。これは決して行政評価を否
定するものではなく、行政評価の限界点であると感じています。やはり、行
政評価は万能薬でも特効薬でもなく、評価することで行政サービスの質を上
げていくことに寄与するものであるといった捉え方のほうが、行政評価の活
用に有用性をもたせるものになると思います。

図表３－３－４　公表（公開）の状況について

① 行政評価を導入している団体のうち、都道府県、指定都市のほぼ全団体で、また市区町村でも約７割の団体が行政評価の結果を公表している。

○「政策」「施策」「事務事業」の公表状況

	都道府県		指定都市		市区町村		合計	
	団体数	構成比（％）	団体数	構成比（％）	団体数	構成比（％）	団体数	構成比（％）
行政評価を導入している団体	47	100	19	100	1033	100	1099	100
事務事業	37	78.7	19	100	986	95.5	1042	94.8
公表	35	74.4	19	100.0	708	68.6	762	73.1
非公表	2	4..3	0	0.0	278	26.9	280	26.9
施策	41	87.2	17	89.5	612	59.2	670	61.0
公表	40	85.1	17	89.5	444	42.9	501	45.6
非公表	1	2.1	0	0.0	168	16.3	169	15.4
政策	27	57.4	5	26.3	272	26.3	304	27.6
公表	26	55.3	5	26.3	147	14.2	178	16.2
非公表	1	2.1	0	0.0	125	12.1	126	11.4

※行政評価を導入している団体を対象。
※該当するものすべてを選択するため、団体数に相違あり。

（出所：総務省HP）

　もう一つの、行政評価の有用性は、住民に対しての説明材料となる部分です。その点について、先の調査結果では、図表３－３－４のようになっています。都道府県、指定都市のほぼ全体で、市区町村でも約７割の団体が結果を公表しているところです。これで説明責任が果たせているとまでは言えませんが、行政サービスの結果を住民と情報共有することは大事なことで、これを積み重ねておかないと、事業の見直しを行う時にハードルが高くなり、実現に時間がかかります。

　次に、行政評価の成果と課題について、図表３－３－５の調査結果を見てみると、成果の観点で政策や事業が検討されたというのが約８割ある一方で、予算配分を大きく変更できたというのは、6.3％にとどまっています。この点は先ほども述べたとおりまだまだですし、限界があることの表れだと思います。

図表３−３−５　行政評価の成果・課題について

① 都道府県、指定都市のほぼ全ての団体、市区町村の約８割の団体が、行政評価の成果として、「成果の観点で施策や事業が検討された」と回答している。また、「職員の意識改革に寄与した」と回答した団体は約７割、「個別の事務事業の有効性が向上した」と回答した団体は約５割となっている。

○行政評価の成果

	都道府県		指定都市		市区町村		合計	
	団体数	構成比(%)	団体数	構成比(%)	団体数	構成比(%)	団体数	構成比(%)
住民の関心が高まった	21	44.7	10	52.6	210	20.3	241	21.9
成果の観点で施策や事業が検討された	45	95.7	18	94.7	798	77.3	861	78.3
事務事業の廃止、予算削減につながった	28	59.6	13	68.4	551	53.3	592	53.9
業務体制の再検討につながった	23	48.9	8	42.1	454	43.9	485	44.1
個別の事務事業の有効性が向上した	27	57.4	13	68.4	542	52.5	582	53.0
個別の事務事業の効率性が向上した	24	51.1	11	57.9	522	50.5	557	50.7
予算配分を大きく変更できた	1	2.1	1	5.3	67	6.5	69	6.3
人員配分を大きく変更できた	0	0.0	1	5.3	8	0.8	9	0.8
職員の企画立案能力が向上した	15	31.9	3	15.8	119	11.5	137	12.5
職員の意識改革に寄与した	27	57.4	13	68.4	714	69.1	754	68.6
議会で評価結果が取り上げられるようになった	19	40.4	11	57.9	236	22.8	266	24.2

※行政評価を導入している団体を対象。
※該当するものすべてを選択するため、団体数に相違あり。

（出所：総務省HP）

　次に、行政評価の課題を図表３−３−６で示していますが、約８割の自治体が評価指標の設定を課題であるとしています。行政評価における指標の設定には、やはり難しい点があると言えます。この点も行政評価に限界があることに関係してくるところです。

図表３－３－６

② 都道府県、市区町村の約8割、指定都市の全団体が、行政評価の課題として「評価指標の設定」と回答している。また、「行政評価事務の効率化」と回答した団体は約8割、「予算編成等への活用」と回答した団体は約7割となっている。

○行政評価の課題

	都道府県		指定都市		市区町村		合計	
	団体数	構成比(%)	団体数	構成比(%)	団体数	構成比(%)	団体数	構成比(%)
評価指標の設定	37	78.7	19	100.0	807	78.1	863	78.5
評価情報の住民への説明責任	16	34.0	6	31.6	311	30.1	333	30.3
予算編成等への活用	30	63.8	16	84.2	738	71.4	784	71.3
定数査定・管理への活用	10	21.3	7	36.8	373	36.1	390	35.5
議会審議における活用	1	2.1	2	10.5	146	14.1	149	13.6
外部意見の活用	9	19.1	5	26.3	377	36.5	391	35.6
長期的な方針・計画との連携	14	29.8	7	36.8	543	52.6	564	51.3
職員の意識改革	25	53.2	12	63.2	543	56.3	619	56.3
行政評価事務の効率化	37	78.7	16	84.2	821	79.5	874	79.5

※行政評価を導入している団体を対象。

※該当するものすべてを選択するため、団体数に相違あり。

（出所：総務省HP）

　予算編成など政策形成を行う中では、総合的な判断の中の一つの材料として行政評価を活用していくほうが、現時点では妥当性があると思います。なぜなら、行政評価は完璧なものではないですし、設定する評価指標は行政サービスの結果を完全には補足できないからです。

　著者も以前、研修会などで他の自治体職員や議員に行政評価の説明をすると、「行政評価で予算はどれだけ圧縮できましたか」という質問を多く受けたところです。当時としては、行政評価に対してこのような感覚で理解しているところが多かったのも事実です。行政評価は決して万能薬ではなく、何のためにどのように活用するのかをしっかり押さえておくことが必要です。

自治体のめざす都市像、ビジョンがあって、そのための政策、施策をどのようにしようとしているのかを目標と指標の設定によって明らかにし、それに対して毎年度行っていく行政サービスがどれだけ寄与し、改善したのかを自己評価、さらには外部評価を入れて検証し、それを行政サービスの次なる改善につなげていくものです。この流れを的確にできれば、行政評価の意義があると思っています。民間企業の売上のような絶対的なメジャーがない中では、行政評価に過剰な期待を寄せるのではなく、行政評価を活用してサービスの向上につなげていくことが大切です。そのためには、検証が的確にできるように、アウトカム指標として活用する住民実感調査などを丁寧に継続して行っていくことがポイントになります。

（2）行政評価の活用のポイント

①　行政評価の導入と目的

　ここで、著者が、2000年（平成12年）から漸進的に進めてきた川西市の行政評価の取り組みについて紹介し、その勘所を探っていきたいと思います。

　川西市では、図表3-3-7のように、1999年度（平成11年度）の決算審査の際に提出した決算成果報告書が行政評価のスタートです。最近公表した決算成果報告書が2018年度（平成30年度）ですので、19年の月日が流れています。その間に漸進的に改良に取り組み、今も出てくる課題に対応するべく改良を続けています。また、PDCAサイクルを機能させることを意識し、総合計画の進捗管理ができるような仕組みを取り入れてきたことで、行政評価を自治体の行政経営に根付かせることができたものと思います。結果、議会審査や事業の見直しにも活用できるものとなってきています。

　行政評価の導入プロセスで気を付けたポイントは、行政評価システムを必要以上にシステマチックにつくりこまないことです。導入期の現場職員にとっては、担当する業務の着実な執行に手一杯の状況下で、行政評価を取り入れることは、業務の上乗せとなります。要するにシステムの必要性は理解するものの、心と体が対応しないことになり、これが抵抗感となって表れてきます。このようなときに、企画部門がシステマチックにつくりこみすぎると、それが負担になり、ねらい通りの効果を生まないことになってしまい、かえって逆効果です。職員が誰でもいつでも活用できるように、簡易なシス

テムにして導入し、そこから改良を重ねていくやり方のほうが職場風土に定着させるためには効果的です。川西市の場合、時間はかかりましたが、当初からシステムづくりを外部に委託せず、既存のエクセルを利用して、自分たち職員でシステムを構築し、それを改良していくプロセスを取ったので、結果的にいい方向に進めることができたところです。ただ、このやり方には時間がかかりますので、このシステムの目的やねらいを共有化し、企画部門も粘り強い対応ができるように、事務引継ぎをしていかないと、途中で挫折することになります。ここが大切なポイントです。2000年（平成12年）の導入当時、初めて行政評価を議会に提案した際には、「資料が見にくい」だとか、導入当初20数項目しか評価指標がなかったことを捉え「これが行政評価か」と厳しい批判を受けたので、うまく制度として根付かないのではと心配した時期がありました。何事でも初めてのことに、抵抗する（文句を言う）のが役所文化の最たるものですが、その議会も導入から数年経つと、他の自治体の議会の方から視察を受けるようになり、改めて自らの市の取り組みを再評価してくれました。外圧に弱い点も役所文化かもしれません。

図表３－３－７

②　評価の方法と活用

　では、具体的に2018年度（平成30年度）の決算成果報告書でどのように評価しているかを見ていきます。決算成果報告書は、前半部分がⅠ.財政分析編、後半がⅡ.行政サービス成果編となっています。

　行政サービス成果編について、図表３－３－９のように説明しています。ここで大切にしているのは、総合計画との連携です。政策形成ツリー図ですが、総合計画のビジョンをヘッドにピラミッド型で事業・細事業までが統一した概念で構成されています。その上に立って、行政サービスを評価する視点を施策レベル＝「施策別行政サービス成果表」と事業・細事業レベル＝「事業別行政サービス成果表」の二段階で設けています。

　この二段階評価の試みは、図表３－３－10のようなイメージです。行政サービスを「森を見る」視点と「木・枝・葉を見る」視点の双方から評価することが必要であるとの判断から試みている部分で、住民に身近な自治体になればなるほど、どうしても細かな視点でのやりとりが多くなります。つま

図表３－３－８　平成30年度決算成果報告書

平成３０年度
決算成果報告書

川西市
Kawanishi City

も　く　じ

【Ⅱ．行政サービス成果編　】

（出所：川西市HP）

1．行政サービス成果編の見方について

○第5次川西市総合計画「かわにし　幸せ　ものがたり」の後期基本計画政策構造

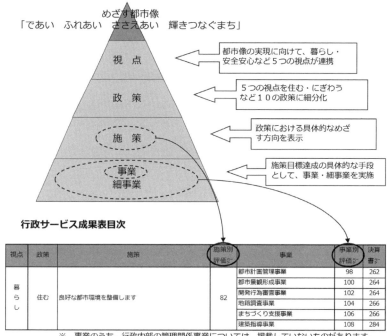

めざす都市像
「であい　ふれあい　ささえあい　輝きつなぐまち」

視　点 ── 都市像の実現に向けて、暮らし・安全安心など５つの視点が連携

政　策 ── ５つの視点を住む・にぎわうなど１０の政策に細分化

施　策 ── 政策における具体的なめざす方向を表示

事業／細事業 ── 施策目標達成の具体的な手段として、事業・細事業を実施

行政サービス成果表目次

視点	政策	施策	施策別評価㌻	事業	事業別評価㌻	決算書㌻
暮らし	住む	良好な都市環境を整備します	82	都市計画管理事業	98	262
				都市景観形成事業	100	264
				開発行為審査事業	102	264
				地籍調査事業	104	266
				まちづくり支援事業	106	266
				建築指導事業	108	284

※　事業のうち、行政内部の管理関係事業については、掲載していないものがあります。

○各施策別、事業別行政サービス成果表での職員人件費・減価償却費の計上について

・職員人件費は平均人件費×職員数で算出し、計上しています。

　※一般会計における平均人件費：職員8,545千円、再任用職員4,523千円。

　平均人件費には、職員共済組合負担金と退職手当組合負担金も含んでいます。

・行政サービスの「成果」と「コスト」の対応関係をより明確に示すため、これまで掲載していた「公債費」を「減価償却費」に変更しています。

　※これまで表記していた公債費では、市予算の支出状況をもれなく示すことができる一方で、寄附を受けて整備した施設等は建物にかかるコストがゼロになるなど、事業に対するコスト把握の面では課題がありました。平成30年度に固定資産台帳を整備したことで、各事業に関連する建物等の固定資産に係る減価償却費が把握できるようになったことから、その年度のサービス提供に係るコスト（事業費＝カネ、職員人件費＝ヒト、減価償却費＝モノ）を示しています。

○施策別行政サービス成果表の施策評価について

第5次総合計画後期基本計画における施策の達成度を可視化するものとして、各施策に「施策評価指標」を設定し、指標を設定した際の基準値（平成28年度又は平成29年度値）及び各年度の実績値、後期基本計画の最終年度である令和4年度を目標年度とした目標値を表示しています。

目標値及び実績値の推移はグラフで示す（目標のめざすべき方向性を矢印で表記）とともに、各評価指標を担当する部長が「実績値の分析」、「目標達成に向けた今後の課題」について、関連する事業の成果をはじめ社会情勢の変化などを踏まえながらコメントしています。

これにより、後期基本計画を施策の達成度から評価し、市民目線に立った施策と事業の見直しに繋げていきます。

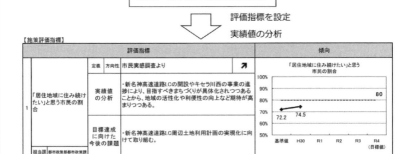

○事業別行政サービス成果表の「参画と協働の主な手法」について

平成30年度に各事業で実施した参画と協働の取組について7つの手法に分類し、主な手法を3つまで列挙しています。

───── ＜手法の分類＞ ─────
市民等からの意見、審議会・検討会、住民説明・情報発信、講座・フォーラム
団体等との共催・連携、団体等への補助、団体等への委託

○事業別行政サービス成果表の事業の自己評価、今後の方向性について

この評価の目的は、評価過程において、事業の課題を掘り起こし、明らかにすることで、次年度以降の業務改善に繋げようとするものです。

「自己評価」は、各事業を所管する部長が、前年度と比較した「市民の利便性や事業の効率性の向上の度合い」を三段階で評価しています。

「課題と改善について」は、「妥当性」「効率性」「有効性」「参画と協働」の4つの視点を全て考慮して、次年度以降に向けた課題と改善点を記載しています。

「令和元年度以降における具体的な方向性について」は、年次的に計画している事業内容など、令和元年度以降の事業の概要を記載しています。

（出所：川西市HP）

図表3－3－10　二段階評価の試み

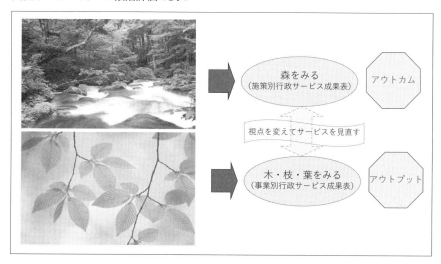

り「木・枝・葉」の議論、どこどこの道路舗装が老朽化しているとか、どこどこの歩道の段差が危ないとかの議論が多くなりがちです。これも大切な視点ですが、一方で一歩引いた視点、交通安全施策はどうか、安全に暮らしていけるのかといった森を見る視点もまちづくりとしては必要になってきます。双方の視点から行政サービスのあり方を評価し、改善に取り組めるようにするためにこの二段階評価を取り入れました。

　また、施策別行政サービス成果表における評価指標は、できるだけアウトカム指標を設定し、事業別行政サービス成果表の方はアウトプット指標を中心に作成しています。アウトカム指標は、毎年度実施している「市民実感調査」「職員窓口アンケート」等から指標を設定しています。ただし、留意するべき点は、アウトカム指標は、社会的なインパクトをどう与えたかという視点での評価ですので、行政サービスだけで指標がよくなったり悪化したりするものではない点です。つまり、指標がズバリ成果を表すものでないことを前提にしておくことが大切です。繰り返しになりますが、行政評価の限界がここにあります。

　では、次に、政策別行政サービス成果表の評価指標がどのようなものかを説明します。図表3－3－11は、施策体系別評価指標一覧表の抜粋です。ア

ウトカム指標を中心としていますが、アウトプット指標も混ぜながら評価指標の設定をしています。指標の数は、制度スタート当初の20あまりの指標数から143指標と約7倍に増えています。

　図表3－3－11の破線で囲んでいる、施策「17生活習慣病の予防をはじめ、市民の健康づくりを推進します」を例にして、施策別行政サービス成果表（図表3－3－12）とそれを構成する事業である事業別行政サービス成果表「健康づくり推進事業」（図表3－3－13）を説明していきます。

　この図表3－3－12のシートは、総合計画の後期基本計画にあわせて、5年間の指標の動きを見ることができるように設定しています。まず、この施策のコスト情報を【事業・コスト一覧】において事業費、職員人件費、減価償却費のフルコストで示しています。次に【施策評価指標】のところで、評価指標とその傾向について示しています。評価指標のところでは、方向性の定義を矢印で示し、実績値の分析、目標達成に向けた今後の課題を記載しています。後期基本計画前年度の基準値をベースに、目標値を点線で示し、後期基本計画の5年間の動きをトレースする方法です。この施策では、「健康づくりに意識的に取り組んでいる市民の割合」「定期的に歯の診断を受けている市民の割合」「食事をすることが楽しいと思う市民の割合」「むし歯のない3歳児の割合」を評価指標に設定しており、前の三つの指標は「市民実感調査」で数値を毎年度把握しているところです。各々の実績値を分析し、課題を書き込むことで施策の方向性を評価しています。ここが「森」を見る視点での評価となっており、ここでまちづくりの方向性とウエイトのかけ方を検証できれば、施策レベルでの見直しに効果があるものと感じています。ただし、留意しなければならないのは、評価目標値の設定の仕方です。現在は、基準値をベースに、行政側の希望的な目標数値を設定していますが、本来はこの目標値こそ行政側の都合ではなく住民合意での目標設定が必要なところです。一方で、自治体が多額の予算を積み増して投入しても必ずしも数値が上がるものでもありません。ここが評価指標の難しさです。また、目標達成が、イコールこの施策の有効性を100％にするものでもないので、そういうものだと認識してこの評価を見ることも必要です。やや自己否定しているところもありますが、行政評価に完璧を求めずに、有効活用する心がけが必要です。

図表 3 - 3 -11　施策体系別評価指標一覧表

視点	政策	施策	評価指標
1 暮らし	1 住む	1 良好な都市環境を整備します	「居住地域に住み続けたい」と思う市民の割合
			民間住宅の耐震化率
			川西市の景観に関心がある市民の割合
		2 道路や橋りょうの安全性・機能性を高めます	「生活道路が安心して通行できる」と思う市民の割合
			「幹線道路で円滑な交通が確保されている」と思う市民の割合
		3 交通安全の施設整備と啓発を行い、交通事故を減らします	交通事故発生件数
		4 公園を利用しやすくします	公園を満足して利用している市民の割合
		5 安全で安定した上下水道の環境整備を促進し、健全な事業経営に努めます	鉛管残存率
			下水道処理人口普及率
			全配水量の内、水道料金の対象となる水量の割合
		6 市街地の整備を進めます	―
		7 中央北地区のまちづくりを進めます	キセラ川西せせらぎ公園内でのイベント（利活用）回数
			一次エネルギー消費量の削減率
		8 総合的な交通環境の向上を図ります	ノンステップバス導入率
			主に鉄道やバス等の公共交通機関を利用している市民の割合
		9 公営住宅を適正・効率的に管理します	公営住宅の管理戸数
		10 ふるさと団地の再生を推進します	ふるさと団地への流入人口
			ふるさと団地からの流出人口
			ふるさと団地の生産年齢人口比率
	2 にぎわう	11 商工業を振興します	主に市内で買い物をする市民の割合
			市内総生産額
			小売業店舗数
			工業事業所数
		12 中心市街地の活性化を推進します	休日の歩行者・自転車通行量（休日）
			中心市街地における人口の社会増減
		13 農業を振興します	直売所来場者数
			特産物栽培面積
			農作物作付面積
		14 就労支援の充実と勤労者福祉の向上を図ります	川西しごと・サポートセンターの年間就職件数
			女性の就業率
			中小企業勤労者福祉サービスセンターの会員数
		15 観光資源を発掘・開発・PRし、知名度を高めます	姉妹都市である香取市の名前を聞いたことがある市民の割合
			観光客入込数
		16 文化・スポーツを通して、市民が輝く環境づくりを進めます	過去1年間に継続してスポーツをした市民の割合
			市内のスポーツクラブ21会員数
			文化会館・みつなかホールで実施される自主事業の入場者数

視点	政策	施策	評価指標
2 安全安心		17 生活習慣病の予防をはじめ、市民の健康づくりを推進します	健康づくりに意識的に取り組んでいる市民の割合
			定期的に歯の健診を受けている市民の割合
			「食事をすることが楽しい」と思う市民の割合
			むし歯のない3歳児の割合
	3 安らぐ	18 安心して医療が受けられる環境の整備に努めます	市内の医療環境に満足している市民の割合
			かかりつけ医を持っている市民の割合
		19 市立川西病院において良質な医療を提供するとともに、あり方を検討します	患者満足度
			経常収支比率
			病床利用率（稼働病床比）
			職員給与費医業収益比率
			資金不足比率
		20 地域福祉活動の支援と促進を図ります	「地域で高齢者や障がい者・児童などを見守り、支援する仕組みができている」と思う市民の割合
			福祉ボランティア活動に参加したことがある市民の割合
		21 高齢者に必要なサービスを提供するとともに、要介護状態を予防・改善します	高齢者に占める要介護（支援）認定者の割合
			認定者に占める居宅介護（支援）サービス受給者の割合
			認知症サポーターの人数
		22 高齢者の生きがいづくりや社会参加を促進します	「高齢者が生きがいを持って生活できる」と思う市民の割合
			シルバー人材センターの入会率
			老人クラブの入会率
			ボランティアやNPOなどの活動に参加している65歳以上の市民の割合
		23 障がい者の自立した生活と社会参加を促進します	福祉施設入所者の地域生活移行者数
			障がい者福祉施設からの一般就労者数
		24 生活保護受給者の経済的自立をはじめ、社会生活自立・日常生活自立を支援します	就労支援により就労した人数
			自立による生活保護世帯廃止件数
			生活困窮者に関する新規相談件数
	4 備える	25 地域の防災力を高め、災害時に迅速に対応します	地震や火災などの災害に対する備えができている市民の割合
			自治会やコミュニティと連携し、防災訓練や講座を実施している自主防災組織の割合
		26 行政の防災力を高め、災害時に迅速に対応します	「災害に強いまちだ」と思う市民の割合
			火災現場への平均到着所要時間
			救急現場への平均到着所要時間
		27 生活安全の向上を図ります	犯罪発生件数
			「消費者トラブルに遭わない心構えができている」と思う市民の割合
			消費生活相談の解決率

（出所：川西市HP）

図表３−３−12　施策別　行政サービス成果表

	H30	R1	R2	R3	R4	合　計
視点 02 安全安心						
政策 03 安らぐ						
施策 17 生活習慣病の予防をはじめ、市民の健康づくりを推進します	コスト合計 1,056,832千円					1,056,832千円

【事業・コスト一覧】

事業名	30年度				担当課
	事業費	職員人件費	減価償却費	合計	
健康づくり推進事業	90,386千円	68,360千円	392千円	159,138千円	健康増進部 健幸政策課
保健対策事業	110,066千円	25,635千円	0千円	135,701千円	健康増進部 健幸政策課
予防事業	354,118千円	8,545千円	0千円	362,663千円	健康増進部 健幸政策課
健康診査事業	234,319千円	89,973千円	15,901千円	340,193千円	健康増進部 健幸政策課
特定健康診査実施事業	9,347千円	0千円	0千円	9,347千円	健康増進部 健幸政策課
特定保健指導実施事業	3,004千円	0千円	0千円	3,004千円	健康増進部 健幸政策課
後期高齢者健康診査実施事業	1,265千円	0千円	0千円	1,265千円	健康増進部 健幸政策課
歯科保健推進事業	28,272千円	17,090千円	159千円	45,521千円	健康増進部 健幸政策課

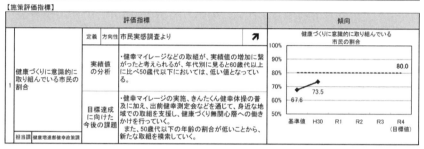

【施策評価指標】

1 健康づくりに意識的に取り組んでいる市民の割合

	評価指標	傾向
定義 方向性	市民実感調査より ↗	健康づくりに意識的に取り組んでいる市民の割合
実績値の分析	・健幸マイレージなどの取組が、実績値の増加に繋がったと考えられるが、年代別に見ると60歳代以上に比べ50歳代以下においては、低い値となっている。	100% 90% 80.0 80% 73.5 70% 60% 67.6 50% 基準値 H30 R1 R2 R3 R4（目標値）
目標達成に向けた今後の課題	・健幸マイレージの実施、きんたくん健幸体操の普及に加え、出前健幸測定会などを通じて、身近な地域での取組を支援し、健康づくり無関心層への働きかけを行っていく。また、50歳代以下の年齢の割合が低いことから、新たな取組を模索していく。	

担当課 健康増進部健幸政策課

2 定期的に歯の健診を受けている市民の割合

	評価指標	傾向
定義 方向性	市民実感調査より ↗	定期的に歯の健診を受けている市民の割合
実績値の分析	・60歳以上の受診が多く、全体的に増加傾向であるが、2〜50歳の働きざかりの年代は、歯周病の症状もまだ顕著ではないことが多く、また時間的にも受診しにくいことが考えられ、定期的な受診ができていない人が多い。	54% 52% 50.0 50% 48% 46% 46.4 44% 45.5 42% 40% 基準値 H30 R1 R2 R3 R4（目標値）
目標達成に向けた今後の課題	・実施している歯科保健事業に参加することが、歯と口の健康やかかりつけ歯科医を持つことの重要性の周知に繋がっている。引き続き、あらゆる機会や媒体を通じて啓発を行う。	

担当課 健康増進部健幸政策課

3 「食事をすることが楽しい」と思う市民の割合

	評価指標	傾向
定義 方向性	市民実感調査より ↗	「食事をすることが楽しい」と思う市民の割合
実績値の分析	・年代別では50歳代が低い割合となっているが、食育の啓発に努めたこともあり、全体では食事を楽しいと思う市民はやや増加している。	100% 90% 80.0 80% 70% 60% 64.7 50% 60.8 基準値 H30 R1 R2 R3 R4（目標値）
目標達成に向けた今後の課題	・平成30年度からの健幸まちづくり計画(第2次川西市食育推進計画)のもと、食育フォーラム等で地域の食育関係団体と連携を図り、より一層食育を推進していく。また、年代別などの割合に差がみられることから、対象者層の特徴を考慮した健康教育の実施を模索していく。	

担当課 健康増進部健幸政策課

（出所：川西市HP）

次に、この施策の中の一つの事業を取り出して、分析しているのが「事業別行政サービス成果表」です。事例として破線で囲んだ図表3－3－12「健康づくり推進事業」を図表3－3－13で分析しています。

　行政サービスとして何をしたか、「森」「木・枝・葉」で例えると、「木・枝・葉」の部分です。ここでは、「2.事業の目的」を示し、「3.コスト情報」でフルコストでの前年度との比較、職員数、財源情報まで詳しく記載しています。その上に立って、「4.事業目的達成のための手段と成果」をまとめています。その4のところでは、細事業ごとに主な取り組みを示し、表の中で、参加人数などの詳細なアウトプット指標を明示しています。まさに何をしてどうだったのかをわかるようにしているところです。それらを踏まえて、「5.担当部長による自己評価及び今後の方向性等」をまとめて表示しています。ここは自己評価部分ですが、一つのポイントになる部分です。自己評価と説明、課題と改善、次年度以降の具体的な方向性を書き込むことで、事業の方向性を示し、議論の土台をつくることができるものとなります。自治体が業務改善を繰り返し行っていくには、このよう自己評価の積み重ねが必要であり、これを議会や住民に公表していくことが大切になります。

　次に、評価指標のための住民意識調査のあり方に触れておきたいと思います。川西市では、評価指標として、2002年度（平成14年度）から市民実感調査を継続して行っていて、現在、多くの指標設定に活用しています。図表3－3－14にあるように調査を実施していますが、気になるのは回収率が56％前後にとどまっている部分です。回収率を上げる工夫をしていますが、このように行う市民アンケートには限界がありますので、これで民意を正しく捉えているかと言えば課題が残ります。あわせて54の質問をしていますが、ここの質問内容をどのようにブラッシュアップしていくかも課題の一つです。質問項目の変更を多くしすぎると評価の継続性に課題を残しますし、評価項目に新規要素を加えないと、時代や住民意識の変化に敏感に対応できないことになります。ここの部分も行政評価の限界になりますので、繰り返しになりますが、行政評価そのものを過大評価するのではなく、有効活用する方向性がやはり必要です。

図表３－３－13　事業別行政サービス成果表

１．事業名等

事業名	健康づくり推進事業		決算書頁	194
視点・政策	02 安全安心・03 安らぐ			
施策	17 生活習慣病の予防をはじめ、市民の健康づくりを推進します			
所管部・課	健康増進部　健幸政策課	作成者	課長　松本　純子	

２．事業の目的

健康に関する市民意識の醸成と、正しい知識の普及・啓発及び保健医療サービスの向上を図る

３．コスト情報

（単位:千円）

事業コスト		30年度	29年度	比較	財源	30年度	29年度	比較
	総事業費	159,138	131,087	28,051	一般財源	131,862	120,893	10,969
内訳	事業費	90,386	70,845	19,541	国県支出金	26,347	9,813	16,534
	職員人件費	68,360	60,242	8,118	地方債			
	減価償却費	392		392	特定財源（都市計画税）			
参考	職員数（人）	8	7	1	特定財源（その他）	929	381	548
	再任用職員数（人）							

４．事業目的達成のための手段と成果

<細事業１>	健康づくり推進事業	細事業事業費（千円）	27,122

（１）参画と協働の主な手法（実績）	審議会・検討会	講座・フォーラム	団体等への委託

（２）30年度の取組と成果

主な取組
① 健康大学、歯と口の健康フェアの実施（委託料）…5,125千円
② 保健医療関係機関が行う事業への支援（補助金）…15,928千円

1．健康に関する市民意識の醸成と、正しい知識の普及・啓発を目的とした各種事業を行った。
（1）健康大学を医師会に委託して実施（全8回）
（2）歯と口の健康フェアを「歯と口の健康週間」にあわせて開催（6月3日）
（3）「健康相談会」の実施（対象：一般検診、後期高齢者健診の受診者及び特定健診情報提供者）
（4）血管年齢・身体バランス（姿勢）を機器を使って測定する等の「出前健幸測定会」を地域協働で開催
（5）献血推進協議会等の組織との連携による地域での各種保健事業の啓発

▼主な事業の参加人数（人）

	26年度	27年度	28年度	29年度	30年度	備考
健康大学	92	89	85	99	80	修了者（出席7回以上の者）
歯と口の健康フェア	2,011	2,286	2,168	2,213	2,020	
出前健幸測定会	－	－	291	488	1,255	

▼献血実施状況

	26年度	27年度	28年度	29年度	30年度
実施回数（回）	44	41	46	48	51
200ml献血（人）	222	172	181	145	131
400ml献血（人）	1,850	1,706	1,844	1,870	1,961

2．医師会・歯科医師会等の保健医療関係機関が行う事業への補助を行った。
市民の健康づくり、公衆衛生、健康意識の高揚及び地域医療等の振興を図ることができた。

<細事業2> 健幸マイレージ等推進事業			細事業事業費（千円）	63,264
（1）参画と協働の主な手法（実績）	団体等との共催・連携	講座・フォーラム		

（2）30年度の取組と成果

主な取組	① 成果連動型の手法で、健幸マイレージ事業を実施（委託料・備品購入の費用等）…63,008千円
	② きんたくん健幸体操を普及啓発する市民リーダーを養成・派遣（講師・リーダーへの報償等）…256千円

市民の健康づくりや運動習慣の定着を図るため健幸マイレージ事業や、きんたくん健幸体操の普及啓発を行った。

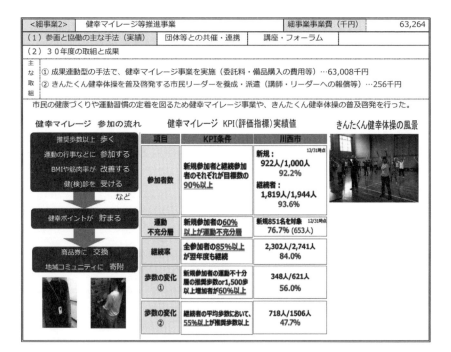

健幸マイレージ 参加の流れ／健幸マイレージ KPI（評価指標）実績値／きんたくん健幸体操の風景

５．担当部長による自己評価及び今後の方向性等

事業目的に対する自己評価	
	左記の具体的説明
市民の利便性や事業の効率性が大きく向上した。	「出前健幸測定会」については、地域に出向いてPRすることで、地域からの依頼が29年度の11回から30年度は28回となり、参加人数も2.6倍増となった。
市民の利便性や事業の効率性が向上した。　〇	また、30年度から「自治体連携ヘルスケアSIBプロジェクト」に参加し、新潟県見附市、千葉県白子町とともに広域連携による成果連動型による健幸マイレージ事業を実施した結果、新規参加者を増やすことができた。
市民の利便性や事業の効率性は前年度の水準に留まった。	
課題と改善について	令和元年度以降における具体的な方向性について
より多くの市民が健康で幸せに暮らせるよう、運動など健康づくりへの無関心層へ働きかける工夫が必要である。	健幸まちづくり計画（計画期間：30～34年度）のもと、引き続き、地域や関係機関と連携し、健幸マイレージ事業の実施、健幸体操の普及、出前健幸測定会の開催を行っていく。
	また、健幸マイレージ事業については、KPIの更なる達成のため、SNSを活用した運動無関心層を含めた新規参加者の募集方法の検討や、健幸測定会の拠点を確保して参加者の利便性を向上させることなどにより、継続率の向上や歩数の増加をめざしていく。
※「課題と改善」は、「妥当性」、「効率性」、「有効性」及び「参画と協働」の視点を全て考慮したうえで、事業の質や効率性を高める方向で記述しています。	

（出所：川西市HP）

【市民実感調査概要】

●毎年１月～２月に実施

　アンケートは、回答者の属性、暮らし、安全安心、生きがい、つながり、参画と協働、幸せの実感の項目について調査⇒５４の質問

　回収率を上げるため、調査票発送後１週間目に回答確認及び督促用のハガキを全員へ発送

●回収率

　H20→62.2%　　H21→58.7%　　H22→58.9%　　H23→53.6%　　H24→56.4%　　H25→56.3%

　H26→55.2%　　H27→54.6%　　H28→55.4%　　H29→54.6%　　H30→56.6%

１．調査の目的

　平成 25 年度から始まった第５次総合計画では、市民をはじめ、多くのまちづくりの担い手と手を携えながら、参画と協働のまちづくりを進め、多様な市民のニーズに対応できるまちの実現をめざしています。

　そこで、本調査は、市民の日常生活における「実感」を毎年調査し、進捗状況や目標の妥当性を年次的に把握し、評価するための基礎資料としています。

２．調査設計

　調査対象者　：川西市に住む 16 歳以上の市民

　　　　　　　　（住民基本台帳から無作為抽出　※外国人も含む）

　対象者数　　：1,000 人

　調査期間　　：平成 31 年 1 月 11 日（調査票発送）

　　　　　　　　～平成 31 年 2 月 4 日（返送締め切り日）

　調査方法　　：調査票による本人記入方式（郵送で配布・回収）

３．回収結果

調査対象者数（配布数）	到達数	回収数	回収率
1,000	994	563	56.6%

質問項目一覧

区分		質問内容	
暮らし	問1	現在の居住地域に住み続けたいと思いますか。	8
	問2	市内の都市景観や自然景観を守ったり育てたりすることに関心がありますか。	9
	問3	普段歩いたり自転車に乗って通っている生活道路は、安心して通行できますか。	10
	問4	普段通っている川西市内の幹線道路では、円滑な交通が確保されていますか。	11
	問5	川西市内の公園を利用していますか。	12
	問6	自家用車よりもバスや電車などの公共交通機関を利用することの方が多いですか。	13
	問7	公共交通機関（電車・バス）の利便性に満足していますか。	14
	問8	買い物を川西市内でしますか。	15
	問9	国内姉妹都市である香取市の名前を聞いたことがありますか。	16
	問10	過去1年間に、スポーツをしましたか。	17
安全安心	問11	食事内容に気をつけたり、運動をするなどして、健康づくりに意識的に取り組んでいますか。	18
	問12	あなたは健康であると思いますか。	19
	問13	過去5年間に、歯の検診を受けましたか。	20
	問14	食事をすることが楽しいですか。	21
	問15	市内の病院や医院全般について満足されていますか。	22
	問16	かかりつけの医者がいますか。（歯医者を除く）	23
	問17	かかりつけの歯医者がいますか。	24
	問18	お住まいの地域では住民が高齢者や障がい者、子どもなどを見守る仕組みやネットワークがありますか。	25
	問19	福祉のボランティア活動に参加したことがありますか。	26
	問20	川西市は高齢者が生きがいを持って生活できるような環境が整っていますか。	27
	問21	地震や火災などの災害に対して、備えをしていますか。	28
	問22	川西市は災害に強いまちだと思いますか。	29
	問23	悪質商法や詐欺などの消費者トラブルに遭わない心構えがありますか。	30
	問24	日常生活において、環境に配慮した行動を心がけていますか。	31
	問25	川西市は緑が豊かなまちですか。	32
	問26	川西市内の歩道や道路はきれいですか。	33
	問27	ごみの収集や処分について満足されていますか。	34
生きがい	問28	川西市は子育てがしやすいまちですか。	35
	問29	子育てに対する市の支援は充実していますか。	36
	問30	満足いく教育を受けられる環境が整っていますか。	37
	問31	社会と関わりのある生活をし、充実していると感じていますか。	38
	問32	日頃の生活の中で、悩みや不安を感じていますか。	39
	問33	過去1年間に、生涯学習に取り組みましたか。	40
	問34	こころの豊かさや生活の質の向上を図るため、学校教育以外の生涯を通じた学習（生涯学習）をしたいと思った時に、川西市にはそのための条件が整備されていますか。	41
	問35	お住まいの地域や川西の歴史や文化財に興味はありますか。	42
つながり	問36	社会で一人ひとりの人権が尊重されていますか。	43
	問37	世間には「夫は外で働き、妻は家庭を守るべき」という考え方がありますが、この考え方についてどう思われますか。	44
	問38	市（行政）の必要な情報は入手できますか。	45
	問39	自分の住んでいる地域の必要な情報は入手できますか。	46
	問40	市民の意見や考えなどが市（行政）に届いていますか。	47
	問41	自治会やコミュニティ、ボランティアやNPOなどの地域づくり活動によって、お互いに支え合っていると感じますか。	48
	問42	自治会やコミュニティの活動に参加していますか。	49
	問43	自治会やコミュニティの活動に関する情報は入手できますか。	50
	問44	ボランティアやNPOなどの活動に参加していますか。	51
	問45	ボランティアやNPOの活動に関する情報は入手できますか。	52
参画と協働	問46	これまでに「参画と協働」の取り組みをおこなったことがありますか。	53
幸せの実感	問47	現在、あなたはどの程度幸せですか。「とても幸せ」を10点、「とても不幸」を0点とすると、何点くらいになると思いますか。	54
	問48	幸福感を判断する際に、重視した事項は何ですか。	55
	問49	あなたの幸福感を高めるために有効な手立ては何ですか。	56
	問50	現在の居住地域は、住み良いまちだと感じていますか。	57
	問51	子育てに喜びや生きがいを感じていますか。	58
	問52	自分の仕事に充実感がありますか。	59
	問53	お住まいの地域の方と交流することで、充実感を感じますか。	60
総合計画	問54	本市の総合計画「かわにし幸せものがたり」についてどのくらい知っていますか。	61

（出所：川西市HP）

90

4 財政分析は何に フォーカスすべきか

（1）財政健全化法による手法

　自治体にとって、行政経営の前提条件は、財政が健全であることです。そのため、常に財政分析を行い、その時点におけるポジションを確認し、住民の信頼を失わない運営、住民に安心して暮らしてもらえる環境を整えることが必要になります。そのためには、財政分析を的確に行い、わかりやすく住民に知らせていくことが大切です。

　財政分析において、最もポピュラーなものは財政健全化法（地方公共団体の財政の健全化に関する法律）に基づく財政健全化指標を活用した分析です。図表3-4-1、3-4-2のように、財政健全化指標は、フローとストックの両面から負債に着目して自治体の体力との比較で分析するものです。指標の算定ルールが定められていますので、他の自治体との相対比較が可能になります。一方で、インフラ整備の状況が負債の量に比例しますので「指標が健全＝住民生活の質が高い」とは、必ずしも言えない点があります。簡単に言えば、投資的な事業を抑制し何もしなければ、実質公費費比率、将来負担比率も低下し、自治体財政の健全度は高くなります。その一方で、インフラ整備や公共施設が不十分な状況をつくり出す可能性がありますので、健全化指標の見方は、都市基盤整備などの状況、つまりはまちの成熟度との比較で決まります。その点は、財政健全化指標の他都市との相対比較で留意しなければならない点です。

　財政健全化指標は、あくまで自団体の財政規律を確保するための規制、つまり黄色のシグナルを灯すものです。その規制にかからない範囲で行政経営が行われているのが当然であり、やりすぎ、借りすぎの体質への警告だと認識するべきです。したがって、先ほど述べたように、比率を他都市と比較することにさほど意味はありません。仮に同じような都市構造（類似団体）との比較であれば、比較する価値も少しはありますが、情報誌やネットに出るランキングなどにはあまり意味がないと考えています。それよりも自団体の

図表３－４－１　健全化判断比率等の対象について

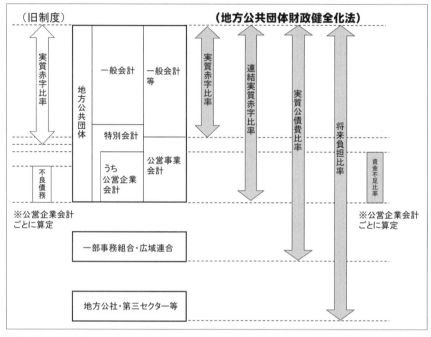

（出所：総務省ＨＰ）

図表３－４－２　財政健全化指標とその算出方法

●実質赤字比率

　地方公共団体の最も主要な会計である「一般会計」等に生じている赤字の
大きさを、その地方公共団体の財政規模に対する割合で表したものです。

$$実質赤字比率 = \frac{一般会計等の実質赤字額}{標準財政規模}$$

・一般会計等の実質赤字額：一般会計及び特別会計のうち普通会計に相当する会計における実質
　　　　　　　　　　　　　質赤字の額
・実質赤字の額　＝　繰上充用額　＋（支払繰延額＋事業繰越額）

●連結実質赤字比率

　公立病院や下水道など公営企業を含む「地方公共団体の全会計」に生じ
ている赤字の大きさを、財政規模に対する割合で表したものです。

$$連結実質赤字比率＝\frac{連結実質赤字額}{標準財政規模}$$

・連結実質赤字額：イとロの合計額がハとニの合計額を超える場合の当該超える額
　イ　一般会計及び公営企業（地方公営企業法適用企業・非適用企業）以外の特別会計のうち、
　　　実質赤字を生じた会計の実質赤字の合計額
　ロ　公営企業の特別会計のうち、資金の不足額を生じた会計の資金の不足額の合計額
　ハ　一般会計及び公営企業以外の特別会計のうち、実質黒字を生じた会計の実質黒字の合計額
　ニ　公営企業の特別会計のうち、資金の剰余額を生じた会計の資金の剰余額の合計額

●実質公債費比率

　地方公共団体の借入金（地方債）の返済額（公債費）の大きさを、その
地方公共団体の財政規模に対する割合で表したものです。

$$実質公債費比率（3か年平均）＝\frac{（地方債の元利償還金＋準元利償還金（※））－（特定財源＋元利償還金・準元利償還金に係る基準財政需要額算入額）}{標準財政規模－（元利償還金・準元利償還金に係る基準財政需要額算入額）}$$

（※）準元利償還金：次のイからホまでの合計額
　イ　満期一括償還地方債について、償還期間を30年とする元金均等年賦償還とした場合にお
　　　ける1年当たりの元金償還金相当額
　ロ　一般会計等から一般会計等以外の特別会計への繰出金のうち、公営企業債の償還の財源に
　　　充てたと認められるもの
　ハ　組合・地方開発事業団（組合等）への負担金・補助金のうち、組合等が起こした地方債の
　　　償還の財源に充てたと認められるもの
　ニ　債務負担行為に基づく支出のうち公債費に準ずるもの
　ホ　一時借入金の利子

●将来負担比率

　地方公共団体の借入金（地方債）など現在抱えている負債の大きさを、
その地方公共団体の財政規模に対する割合で表したものです。

$$将来負担比率 = \frac{将来負担額 - (充当可能基金額 + 特定財源見込額 + 地方債現在高等に係る基準財政需要額算入見込額)}{標準財政規模 - (元利償還金・準元利償還金に係る基準財政需要額算入額)}$$

・将来負担額：イからチまでの合計額

 イ　一般会計等の当該年度の前年度末における地方債現在高

 ロ　債務負担行為に基づく支出予定額（地方財政法第5条各号の経費に係るもの）

 ハ　一般会計等以外の会計の地方債の元金償還に充てる一般会計等からの繰入見込額

 ニ　当該団体が加入する組合等の地方債の元金償還に充てる当該団体からの負担等見込額

 ホ　退職手当支給予定額（全職員に対する期末要支給額）のうち、一般会計等の負担見込額

 ヘ　地方公共団体が設立した一定の法人の負債の額、その者のために債務を負担している場合
　　の当該債務の額のうち、当該法人等の財務・経営状況を勘案した一般会計等の負担見込額

 ト　連結実質赤字額

 チ　組合等の連結実質赤字額相当額のうち一般会計等の負担見込額

・充当可能基金額：イからへまでの償還額等に充てることができる地方自治法第241条の基金

（出所：総務省ＨＰ）

比率のトレンドやインフラの老朽化の度合い、公債費償還を支える一般財源の動向などを分析するのに役立てるべきです。

（2）健全化指標の分析

　図表3-4-3は、川西市の「決算成果報告書-財政分析編-」で記載した健全化指標の分析です。ここでは、実質公債費比率と将来負担比率の関係に着目して過去5年間のトレンドを見ています。縦軸に実質公債費比率、横軸に将来負担比率としてグラフ化していますが、このグラフを四つに区切り、右上は、「現時点でも将来的にも厳しい状況で早期に対策を講じる必要がある領域」、右下は、「現時点での財政運営に問題はないが将来悪化する領域」、左上は、「現時点ではかなり厳しい財政運営をしているが将来的には改善していく領域」、そして左下は、「現時点では最も健全な領域（インフラ更新等を十分行っていなければ、将来に課題が残る）」としています。川西市の場合、2014年（平成26年）からの3年間は、右上から左上にスライドし、そして直近の2年間は右下に移動しています。これは、1990年代、平成で言えば平成一桁の時代、幹線道路や再開発などのインフラ整備で多額の地方債を発行していた時代から1995年（平成7年）の阪神淡路大震災を経て、1998年（平成10年）以降インフラ整備を抑制していたことにより、公債償還を一

定行いながら地方債発行が抑制されたため、右上から左上にスライドしました。そして、20年から30年経った時点から公共施設の老朽化に対する再投資の時期が来て、再度、地方債発行が増え出して、左上から右下にシフトしてきている結果です。この動きは図表3－4－3の下図のようなサイクルで動くことを予想しています。右から左への円を描くサイクルですが、再投資において、公共施設の従前の規模を維持するのではなく、人口減少にあわせて再編縮小することを前提にすれば、その軌道は小さな円になっていくものと考えています。そのようなトレンド曲線を描くかどうかを注視して財政状況を見ているところです。

図表3－4－3　実質公債費比率と将来負担比率による財政状況の経年変化

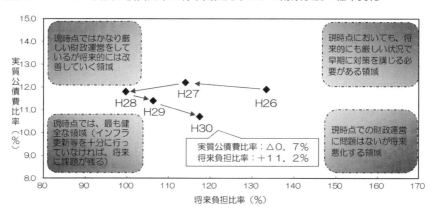

＜イメージ（仮説）＞

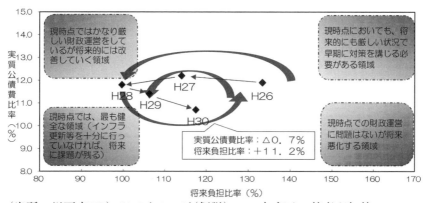

（出所：川西市HP）※＜イメージ（仮説）＞の矢印は、筆者が加筆

（3）決算カードによる分析

　財政健全化指標は、負債とそれに伴う償還に着目した分析ですが、財政全体を見る場合、歳入歳出構造の変化を見て、財政分析をしておく必要があります。その際に、最も多く活用されるのが、決算に基づいた構造分析です。

　自治体の毎年度の決算は、地方財政状況調査としてまとめられ公表されます。その財政状況を1枚にまとめたのが決算カードです。これを活用すれば類似団体との比較も可能であり、歳出構造のどこに課題を抱えているかなどの分析ができます。

　図表3-4-4は、2017年度（平成29年度）の川西市の決算カードです。歳出構造がわかるように目的別・性質別に分類して充当一般財源などを記載しています。人件費、公債費など性質別に分別したコスト情報と財政分析指標である経常収支比率を性質別に分類して表示するなど詳細な内容が記載されていて、経常収支比率の性質別分析は、何の費用が財政構造に影響を与えているのかわかる内容になっています。

　これだけでは、財政分析には不十分ですので、この材料を使って、自団体の財政構造の変化を分析しておくことが大切です。特に、充当される一般財源の状況を見ておくことがポイントです。

　図表3-4-5は、川西市の一般財源の1995年（平成7年）からの状況です。経常一般財源＋特別交付税＋臨時財政対策の合計数値を見れば、この24年間は、国の三位一体改革の時期に減少はしたものの、その後は増加しています。その内訳は、税収が減少し、地方交付税と臨時財政対策債、地方消費税交付金などで対応しています。それでも一般財源総額が確保できているのは大きいところです。

　一方で、義務的経費に充当する一般財源の状況が図表3-4-6です。義務的経費は、人件費、公債費、扶助費の三つの性質別経費です。今、自治体財政に大きな影響を及ぼすものとされている社会保障経費は、自治体ベースでは生活保護費、障がい者福祉費、児童関係経費として扶助費に含まれています。扶助費の一般財源の状況は、近年、右肩上がりで増加しています。ただ、一般財源ベースで見ると全体事業費の1／4程度の負担ですので、図表のように一般財源ベースでの影響は、人件費や公債費に比べて少なくなっています。つまりは、人件費と公債費の一般財源の動向を分析しておくこと

が、極めて重要になります。

　図表3－4－6の川西市の事例で見てみると、扶助費が増加し、人件費、公債費に充当する一般財源は縮小していることがわかります。この事例はすべての自治体に合致するものではありませんが、傾向として多くの自治体が、社会保障経費である扶助費の増加分を、人件費と公債費を削減することで賄っているものと考えています。

　特に、人件費は急減に削減してきています。これは、国と地方自治体が歩調をあわせて実行してきた人件費の抑制、職員定数の削減によるもので、特に団塊の世代の大量退職期に正規職員の採用を抑制し、臨時職員で対応するなどして人件費を削減してきました。自治体が受け持つ行政サービスは減っていない現状の中で、正規職員から非正規職員へのシフト、ICT技術を活用したOA化などで人件費コストを削減し、社会保障経費の増加に対応してきたところです。

　一方で、2020年（令和2年）4月から始まる会計年度任用職員制度がこの状況に待ったをかけることになりますので、これからの自治体財政は厳しい局面を迎えることになります。どちらにしても財政分析では、このように一般財源の過年度からの動向を検証して、どのように歳出をコントロールしてきたのかを分析することが、自治体の行政経営にとって大切なポイントになります。

図表３－４－４　川西市の決算カード

平成２９年度 決算状況	人口	27年国調	156,375 人		区分	住民基本台帳人口	うち日本人
		22年国調	156,423 人				
		増減率	-0.0 %		30. 1. 1	158,873 人	157,602 人
	面積		53.44 km		29. 1. 1	159,668 人	158,466 人
	人口密度		2,926 人		増減率	-0.5 %	-0.5 %

歳入の状況　（単位：千円・％）

区分	決算額	構成比	経常一般財源等	構成比
地方税	19,878,309	34.0	18,224,800	63.6
地方譲与税	685,753	1.2	685,753	2.4
利子割交付金	51,776	0.1	51,776	0.2
配当割交付金	186,083	0.3	186,083	0.6
株式等譲渡所得割交付金	187,476	0.3	187,476	0.7
分離課税所得割交付金				
道府県民税所得割臨時交付金				
地方消費税交付金	2,306,824	3.9	2,306,824	8.1
ゴルフ場利用税交付金	111,725	0.2	111,725	0.4
特別地方消費税交付金				
自動車取得税交付金	114,352	0.2	114,352	0.4
軽油引取税交付金				
地方特例交付金	123,966	0.2	123,966	0.4
地方交付税	6,845,818	11.7	6,290,863	22.0
内訳 普通交付税	6,290,863	10.8	6,290,863	22.0
特別交付税	554,955	0.9		
震災復興特別交付税				
（一般財源計）	30,492,082	52.2	28,283,618	98.8
交通安全対策特別交付金	22,846	0.0	22,846	0.1
分担金・負担金	53,715	0.1		
使用料	1,423,621	2.4	302,313	1.1
手数料	257,476	0.4		
国庫支出金	9,160,880	15.7		
国有提供交付金				
（特別区財政調整交付金）	17,822	0.0	17,822	0.1
都道府県支出金	3,157,365	5.4		
財産収入	128,672	0.2	3,112	0.0
寄附金	128,274	0.2		
繰入金	757,346	1.3		
繰越金	401,673	0.7		
諸収入	1,562,484	2.7	5,677	0.0
地方債	10,881,725	18.6		
うち減収補填債（特例分）				
うち臨時財政対策債	2,352,125	4.0		
歳入合計	58,445,981	100.0	28,635,388	100.0

市町村税の状況

区分	収入済額
普通税	18,224,085
法定普通税	18,224,085
内訳 市町村民税	10,064,407
個人均等割	254,531
所得割	8,974,635
法人均等割	342,654
法人税割	492,587
固定資産税	7,330,763
うち純固定資産税	7,276,171
軽自動車税	188,061
市町村たばこ税	640,854
鉱産税	
特別土地保有税	
法定外普通税	
目的税	1,654,224
法定目的税	1,654,224
内訳 入湯税	716
事業所税	
都市計画税	1,653,508
水利地益税等	
法定外目的税	
旧法による税	
合計	19,878,309

性質別歳出の状況　（単位：千円・％）

区分	決算額	構成比	充当一般財源等	経常経費充当一般財源等	経常収支比率
人件費	9,923,916	17.1	8,878,573	8,463,325	27.3
うち職員給	6,125,775	10.5	5,381,874	-	
扶助費	12,497,884	21.5	3,570,757	3,570,139	11.5
公債費	5,381,809	9.3	5,123,902	5,071,445	16.4
内訳 元利償還金 元金	4,907,938	8.4	4,685,764	4,641,284	15.0
利子	473,735	0.8	438,002	430,025	1.4
一時借入金利子	136	0.0	136	136	0.0
（義務的経費計）	27,803,609	47.9	17,573,232	17,104,909	55.2
物件費	6,393,670	11.0	5,479,495	4,341,916	14.0
維持補修費	294,849	0.5	262,597	210,483	0.7
補助費等	6,501,235	11.2	6,263,037	4,407,262	14.2
うち一部事務組合負担金	1,682,802	2.9	1,682,802	1,682,802	5.4
繰出金	5,218,147	9.0	4,288,529	4,206,060	13.6
積立金	992,020	1.7	823,797	-	
投資・出資金・貸付金	942,895	1.6	44	-	
前年度繰上充用金					
投資的経費	9,946,116	17.1	390,452		
うち人件費	159,242	0.3	144,953		
内訳 普通建設事業費	9,946,116	17.1	390,452		
うち補助	4,109,585	7.1	25,415		
うち単独	5,827,531	10.0	364,137		
災害復旧事業費					
失業対策事業費					
歳出合計	58,092,549	100.0	35,081,183	35,434,615 千円	

目的別

区分
議会費
総務費
民生費
衛生費
労働費
農林水産業費
商工費
土木費
消防費
教育費
災害復旧費
公債費
諸支出金
前年度繰上充用金
歳出合計

経常経費充当一般財源等計	30,270,630 千円
経常収支比率	97.7 % （105.7 %）
（減収補填債（特例分） 及び臨時財政対策債除く）	
歳入一般財源等	35,434,615 千円

区分
営病院
事業下水道
等上水道
工業用水道
会国民健康保険
計出のその他

（注） 1. 普通建設事業費の補助事業費には受託事業費のうちの補助事業費を含み、単独事業費には同級他団体施行事業負担金及び受託事業費のうちの単独事業費を含む。
2. 東京都特別区における基準財政収入額及び基準財政需要額は、特別区財政調整交付金の算出に要した値であり、財政力指数は、前記の基準財政需要額及び基準財政収入額により算出。
3. 産業構造の比率は分母を就業者総数とし、分類不能の産業を除いて算出。
4. 人口については、調査年度の1月1日現在の住民基本台帳に登載されている人口に基づいている。

（出所：総務省ＨＰ）

産 業 構 造		
区分	2 7 年 国 調	2 2 年 国 調
第 1 次	567	548
	0.9	0.9
第 2 次	13,853	13,370
	22.1	21.8
第 3 次	48,249	47,517
	77.3	77.3

(単位：千円・%)

都 道 府 県 名	団 体 名	市 町 村 類 型	IV－3
28	2171		
兵庫県	川西市	地 方 交 付 税 種 地	2－8

構 成 比	超過課税分	指定団体等の指定状況	
91.7	143,994	旧 新 産 特	×
91.7	143,994	旧 工 特	×
50.6	143,994	旧 産 炭	×
1.3	-	山 振	×
45.1	-	過 疎	×
1.7	58,087	首 都	○
2.5	85,907	近 畿	○
36.9	-	中 部	×
36.6	-	財政健全化等	-
0.9	-	指数表選定	-
3.2	-	財 源 超 過	-
-	-		
-	-		
8.3	-	一部事務組合加入の状況	
8.3	-		
0.0	-	議員公務災害	×
-	-	非常勤公務災害	×
8.3	-	退 職 手 当	×
-	-	事 務 機 共 同	×
-	-	常 備 消 防	×
-	-	税 務 事 務	×
-	-	老 人 福 祉	×
100.0	143,994	伝 染 病	×

区 分	平成29年度(千円)	平成28年度(千円)
歳 入 総 額	58,445,981	53,365,754
歳 出 総 額	58,092,549	52,964,044
歳 入 歳 出 差 引	353,432	401,710
翌年度に繰越すべき財源	33,563	89,660
実 質 収 支	319,869	312,050
単 年 度 収 支	7,819	-157,241
積 立 金	36,040	40
繰 上 償 還 金	-	-
積 立 金 取 崩 し 額	-	-
実 質 単 年 度 収 支	43,859	-157,201

区 分	職員数(人)	給 料 月 額 (百円)	一人当たり平均給料月額(百円)
一 般 職 員	879	2,696,772	3,068
うち 消 防 職 員	148	417,656	2,822
うち技能労務員	142	471,866	3,323
教 育 公 務 員	52	170,464	3,080
臨 時 職 員	-	-	-
合 計	931	2,867,236	-
ラ ス パ イ レ ス 指 数			100.8

特 別 職 等	定 数	適用開始年月日	一人当たり平均給料(報酬)月額(百円)
し 尿 処 理	×	市 区 町 村 長	1	27.04.01	8,364
ご み 処 理	○	副 市 区 町 村 長	2	27.04.01	7,195
火 葬 場	×	教 育 長	1	27.04.01	6,642
小 学 校	×	議 会 議 長	1	27.04.01	7,280
中 学 校	×	議 会 副 議 長	1	27.04.01	6,530
そ の 他	○	議 会 議 員	24	27.04.01	5,920

歳 出 の 状 況 (単位：千円・%)				区 分	平成29年度(千円)	平成28年度(千円)
決 算 額 (A)	構 成 比	(A)のうち普通建設事業費	(A)の充当一般財源等	基 準 財 政 収 入 額	17,109,143	17,105,100
458,563	0.8	-	458,563	基 準 財 政 需 要 額	23,243,258	23,183,463
7,071,082	12.2	2,253,098	4,146,945	標 準 税 収 入 額 等	21,767,395	21,776,911
21,778,207	37.5	994,031	10,235,226	標 準 財 政 規 模	30,410,383	30,059,742
8,683,445	14.9	1,717,613	5,913,430	財 政 力 指 数	0.74	0.74
87,015	0.1	-	69,969	実 質 収 支 比 率 (%)	1.1	1.0
145,272	0.3	30,477	80,476	公 債 費 負 担 比 率 (%)	14.5	14.9
244,760	0.4	7,638	137,231	判 断 比 率 化 実 質 赤 字 比 率 (%)	-	-
5,937,011	10.2	2,195,903	3,584,215	連 結 実 質 赤 字 比 率 (%)	-	-
1,608,177	2.8	136,166	1,462,215	実 質 公 債 費 比 率 (%)	11.4	11.8
6,696,552	11.5	2,611,190	3,868,415	将 来 負 担 比 率 (%)	106.3	99.7
				積立金現在高 財 政 調 整	1,202,239	1,166,199
5,382,405	9.3	-	5,124,498	減 債	735,081	444,769
				特 定 目 的	1,469,905	1,561,575
				地 方 債 現 在 高	67,669,994	61,723,207
58,092,549	100.0	9,946,116	35,081,183	債務負担行為額 (支出予定額) 物 件 等 購 入	9,821,667	12,410,370
				保 証 ・ 補 償	-	-
8,364,169	会国 実 質 収 支		148,406	そ の 他	15,825,217	16,201,424
1,763,846	計健 再 差 引 収 支		-36,909	実 質 的 なもの	-	-
1,001,956	の康 加 入 世 帯 数 (世帯)		21,370	収 益 事 業 収 入	-	-
380,220	状保 被 保 険 者 数 (人)		33,811	土 地 開 発 基 金 現 在 高	-	-
	況険 保険税(料)収入額 1人当り		104	徴収現・計 合 計	99.1	96.1	99.0	92.0
1,200,747	事 国 庫 支 出 金		96	率年 町 村 民 税	99.1	97.5	99.1	96.7
4,017,400	業 保 険 給 付 費		331	(%)一 純 固 定 資 産 税	99.1	94.3	98.8	86.7

5. 面積については、調査年度の10月1日現在の市区町村、都道府県、全国の状況をとりまとめた「全国都道府県市区町村別面積調」（国土地理院）による。

6. 個人情報保護の観点から、対象となる職員数が1人又は2人の場合、「給料月額(百円)」及び「一人当たり平均給料月額(百円)」を「アスタリスク（＊）」としている。
（その他、数値のない欄については、すべてハイフン（－）としている。）

7. 「一般職員等」、「ラスパイレス指数」、「特別職等」については、地方公務員給与実態調査に基づくものであるが、当該資料作成時点（平成31年1月末時点）において平成30年
調査結果が未公表であるため、前年度の数値を引用している。

図表3－4－5　川西市における一般財源の状況

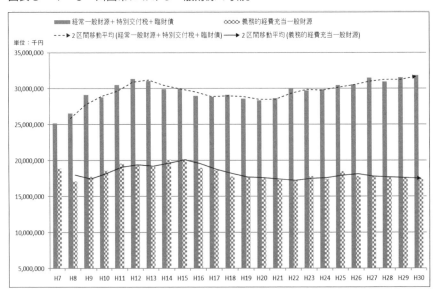

図表3－4－6　川西市における一般財源充当の状況

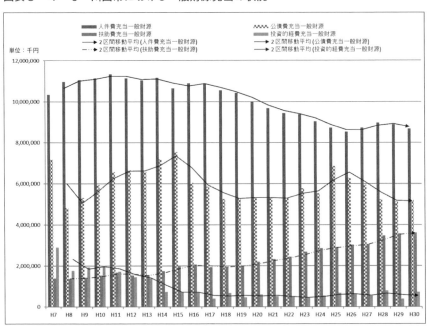

5 新しい財務諸表の活かし方

（1）統一的な基準による財務書類の必要性

　2006年度（平成18年度）の総務省の通知以降、ほとんどの自治体において財務書類の作成・住民への公開が行われてきましたが、2014年度（平成26年度）に総務省より固定資産台帳の整備と複式簿記を導入した新たな基準が示され、その基準に基づく財務書類の作成と予算編成等への活用が地方公共団体に要請されました。この要請により、原則として2017年度（平成29年度）までに各地方公共団体は同一の基準で財務書類を作成することとなりました。

　2019年度（平成31年度）3月時点での自治体の取り組み状況は、図表3－5－1のようになっています。

図表3－5－1　統一的な基準による財務書類の作成状況（平成31年3月31日時点）

1．一般会計等財務書類の作成状況

（単位：団体）

作成状況	都道府県		市区町村		指定都市		指定都市除く市区町村		合計	
作成済み	44	(93.6%)	1,651	(94.8%)	20	(100.0%)	1,631	(94.8%)	1,695	(94.8%)
作成中	3	(6.4%)	90	(5.2%)	0	(0.0%)	90	(5.2%)	93	(5.2%)
合計	47	(100.0%)	1,741	(100.0%)	20	(100.0%)	1,721	(100.0%)	1,788	(100.0%)

注1）「％」表示については、表示単位未満を四捨五入している関係で、合計が一致しない場合がある（以下同じ）。
注2）「作成済み」については、平成27年度から平成29年度までのいずれかの決算に係る財務書類を作成した団体をいう。

2．固定資産台帳（※）の整備状況

（単位：団体）

整備状況	都道府県		市区町村		指定都市		指定都市除く市区町村		合計	
整備済み	47	(100.0%)	1,731	(99.4%)	20	(100.0%)	1,711	(99.4%)	1,778	(99.4%)
整備中	0	(0.0%)	10	(0.6%)	0	(0.0%)	10	(0.6%)	10	(0.6%)
合計	47	(100.0%)	1,741	(100.0%)	20	(100.0%)	1,721	(100.0%)	1,788	(100.0%)

※　固定資産を、その取得から除売却処分に至るまで、その経緯を個々の資産ごとに管理するための帳簿であり、所有する全ての固定資産（道路、公園、学校、公民館等）について、取得価額、耐用年数等のデータを網羅的に記載したもの。

（出所：総務省HP）

ほとんどの団体で整備が済んでいる状況です。これからはこの財務資料を自治体の行政経営にどのように活用していくかにシフトしていきます。

そこで、再度、原点に戻って、なぜ、統一的な基準の財務書類の作成が必要なのかを押さえておく必要があります。

地方自治体の公会計制度改革の目的は、第一に、地方分権化を進めるにあたって地域住民や議会への説明責任をよりよく果たすため、第二に、地方財政の改善ならびに行政の効率化に役立てるため、つまり、行政経営の一つの

図表３－５－２　公会計の整備推進のこれまでの経過

2000 年 （平成 12 年）	「地方公共団体の総合的な財政分析に関する調査研究会報告書」 ⇒普通会計バランスシートの作成モデルを公表
2001 年 （平成 13 年）	「地方公共団体の総合的な財政分析に関する調査研究会報告書」 ⇒行政コスト計算書、地方公共団体全体のバランスシート作成モデルを公表
2005 年 （平成 17 年）	「地方公共団体の連結バランスシート（試案）について」総務省 自治財政局財務調査課長通知 ⇒公社・第三セクター等を含めた連結バランスシートの作成モデルを公表
2006 年 （平成 18 年）	「地方公共団体における行政改革の更なる推進のための指針」 総務省事務次官通知 ⇒５年以内に４表の整備又は４表作成に必要な情報の開示を要請 「新地方公会計制度実務研究会報告書」 ⇒基準モデル及び総務省方式改定モデルを公表
2010 年 （平成 22 年）	「今後の新地方公会計の推進に関する研究会」を設置
2013 年 （平成 25 年）	「今後の新地方公会計の推進に関する研究会」中間とりまとめ公表 ⇒標準的な考え方・方法を示す基準の設定、固定資産台帳の整備、複式簿記の導入の必要性を提示
2014 年 （平成 26 年）	「今後の新地方公会計の推進に関する研究会報告書」 ⇒固定資産台帳の整備、複式簿記の導入を前提とした統一的な基準を提示
2015 年 （平成 27 年）	「統一的な基準による地方公会計の整備促進について」総務大臣通知 ⇒原則平成 29 年度までに統一的な基準による財務書類等を作成し、予算編成等に活用するよう要請
2017 年 （平成 29 年）	「地方公会計の活用の促進に関する研究会」を設置
2018 年 （平成 30 年）	「地方公会計の活用の促進に関する研究会報告書」 ⇒財務書類作成の注意点、財務書類の見方及び分析方法等を提示

ツールにするためです。この原点を確認した上での取り組みが必要です。

そこで、まず、統一的な基準による財務書類作成についての、これまでの経過と目的とする点について図表３－５－２で整理しています。

（２）財務書類の活用方法

統一的な基準で作成することにより、他団体との比較が可能となったほか、事業別・施設別などにセグメント分析を行うことで行政評価や公共施設マネジメントに活用していくことが可能となりましたが、現状ではほとんどの自治体が財務書類等を国から示されたマニュアルを元に作成するのが精一杯の状況ではないかと思います。そこで、図表３－５－３の「地方公会計の推進に関する研究会報告書概要」からその活用可能性について考えてみます。

自治体における活用において、現実的な方法は、セグメント分析だと思います。図書館やホール、公民館などの事業コストを的確に把握し、それに伴って受益者負担の適正化などを進めていくことが必要です。これまで資産台帳の把握が不完全であったため、自治体では元利償還金をコスト情報にす

図表３－５－３　地方公会計の推進に関する研究会報告書概要（平成31年3月公表）

地方公会計の意義とこれまでの取組

・ ほぼ全ての地方公共団体が統一的な基準による財務書類が作成され、各団体のホームページ等で開示が進む一方、予算編成や資産管理等への活用は、一部の地方公共団体に限られている。
・ 今後は、固定資産台帳から得られるストック情報や発生主義に基づくコスト情報などを用いた分析を行い、予算編成や資産管理等を行うなど、地方公会計を地方公共団体の行財政運営におけるプロセスに組み込んで行くことが重要。このため、研究会では以下の1～3を中心に検討。

1　セグメント分析※の推進　～セグメント別財務書類の作成・分析～

・ ワーキンググループを設置して、公募により選出した5団体（東京都中野区、愛知県日進市、滋賀県長浜市、佐賀県唐津市、鹿児島県和泊町）において施設別財務書類を作成し、セグメント別財務書類の作成及び分析に係る基本的な考え方を抽出するとともに、作成手順等を整理。
※ セグメント分析とは、財務書類の情報をもとに、施設、事業等のより細かい単位（セグメント）で財務書類を作成し、コスト等の分析を行うことであり、同種のセグメント間で比較すること等により課題や成果をより明確化することが可能

2　公会計情報の活用　～財務書類から得られる各種指標の分析～

・ 財務書類から得られる指標のうち、算定式に課題があることが指摘されたもの（社会資本等形成の世代間負担比率、基礎的財政収支、債務償還可能年数）について、より実態に即した指標になるよう算定式を見直し。
・ 決算統計に基づく財政指標等に加えて算出することで、より多角的な分析が可能。

3　公会計情報の「見える化」　～比較可能な形による財務書類の開示～

・ 財務書類等が経年比較や類似団体間の比較等により分析され、資産管理等に活用されるよう、財務書類等を比較可能な形で「見える化」するための様式等を検討。
・ 作成済みの全団体の財務書類等の情報を収集し、比較可能な様式により公表。

公会計情報（各種指標）の「見える化」イメージ

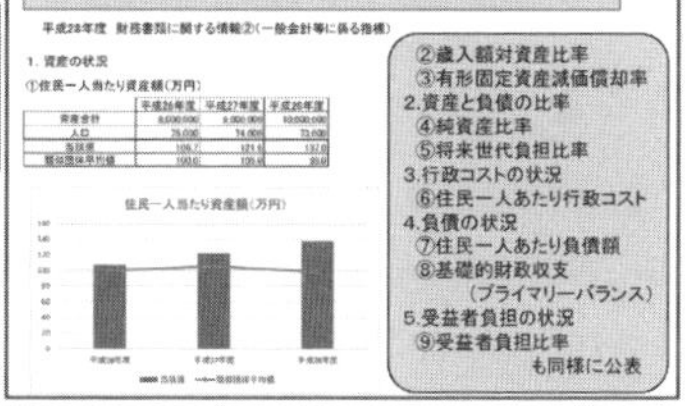

◆地方公会計の定着と推進に向けて◆

➢ 本研究会の検討を参考に、セグメント別財務書類の作成、分析に着手するとともに、各種指標や類似団体間比較等による分析を行うなど、地方公会計を日常の財務活動等に組み込んでいくことが期待される。
併せて、職員の分析能力の向上やITの活用等による業務の効率化、ロードマップの整備等も重要。
➢ また、財務書類及び固定資産台帳については、今後更新していく中で、正確性の確保や資産評価等の精緻化を図るとともに、作成時期の早期化が重要。
➢ 今後もセグメント分析の方法、公会計情報の活用の方法、更なる公会計情報の「見える化」等について検討を続けていくことが必要。

（出所：総務省「地方公会計の推進に関する研究会報告書概要」2019年３月）

るなど様々な方法でそれを補ってきました。しかし、資産の正確な価格が把握できる状況になったことから、施設の減価償却コストを活用した事業コストの把握を行い、それをベースに行政経営ができることは、自治体の説明責任を果たす上でも重要になってきます。また、施設の老朽化の度合いは資産価格の変化を時系列に分析できるので、資産保全の面からも活用できます。まずは、セグメント分析に活用することから取り組みを始めるといいと考えます。

　次の図表3-5-4でセグメント分析の作成手順など基本的な考え方を整理しています。いきなり行政評価に活用するまではいきませんが、このコスト情報は、いろんな観点から活用が可能です。折角エネルギーをかけて資産台帳を整備したのですから、様々な分析に活用するチャンスだと考えるべきです。

（3）具体例に見る分析の方法

　図表3-5-5は、川西市の2018年度（平成30年度）決算成果報告書における、施策別行政サービス成果表と事業別行政サービス成果表です。2018年度より減価償却費をコストに加え（それ以前は、公債費を計上していた）、行政評価として活用しています。事業サービスにかかるコスト、マンパワーである人件費コストに資産コストを加えてフルコストで表記しています。このフルコスト表示は、セグメント分析には必要不可欠な部分です。

　本来は、ここから公共施設の受益者負担の妥当性に結びつける議論を期待するところです。受益者負担の見直しに、すぐに直結するものではありませんが、フルコストを明らかにしていくことで、見直しへの第一歩は踏み出せると思っています。

　図表3-5-6のアステ市民プラザ運営事業の受益者負担率を見ると、平成30年度が24.7％、平成29年度が24.5％と、当初設定した受益者負担ラインの25％近くで推移しています。この割合が上下に何％乖離したら受益者負担の見直し議論をスタートする、ということを行政経営のルールにしておくのも一つの手法になってきます。

図表３－５－４ 「地方公会計の推進に関する研究会」における検討内容①

（出所：総務省「地方公会計の推進に関する研究会報告書概要」2019年３月）

（４）公会計情報の「見える化」

　次に、公会計情報の「見える化」です。図表３－５－７は、「地方公会計の推進に関する研究会」における検討内容です。これらを受けて自治体が工夫して財務書類の情報公開をしていくことになります。必要な視点は比較可能であることです。他の自治体と比較して自らの団体のあり様を分析することは、これからの重要な視点になってきます。

　図表３－５－８は、川西市で2019年（平成31年）３月に、平成29年度決算をベースにした財務書類を作成し公開したものです。貸借対照表をベースに分析したものとして、純資産比率、社会資本形成の世代間負担比率、有形固定資産減価償却率（資産老朽化比率）を公表しています。これらの指標は、これまで出すことができなかった部分であり、角度を変えて、資産に着目した比較分析ができることが、財務の説明において幅をもたせることになります。これを団体間比較することで、自団体の位置取りがわかることになります。

図表３－５－５　施策別行政サービス成果表と事業別行政サービス成果表

			H30	R1	R2	R3	R4	合　計
視点	01	暮らし						
政策	02	にぎわう						
施策	16	文化・スポーツを通して、市民が輝く環境づくりを進めます	コスト合計 1,159,384千円					1,159,384千円

【事業・コスト一覧】

事業名	30年度				担当課
	事業費	職員人件費	減価償却費	合計	
文化振興事業	99,777千円	25,635千円	781千円	126,193千円	市民環境部 文化・観光・スポーツ課
芸術文化施設維持管理事業	123,352千円	0千円	84,284千円	207,636千円	市民環境部 文化・観光・スポーツ課
生涯スポーツ推進事業	19,225千円	17,090千円	3,137千円	39,452千円	市民環境部 文化・観光・スポーツ課
競技スポーツ推進事業	4,742千円	8,545千円	0千円	13,287千円	市民環境部 文化・観光・スポーツ課
スポーツ施設管理運営事業	367,463千円	0千円	86,256千円	453,719千円	市民環境部 文化・観光・スポーツ課
アステ市民プラザ運営事業	50,779千円	34,180千円	6,805千円	91,764千円	市民環境部 アステ市民プラザ
キセラ川西プラザ運営事業	142,362千円	0千円	84,971千円	227,333千円	市民環境部 文化・観光・スポーツ課

【施策評価指標】

	評価指標			傾向
1 過去1年間に継続してスポーツをした市民の割合	定義 方向性	市民実感調査より ↗		過去1年間に継続してスポーツをした市民の割合
	実績値の分析	・市民体育館にトレーニング室の利用者数が増加していることも一部数値に影響している可能性が考えられる。		26.0　22.8　24.3
	目標達成に向けた今後の課題	・市民が興味を持てるようなイベントを開催する。本市独自のニュースポーツを考案する。		
	担当課 市民環境部文化・観光・スポーツ課			

	評価指標			傾向
2 市内のスポーツクラブ21会員数	定義 方向性	各クラブの総会資料より ↗		市内のスポーツクラブ21会員数
	実績値の分析	・少子高齢化により、ほとんどのクラブにおいて会員数の減少傾向がみられる。		6,100　5,893　5,573
	目標達成に向けた今後の課題	・会員数の減少を抑えるために、クラブ間で事業やイベントの実施内容について情報共有を図り、良い事例を参考にしていく。		
	担当課 市民環境部文化・観光・スポーツ課			

	評価指標			傾向
3 文化会館・みつなかホールで実施される自主事業の入場者数	定義 方向性	川西市文化・スポーツ振興財団集計より ↗		文化会館・みつなかホールで実施される自主事業の入場者数
	実績値の分析	・自主事業の入場者数について、キセラ川西プラザ開業記念事業の開催により、昨年度から1,363人増加した。また、その他通年で開催している事業についても、「みつなか ベスト クラシックス」シリーズや「川西こころ街シリーズ」において入場者数が増加しており、完売した事業も多くある。		9,000　7,835　6,597
	目標達成に向けた今後の課題	・今後も多くの市民が楽しめる事業実施を行うとともに、引き続き積極的な広報活動に努め、入場者数アップを見込んだ工夫をする必要がある。		
	担当課 市民環境部文化・観光・スポーツ課			

（出所：川西市HP）※破線は、著者が加筆

図表３－５－６　事業別行政サービス成果表

1．事業名等

事業名	アステ市民プラザ運営事業		決算書頁	122
視点・政策	01 暮らし・02 にぎわう			
施策	16 文化・スポーツを通して、市民が輝く環境づくりを進めます			
所管部・課	市民環境部　アステ市民プラザ	作成者	所長　井上　昌子	

2．事業の目的

文化的活動や交流の場を提供するなど市民生活の向上やにぎわいのあるまちづくりに寄与する

3．コスト情報

(単位:千円)

事業コスト		30年度	29年度	比較	財源	30年度	29年度	比較
総事業費		91,764	88,398	3,366	一般財源	69,126	66,723	2,403
内訳	事業費	50,779	51,325	△ 546	国県支出金			
	職員人件費	34,180	30,268	3,912	地方債			
	減価償却費	6,805	6,805		特定財源（都市計画税）			
参考	職員数（人）	4	3	1	特定財源（その他）	22,638	21,675	963
	再任用職員数（人）		1	△ 1				

4．事業目的達成のための手段と成果

＜細事業1＞	アステ市民プラザ運営事業	細事業事業費（千円）	50,779
（1）参画と協働の主な手法（実績）			

（2）30年度の取組と成果

主な取組

① 貸室業務の実施（施設及び備品修繕料）…865千円、（施設予約システム関係使用料等）…303千円
② 各種証明書の発行（証明書発行端末使用料）…508千円、（偽造防止用紙印刷代）…21千円

①アステ市民プラザの適正な維持管理に努めるとともに、貸室を市民が快適に使用できるよう環境を整えた。

【施設使用料収入】

(単位：円)

項目	平成26年度	平成27年度	平成28年度	平成29年度	平成30年度
アステ市民プラザ	10,797,040	16,352,860	17,773,180	18,674,980	19,545,490

【施設利用率（%）】

施設名	26年度	27年度	28年度	29年度	30年度
アステホール	43.9	51.2	56.5	57.1	55.0
マルチスペース1	27.3	34.4	41.7	49.6	50.5
マルチスペース2	24.9	35.5	44.0	53.7	54.8
ルーム1	19.8	32.9	38.2	45.7	46.7
ルーム2	17.4	27.9	33.6	41.3	42.1
ルーム3	32.2	43.8	50.8	50.1	53.8
ルーム4	17.9	34.7	41.2	48.1	49.7
子育て支援ルーム	68.6	69.2	69.2	69.2	68.6
平均	31.5	41.2	46.9	51.9	52.7

・貸出単位：50分／区分（1日当たり13区分）
・開館日数・時間：年末年始の6日間を除く359日　午前9時～午後10時まで
・施設利用率：年間貸出可能区分数4,667区分（13区分×359日）のうち、アステホール貸出時の設営・撤去時間を除く、実際に貸出を行った割合。

アステギャラリー

	平成26年度	平成27年度	平成28年度	平成29年度	平成30年度
貸出区分数	9	18	23	26	24
施設利用率(%)	28.1	35.3	45.1	52.0	48.0
年間貸出可能区分数	32	51	51	50	50

・アステギャラリーを文化芸術活動の発表の場として提供するとともに、市民が多くの優れた作品
に触れる機会を提供した。

・使用の範囲：美術に関するもの

・貸出単位：6日間／区分（水曜日～月曜日）

・利用時間：午前10時～午後7時まで（最終日は午後5時まで）

・使用料(6日間)　市内利用者　48,000円　市外利用者　64,000円

②住民票、印鑑登録証明、課税証明等、各種証明書の正確かつ迅速な交付を行った。

証明書等発行枚数（枚）

		26年度	27年度	28年度	29年度	30年度
内訳	住民票関連	1,877	3,592	3,976	4,410	4,636
	印鑑登録証明書	1,295	2,215	2,752	2,799	2,808
	課税等証明書	342	1,046	1,412	1,693	1,679
合　　　計		3,514	6,853	8,140	8,902	9,123

5．担当部長による自己評価及び今後の方向性等

事業目的に対する自己評価		左記の具体的説明
市民の利便性や事業の効率性が大きく向上した。		より多くの方に貸室を利用いただけるよう、貸室の準備等の効率化や適正な利用となるよう利用者との調整に努めた。
市民の利便性や事業の効率性が向上した。		アステギャラリーについては、市関係団体を中心に利用があったが、利用率は伸び悩んだ。
市民の利便性や事業の効率性は前年度の水準に留まった。	○	施設が周知されてきたことから、各種証明書の発行枚数は増加傾向である。また夜間・土日祝日に発行することで引き続き市民の利便性が図れた。

課題と改善について	令和元年度以降における具体的な方向性について
貸室については、利用率が低い夜間帯の利用者を増やす必要がある。利用が低迷しているアステギャラリーについては、運用の見直しを検討する。 　設備や備品のについては、経年劣化が見られるようになってきており、より適切な施設の維持管理に努める。 ※「課題と改善」は、「妥当性」、「効率性」、「有効性」及び「参画と協働」の視点を全て考慮したうえで、事業の質や効率性を高める方向で記述しています。	施設案内について、各種媒体を用いて、わかりやすい情報を発信し、幅広い利用者を獲得するとともに、貸室管理を徹底することでスムーズな利用につなげていく。 　アステギャラリーは、より利用しやすい運用について検討をしていく。 　また、利用者が安全で快適に施設を使用できるよう、日々の点検や迅速な修繕に努め、適切な施設管理を行う。

（出所：川西市HP）※破線は、著者が加筆

図表３－５－７　「地方公会計の推進に関する研究会」における検討内容③

3. 公会計情報の「見える化」 －比較可能な形による財務書類の開示

- 各地方公共団体が作成した財務書類等は、各地方公共団体のHP等で公表されるとともに、総務省HPにおいて、地方公共団体のHPへのリンク集を掲載
- 財務書類等が経年比較や類似団体間の比較等により分析され、資産管理等に活用されるよう、各地方公共団体が作成した財務書類等を比較可能な形で「見える化」するための様式等を検討
- 研究会における検討を踏まえて、統一的な基準により作成された財務書類等について、作成済みの全団体の情報を収集し、比較可能な様式により公表（平成31年3月）

【比較可能な様式による「見える化」イメージ】

① 財務書類の概要

平成28年度　財務書類に関する情報①

団体名　〇〇県〇〇市

団体コード　XXXXXX

附属明細書・注記・固定資産台帳の公表状況		
附属明細書	注記	固定資産台帳

1. 資産・負債の状況

（単位：百万円）

		平成26年度	平成27年度	平成28年度
一般会計等	資産	80,000	90,000	100,000
	負債	30,000	40,000	50,000
全体	資産	130,000	140,000	150,000
	負債	40,000	50,000	60,000
連結	資産	150,000	160,000	170,000
	負債	50,000	60,000	70,000

2. 行政コストの状況
3. 純資産変動の状況
4. 資金収支の状況

も同様に公表

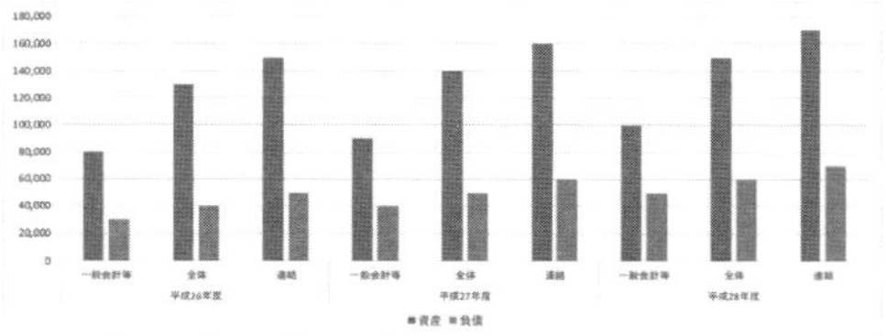

各団体による分析コメントを記載

② 地方公会計に係る指標

平成28年度　財務書類に関する情報②（一般会計等に係る指標）

1. 資産の状況

①住民一人当たり資産額（万円）

	平成26年度	平成27年度	平成28年度
資産合計	8,000,000	9,000,000	10,000,000
人口	75,000	74,000	73,000
当該値	106.7	121.6	137.0
類似団体平均値	100.0	105.0	98.0

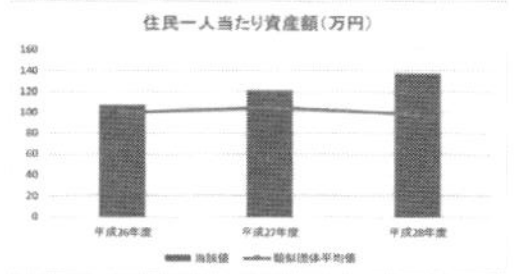

各団体による分析コメントを記載

②歳入額対資産比率
③有形固定資産減価償却率
2.資産と負債の比率
④純資産比率
⑤将来世代負担比率
3.行政コストの状況
⑥住民一人あたり行政コスト
4.負債の状況
⑦住民一人あたり負債額
⑧基礎的財政収支（プライマリーバランス）
5.受益者負担の状況
⑨受益者負担比率　　も同様に公表

③ 財務書類等の詳細

・統一的な基準による財務書類の各勘定科目の金額及び指標の数値を一覧化

➡ 各地方公共団体の財務書類等の情報を集約し、比較可能な形で開示するとともに、各地方公共団体が経年比較や類似団体間比較等により分析することによって、財政運営上の課題をより明確化

（出所：総務省「地方公会計の推進に関する研究会報告書概要」2019年３月）

図表3－5－8　公開した川西市の財務書類

3. 一般会計等財務書類（概要）
（1）貸借対照表

（単位：百万円）

科目	H29	H28	増減
資産の部(市所有資産)			
1 固定資産	166,603	159,235	7,368
(1) 有形固定資産	156,628	150,005	6,623
①事業用資産	112,246	105,478	6,768
②インフラ資産	42,820	43,347	△ 527
③物品	1,562	1,180	382
(2) 無形固定資産	0	1	△ 1
(3) 投資その他の資産	9,975	9,229	746
①投資及び出資金	1,683	1,623	60
②長期延滞債権	1,052	1,102	△ 50
③長期貸付金	4,457	4,561	△ 104
④基金	2,802	1,960	842
⑤徴収不能引当金	△ 19	△ 17	△ 2
2 流動資産	2,761	3,940	△ 1,179
(1) 現金預金	559	465	94
(2) 未収金	200	257	△ 57
(3) 短期貸付金	54	0	54
(4) 基金	1,937	1,725	212
(5) 棚卸資産	16	1,498	△ 1,482
(6) 徴収不能引当金	△ 5	△ 5	0
資産合計	169,364	163,175	6,189

左側の注釈：

庁舎、市営住宅、学校、土地など
【主な増減】
・土地　＋2,802百万円
（用地特会における用地先行取得等）
・建物　＋1,934百万円
（学校への空調設置等）

道路、橋りょう、公園など
【主な増減】
・土地　＋244百万円
（道路新設整備分）
・工作物　　△836百万円
（道路等の減価償却による減）

市税等に係る収入未済額のうち
1年を超えるもの

長期延滞債権のうち回収不能となる見込額

市税等に係る収入未済額のうち
当該年度に発生したもの

長期貸付金のうち、次年度返還見込額

売却予定資産
・中北特会区画整理事業保留地

未収金のうち回収不能となる見込額

(注)表内における端数処理により、各項目の差引額や合計欄の数値が一致しない場合がある。（以下の表・グラフについても同じ）

【これまでの世代の負担割合】～純資産比率～

[説明]
　資産全体(固定資産・流動資産全て)に対する純資産の割合で、これまでの世代が負担した割合を表しており、公共施設の更新（耐震化・複合化）時の市債借入れに伴って低下しています。

[算出方法]
純資産合計額/資産合計額

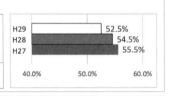

H29　52.5%
H28　54.5%
H27　55.5%

【将来世代の負担割合】～社会資本形成の世代間負担比率～

[説明]
　固定資産に対する借金(地方債)残高の割合で、将来世代が負担しなければならない割合を表しており、公共施設の更新（耐震化・複合化）時の市債借入れに伴って年々増加しています。

[算出方法]
地方債残高(特例地方債※を除く)/有形・無形固定資産合計

※特例地方債…臨時財政対策債等財源不足を補てんする地方債で、資産形成の財源となっていない地方債

※「地方公会計の推進に関する研究会」の検討結果を踏まえH27・H28の数値を修正しています。

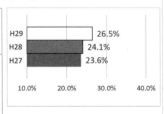

H29　26.5%
H28　24.1%
H27　23.6%

（単位：百万円）

科目	H29	H28	増減	
負債の部（将来世代の負担）				
1 固定負債（次々年度以降返済予定債務）	72,197	66,413	5784	・出在家団地建設費
(1) 地方債	61,969	56,400	5,569	
(2) 長期未払金	216	238	△ 22	全職員が自己都合により退職した場合の支給見込額
(3) 退職手当引当金	7,518	7,692	△ 174	
(4) 損失補償等引当金	157	178	△ 21	他団体への損失補償に対する引当金
(5) その他	2,337	1,905	432	・水道事業会計からの借入金
2 流動負債（次年度返済予定債務）	8,226	7,801	425	・PFI施設整備割賦払い分（学校空調、市民体育館等）
(1) 地方債	6,910	6,622	288	・リース資産の割賦払い分
(2) 未払金	23	23	0	・出在家団地建設費
(3) 賞与等引当金	501	504	△ 3	基準日時点までの期間に対応する期末勤勉手当等
(4) 預り金	59	64	△ 5	
(5) その他	733	588	145	歳計外現金
負債合計	80,423	74,214	6,209	
純資産の部（これまでの世代の負担）				
純資産	88,941	88,961	△ 20	・水道事業会計からの借入金 ・PFI施設整備割賦払い分（学校空調、市民体育館等） ・リース資産の割賦払い分
純資産合計	88,941	88,961	△ 20	
負債及び純資産合計	169,364	163,175	6,189	

【有形固定資産の状況】～有形固定資産減価償却率（資産老朽化比率）～

［説明］
　有形固定資産の取得価格に対する減価償却累計額の割合で、耐用年数に対してどの程度まで老朽化しているかを表しており、インフラ資産の老朽化が進んでいます。

［算出方法］
減価償却累計額（物品除き）÷（有形固定資産合計−土地等の非償却資産※＋減価償却累計額（物品除き））

※土地等の非償却資産…事業用資産土地、立木竹、建設仮勘定、インフラ土地、インフラ建設仮勘定、物品、物品減価償却

※国の統一的な算出方法（財政状況資料集）を踏まえH27・H28の数値を修正しています

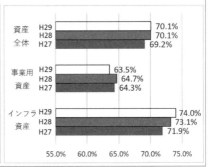

【貸借対照表の解説】
　資産…用地特会での用地取得及び学校空調の整備等の資産新規取得が、道路等インフラ資産の減価償却を上回り、前年度と比較し、61.9億円増加しています。
　負債…地方債の新規発行に加え、学校空調PFI事業の割賦払いの確定等により62.1億円増加しています。
　資産に対してこれまでの世代の負担は低下し、将来世代の負担が増えています。

（出所：川西市HP）

6 財政計画の必要性と資金調達

（1）財政計画の策定

　自治体経営で最も重要な計画の一つが、財源フレームを示す財政計画です。

　財政計画は、国家運営においても、毎年6月の「経済財政運営と改革の基本方針」（骨太方針）閣議決定前に、そのベースとなる財政状況を所管する内閣府が「中長期の経済財政に関する試算」として経済財政諮問会議に提出して説明しています。

　現在、国では、概算要求前の6月と予算を国会に提出する1月の年2回試算を行い、国家財政のベースとなる経済財政状況の考え方を示す方法でもって国家運営を行っています。

　これと同じように、自治体が行政経営を行う場合に、その裏付けとなる財政の将来予測を的確に行うことが大切になります。ここでは、そのテクニカルなところを説明していきます。ただし、その予測には、国の財政支援の動向など外生的要因に影響を受ける部分があり、自治体だけの事情で策定しにくいところが多くあります。また、その外生的要因である地方財政制度や地方税制などの変更が最近多くなってきました。

　通常、財政計画は、3年、5年、10年といった期間を定めて策定します。計画をどのように活用していくかによって期間が違ってきますが、期間が長くなるほど計画の精度が落ちていきます。計画を総合計画の財政的な裏づけとして活用する場合には、総合計画の期間にあわせた10年の期間で策定することが必要となります。

　一方、実施計画や予算編成に活用する場合には、3年もしくは5年の期間で定めるほうが税収見込みなどの精度が上がるので、より的確な財政計画を策定することができます。

　ここでは、川西市の中期財政運営プラン（5年間）をモデルにして説明を行います。図表3－6－1が2019年（平成31年）2月に公表したものです。

図表3-6-1　川西市中期財政運営プラン（2019年度～2023年度）

目標

平成31年度から3年間を財政健全化の集中期間として、全事業の再検証と公債費の抑制により、収支均衡の達成、基金残高の確保、財政健全化指標の改善に取り組みます。

収支推計のポイント（詳細は次頁以降を参照）

・金額は一般財源ベースで推計しています。
・原則として、平成30年度決算見込み額及び平成31年度当初予算額をベースとして推計しています。
・投影等、制度改正が予定されているもののうち推計可能なものは制度改正を反映しています。
・経済成長による物価変動等は歳入・歳出ともに見込んでいません。
・消費税率改定による社会保障関係費分の財源手当の方法に不確定要素がありますが、地方財政計画に反映し、地方交付税で財源確保されたものとしております。

（百万円）

収支推計		H30	H31	H32	H33	H34	H35	H31～H35 5年間の収支不足
歳	入	34,746	34,348	34,690	34,915	34,984	35,283	
歳	出	36,238	34,777	35,131	35,010	35,344	35,427	
収支差引		△1,492	△429	△441	△95	△360	△144	△1,469

① 今後5年間の収支不足は△1,469百万円となっています。
② 収支不足は一時的に基金を取り崩して対応します。
③ 今後、この収支不足を、全事業の再検証と公債費の抑制により解消します。

基金残高確保に向けた取組み

		H30	H31	H32	H33	H34	H35
未利用地の売却等		1,478	1,505	677	435	74	243
		[未利用地売却等]実刑博物古墳散策路 等	[未利用地売却等]キセラ内所有地 [未利用地貸付]中央 等	[その他]川西都市開発（株）からの返済等	[未利用地売却]	[未利用地売却]	[未利用地売却]

※川西都市開発（株）は民間金融機関で借換えを行います（市の損失補償）。

基金残高	3,721	4,352	4,514	4,804	4,468	4,517

未利用地の売却等は、基金確保のために行い、原則として基金に積立てます。

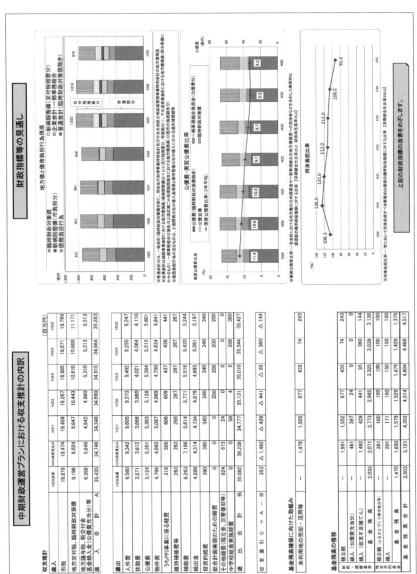

財政指標等の見通し

中期財政運営プランにおける収支推計の内訳

（出所：川西市HP）

①　計画対象の会計

　収支計画策定の前提条件として、まず、会計基準を決めることが必要となります。一般会計を基準とするか、決算統計（地方財政状況調査）に使われる普通会計という概念を用いて作成するかを決めます。一般会計と統計として活用される普通会計で、会計として抱える範囲に大きな差がない場合はどちらでもいいのですが、その差が大きい場合はどちらにするべきかの選択が必要になります。その場合は策定した計画をどのように活用するかによって決めることになります。

　市民や議会向けに公表することを主眼に置く場合は、普通会計ではわかりにくいため一般会計で作成するほうがいいでしょう。これは、普通会計という考え方が市民（議会）には説明が難しく、わかりづらいものとなるためです。一方で、行政内部で活用する場合や都道府県、国への報告や説明に限定して活用する場合には、統計の継続性の観点や他団体との比較ができる点も含めて、決算統計にあわせた普通会計での作成が必要になります。なお、一般会計で財政計画を策定する場合は、国・県への報告用に別途普通会計ベースに修正した計画表を策定する必要があり、少し作業量が増えます。

②　計画の数値基準

　次に、計画に計上する数値の基準ですがこれも二つの選択肢があります。事業費の総額ベースにするか、自治体が財源として使用する一般財源ベースにするかの選択肢です。特定財源も含めてすべての事業費を計上するのが総額ベースです。一方、市税収入や地方交付税、各種交付金など一般財源で策定するのが一般財源ベースとなります。一般財源ベースの場合、支出部分が特定財源を除いた金額となるため、総額ベースに比べると計画全体の額は小さくなります。どちらの選択をしても、要は計画の精度とわかりやすさをどう担保するかです。計画の精度で言えば、特定財源の見込みが少なく、国・県の政策的影響を受けない一般財源ベースのほうが適していますが、事業費総額を見慣れている議会や市民にとっては予算額と乖離するためにわかりにくいといった点があります。

　また、作成上の技術的な課題として歳出の性質別分類に計上している数値について、特定財源を控除した一般財源ベースの数値を見込む必要が出てきます。そのためには、まず、計画前年度の決算見込みを一般財源ベースにす

図表3-6-2 中期財政運営プランの策定条件

原則として、H30年度は3月補正後(決算見込み)、H31年度は当初予算額としています。

歳入				策定条件
市税	市民税	個人		・納税者数は、本市の人口ビジョンにおける人口の増減率を反映して見込んでいます。 ・実収の変動は考慮していません。 ・新規の宅地開発などによる納税者数への影響は見込んでいません。 ※H31年度からの配偶者控除の見直しによる影響は当該地方交付税交付金で反映しています。
		法人		・均等割については、H30年度決算見込み額をもとに、H31年度以降はセラ川西内南事業協同組合の出店を反映しています。 ・法人税割については、H30年度決算見込み額をもとに、H31年度以降はセラ川西内南事業を反映するとともに、過去1年間の動向を勘案し変動を見込んでいます。 ※標準税率:9.7%→6.0%、超過税率:12.1%→8.4%
	固定資産税 都市計画税	土地		・土地については、過去1年間の地価動向を参考に、評価額および路線価の下落を反映するものと見込んでいます。
		家屋		・固定資産評価額のもとになる建築資材の物価は変動が少ないものとし、H31年度評価替えでは既存の家屋は減価するものと見込んでいます。 ・大規模変更については、H31年度以降は多田校内内商業施設の課税を見込んでいます。
	軽自動車税			・H27年度税率改定による新税率適用の車両の増加、旧税率適用の車両の減少を見込んでいます。
	市たばこ税			・過去1年半の動向を参考に、本数で年4.9%減少するものと見込んでいます。 ・H31年度からH33年度までの段階的な税率改定を反映しています。
地方交付税 臨時財政 対策債	普通交付税	基準財政需要額		・公債費については、既発行分と事業実績分・着手済み分を反映して見込んでいます。 ・※事業費補正・着手済み分・・・出在家健康公園、キセラ川西プラザ、里川桃山手様、幼保一体化施設整備(加茂、川西、川西北)、火打健康公園 ・物件費等については、地方公共団体の消費支出等となる要素にかかる普通交付税措置分(30%分)を除く物件費等については、H31年度以降は消費税率改定による増加を見込んでいます。 ・その他の要素については、幼児教育の無償化による社会保障費の増加を見込んでいます。
		基準財政収入額		・市税、譲与税、交付金の収入見込額を反映して見込んでいます。 ※消費税率の改正による地方消費税交付金の増額を反映しています。
	臨時財政対策債			・H31年度はH30年度決算見込み額をもとに、国の地方財政計画の伸びなどにより見込み、H32年度以降は国の地方財政計画による見込み額をもとに、国の地方財政計画の伸びなどにより見込んでいます。
	特別交付税			・H31年度はH30年度決算見込み額をもとに、国の地方財政計画の伸びなどにより見込み、H32年度以降は国の地方財政計画の伸びなどにより見込んでいます。
地方消費税交付金				・H31年度はH30年度決算見込み額をもとに、国の地方財政計画の伸びなどにより見込み、H32年度以降は国の地方財政計画の半分を見込んでいます。 ・H31年10月の消費税率改定の影響については、H32年度の半分を見込んでいます。 ※消費税のうち地方消費税の財源:1.7%→1.8%(10%のうち2.2%)
譲与税 交付金	その他の譲与税、交付金			・H31年10月に創設される法人事業税交付金については、法人税割の税収の伸びと同程度で見込んでいます。※H32年度から影響 ・H31年10月に創設される環境性能割については、国の地方財政計画により見込んでいます。※H31年度後半から影響 ・地方譲与税については、H31年度決算見込み額をもとに、国の地方財政計画の伸びを見込み、H32年度以降は国の地方財政計画の伸びなどにより見込んでいます。※H31年度と同額で見込んでいます。 ・その他の交付金については、H30年度決算見込み額をもとに、H31年度以降は過去5年平均により見込んでいます。
その他一般財源等				・使用料・・・道路占用料、法定外公共物使用料をH30年度以降は近年度実績をもとに運用額で見込んでいます。 ・諸収入・・・受託事業収入の減額を見込み、一部建設借入基金からのソーラー(太陽光)発電量を平成30年度に見込んでいます。あらかじめ予定している水準分を収入として計上しています。※H32年度から影響 ・繰入金(特定目的基金)・・・H32年度以降はからくり見込みで積み上げで見込んでいます。※H32年度以降はH31年度と同額で見込んでいます。 ・繰入金・・・H31年度以降はこれまで見込んでこなかった特定目的基金の一部を新たに繰入するものとして見込んでいます。 ・その他・・・H31年度以降は国の地方財政計画での伸びなどにより見込み、H32年度以降は過去5年平均で見込んでいます。 ・その他の交付金については、地域材料助成、土地貸付収入等に伴う収入を見込んでいます。 ※H29年度決算額には国の通常寄付事業による1億1,000万円が含まれています。

歳出	策定条件
人件費	・H30年度の職員数（922人）を基本とし、退職者の減と病院事業からの移籍等、新規・再任用職員の採用等を見込んでいます。 ※正規職員給与に反映…「任用手当負担の穴埋めは②定期開始」 ・退職手当負担金については、会計年度の変更を反映して見込んでいます。※H29＝170/1,000、H30以降＝155/1,000、H30は290＝170/1,000、1,000 ・会計年度任用制度への制度変更を反映しています。（H32年度以降、臨時職員の人件費を14月分から16.45月分として退職金等を計上上にしています。） ・定年延長については、制度が未定のため見込んでいません。
扶助費　児童福祉費	・H29年度決算額をもとに、今後の保育需要・認定こども園の定員（過去5年の平均値で増減）を伸びるものとして見込んでいます。
障害福祉費	・H29年度決算額をもとに、毎年4.5％（過去5年平均）伸びるものとして見込んでいます。
生活保護費	・H29年度決算額をもとに、生活扶助額は国の基準見直しにより、H31年度からH33年度の間で段階的に5％減になるものとして見込んでいます。
その他の扶助費（老人福祉費など）	・H29年度決算額と同額を見込んでいます。
公債費　借入済	・借入済の市債の元利償還額をもとに実績額を計上しています。 ・償還額を前年に借り入れた市債については、予定どおり借り換えを見込んでいます。
事業素分	・事業素成分・発手済みのその他利償還額を見込みます。その元利償還額を見込みます。※以下現在（事業費、火打健全公園、豊富放送試験、キセリ川西等／川西市、消防防庁舎、幼児一化施設整備（加茂・川西北）、消防庁舎、花屋敷団地 ・償還期間については、各事業内容に応じての20～30年償還・据置期間3～5年等としています。
その他の事業対応分	・大規模事業以外（交付税措置なし）の市債償還額については、その元利償還額を見込んでいます。
臨時財政対策債（既発＋新発）	・償還期間については、20年償還・据置期間としています。
物件費	・H30年度予算見込みはH29年度決算額をもとに施設統合による減額や需要等を考慮して見込んでいます。 ・H31年度以降、H30年度決算額・消費税率改定の影響による増額を見込んでいます。
PF償却払い	・実施済み、または計画で事業費が確定している各事業（※）の建設割賦払い分、施設維持管理費分を見込んでいます。※学校耐震化、市民体育館・運動場、キセリ川西プラザ・学校空調設備
維持補修費等	・H29年度決算額をもとに、H31年度以降は消費税率改定の影響による増額を見込んでいます。
補助費等　上下水道事業会計	・水道事業会計への補助金については、同会計での繰出の推計による補助額を見込んでいます。※H25年度の水道からの借入金の返還を予定をしています。 ・下水道事業会計への補助金については、都市整備公社からの金融機関への償還予定金額をもとにして見込んでいます。※H32年度以降は金利見通す予定です。
都市整備公社（中央北地区整備）	・都市整備保全貸付金はH33年度で廃止になる予定になるので減額を見込んでいます。
都市整備保全貸付金	
猪名川上流クリーン処理事業組合	・H31年度予算額をもとに、各年度の組合の償還額の推移を反映して見込んでいます。
病院事業会計	・病院の経営改善による収入増を見込むと、現病院に係る公費負担と新病院建設にかかる公債費負担の負担を見込んでいます。 ①新病院建設に係る人件費、現病院の公債費、現病院の維持持費等 ②人材確保対策経費（4年分）退職金経費（5億円（限定額90％活用、年4,500万円×10年）） ③指定管理料 ④新病院建設による市負担分（50％分）うち5市負担分は普通交付税付き算措要素額へ反映）
繰出金　国民健康保険事業特別会計	・H31年度予算額をもとに、人口ビジョンで75歳未満人口の減少率により見込んでいます。
後期高齢者医療事業特別会計	・H31年度予算額をもとに、人口ビジョンで75歳以上人口の伸び率により見込んでいます。
介護保険事業特別会計	・H31年度予算額をもとに、人口ビジョンで75歳以上人口の伸び率により見込んでいます。
投資的経費	・H29年度決算額と同額を見込んでいます（※中央北地区で国土地区整備管理事業特別会計への繰出は各特別会計で負担する。「毎年4億円」計上）。
総合計画実現のための経費	・総合計画の実現のための経費（実施の中で大地震対策事業等の実施に必要な一般財源）として、「毎年8億円」計上していたものを「5億円」に圧縮した等として計上しています。

（出所：川西市HP）

ることになるのですが、年度途中の決算見込み段階で特定財源を性質別に的確に充当していくのには、かなりのエネルギーが必要となります。ここをしっかりと充当しておかないと、財政計画の推計に大きな影響を与えることになってしまいます。

③ 歳入の推計方法

この二つの基準が固まれば、期間を定めて収支を見込むことになります。川西市モデルの推計方法を説明します。なお、川西市では、期間を５年として一般財源ベースで策定しています。

歳入側では、地方税と地方交付税の見込額が、基本となります。税収は自治体のあり様によって大きく違ってきます。特に、企業城下町と言われる法人税が税収の中心を占める自治体の場合は、企業の業績や経営方針などを丁寧に調べて、当該年度の業績と次年度以降の事業計画・事業戦略をもとに見込むことが必要になります。ただし、企業の場合、中期事業計画でも３年程度と短い期間になりますので、自治体側も短いスパンでローリングさせていくことが必要です。また、法人税が中心になる場合には、法人収益が景気動向にダイレクトに影響を受けますので、財政計画そのものに景気変動リスクがあることを明記しておくといいでしょう。一方で、住民税と固定資産税が中心となる場合は、景気変動リスクは受けにくいものの、税収動向に変動要素が少なく、まさしくローリスク・ローリターンの世界になります。どちらにしても、地方税収の過不足を財源保障している地方交付税の見込みとあわせて的確に見込むことが必要になります。

具体的な歳入の推計方法は、まず、当該年度の決算見込みを作成します。その上で、現行の税制や地方財政制度に基づいて期間内の収入を見込んでいます。この考え方は、歳入歳出すべてに共通します。財政計画を策定するときに、発射台という言葉をよく使用しますが、川西市の場合の発射台は、計画前年度の決算見込みということになります。

市税収入は、当該年度の税収の決算見込みをもとにして、個人市民税であれば、納税義務者数、給与所得額、分離課税対象額の推移をそれぞれ見込み、それに基づいて推計をしていきます。この中で給与所得の推移が最も見込みにくい部分ですが、一番多くとられる手法は、過去の統計数値と税収の関係を回帰分析してそれをもとに推計する方法です。ただ、地方税の制度変更が

頻繁に行われるため、回帰分析を行っても精度を高めることが難しくなっています。そのため、統計データから得たここ数年の給与所得の動向を参考に、一定の伸び率を乗じる方法をとるほうが計画の精度を高めると思います。

　また、法人市民税は、景気に左右されるので、業種、規模別に国の統計資料や景気動向調査を活用し、最近の法人の動向を押さえて見込むことが基本となります。それに加えて、自治体内に立地する法人の設備投資計画などの情報収集がどのぐらいできるかが鍵となります。大きな設備投資の計画や従業員数の動向も気になるところですが、開発による事業者の新規参入や、業績不振による撤退の場合もありますので、その情報を取得することが重要となります。法人税収をあまり過大過少に見込むと収支計画の精度を落とすことになるので、ここは要注意です。

　次に固定資産税と都市計画税の推計ですが、これらの税収は、資産評価の変動をどう見込むかがポイントになります。特に評価替えの時点での土地・家屋の時価変動の見込みを、大きくしすぎないようにする必要があります。また、地価については、全国平均では上昇傾向ですが、地方圏では依然として下落傾向にあるため、それぞれの地域の動向を確認しながら、下落幅をどう見込むかといった税収減の要素を織り込むことが必要となります。

　税収全般に共通することですが、安全策をとるがために必要以上に税収を過小に見込むと、収支計画全体の信頼を損ね、将来の財政運営に影響を与えることになるので注意する必要があります。要するに税収を見込む際にプラスとマイナスのどちらにもふれすぎないようにすることが大切です。

　また、これら以外の税収もしっかり見込むことが必要となります。例えばたばこ税などは、増税や禁煙ブームによる売上げの減に伴って税収が落ち込むことが予想されるので、統計数値を活用して的確に推計していきます。

　次に、地方交付税の見込み方です。これには、基準財政需要額と基準財政収入額を算出してテクニカルに見込む方法と地方交付税は所与の財源として一定額で見込む方法があります。地方交付税が税収補完であると考えれば、一定額の計上は少し大雑把な推計となってしまいます。したがって、少しテクニカルですが、積算根拠を明確にして推計するほうが計画の精度を高めることができます。ただ、地方交付税は地方財政計画で決められた地方全体の

総額を各団体に衡平に配分するものです。したがって各団体の都合で基準財政需要額を必要以上に見込むと交付税が過大積算になるので、ここは注意すべきポイントです。また、臨時財政対策債の見込み方もポイントになります。臨時財政対策債が地方交付税の補完として制度設計されていることや臨時的な措置であること、さらには将来の償還財源が100％地方財政措置されることを考えれば、一括して地方交付税として見込むことも可能です。一方、地方債として見込むなら、その償還財源を歳出に計上して、その財源を後年度の基準財政需要額の公債費部分に100％加算して交付税を見込むことになります。川西市では、歳入項目としては普通交付税の中に整理していますが、歳出項目では地方債発行に伴う公債費として償還財源を計上して見込む方法をとっています。いずれにしても、交付税で財源保障されている公債費を的確に反映して地方交付税の推計をしていくことは、作業は大変ですが、重要な要素となります。

④ **歳出の推計方法**

次に、歳出側の推計は、性質別に分類して見込むのが一般的です。

性質別に分類すると、人件費・扶助費・公債費の義務的経費、物件費、補助費等、繰出金、維持管理費を見込むことになりますが、ここでは費目ごとに統計資料などを活用して推計することになります。最も丁寧に見込む必要があるのが義務的経費であり、特に人件費と公債費は全体に占めるウエイトが高いことに加え、硬直度も高くなりますので、その積算根拠を明確にして推計することが必要となってきます。職員人件費は職員定数管理計画などに基づく職員数の増減や給与改定の予測などを行って見込むことになります。

一方、公債費では将来の地方債発行見込み額と借入れ時の利子をどう見込むかがポイントになります。将来の地方債発行額は、公債費償還に直結するので、実質公債費比率や将来負担比率などでめざすべき財政状況を目標値として定めた上で決めることが必要です。また、地方債発行額にキャップをする（上限を設ける）ことは将来の投資的事業に枠をはめることになりますので、政策的な一面も出てくるところです。その意味では、将来の財政運営の目標となる姿をデザインしておくことが必要となります。

川西市では将来の健全な財政運営を確保するため、実質公債費比率を活用し地方債発行額の上限を決めています。図表3－6－3が、地方債発行限度

図表3－6－3　実質公債費比率のピークの推移

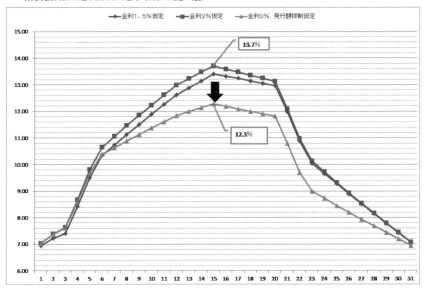

H28、29は予算額発行（交付税なし）、30は花屋敷団地＋15億発行（交付税なし）、31以降は15億発行（交付税なし）
★発行額抑制は15億のところを10億円に抑制した場合の推計

額を設定するための実質公債費比率のシミュレーションです。このシミュレーションは、毎年の発行条件など諸条件を入力することにより、財政規模に応じた実質公債費比率のピークを捉えるものとなっています。

　つまり、一定額の地方債を毎年度継続して発行した場合に実質公債費比率はどのレベルまで到達するのかを、金利水準、標準財政規模、経常収支比率における財政の余裕度などをもとにして計算しています。これによって算出される実質公債費比率のピークをメルクマールにして、毎年度の地方債発行額の上限を設定することにしています。

　将来的に安定的な財政運営をしていくためには、このように超えてはいけない水準を明確にした上で推計し、あるべき姿をイメージしておくことが必要となります。

　なお、公債費の利率は、国における新年度予算の概算要求時点で使われている利率を参考にするのも一つの方策です。利率は毎年変化するため、低金利の時代に現状の利率で見込むと、将来の負担が小さくなる危険性があるので注意しなければならないところです。

次に、扶助費ですが、扶助費の見込み方はかなり難しいものとなります。制度変更が多く、全国的な統計データも活用できないので、ある一定過去の一定期間の支出状況の経過で見込まざるを得ないところがあります。

　次に、支出の中で一番政策的に推計する必要があるのが、投資的事業を含む新規事業及び事業の拡充に伴う費用です。簡単に言えば収支差額＝資金余剰額によってまかなう政策的経費になるのですが、これをどれぐらい確保できるかがポイントで、収支が均衡しない場合は投資的経費などの新規事業に着手できないことになってしまいます。経常収支比率が100％に近い団体はまさにその危機に直面しており、自治体の政策枠としての財源をほとんどもてない状況となってしまいます。地方債でまかなうことができる投資的事業の場合には、一般財源がどれぐらい必要かを見込むこととあわせて、先ほど説明した地方債の発行による将来負担の推計もあわせて見ておく必要が出てきます。

　要するに、投資的事業を実施したいために、財源対策として地方債を大量発行する計画にしてしまうと、発行年度では一般財源が少なくキャッシュフローは回りやすくなりますが、一方で後年度の公債費負担が多くなり、数年先にはキャッシュフローが回らない原因をつくってしまいます。そのためにも、一般財源枠とセットで地方債発行額に上限を設けて、財政計画を推計していくことが必要となるところです。

　以上の推計ができれば、毎年度の収支の過不足が明らかになってきます。収支が均衡しない場合には、再度、推計の中で問題がないかを検討します。特に、歳入の見込み方を大きくしすぎていないか、逆に必要以上に厳しく見込みすぎていないかなどについて再度見直しを行っていくことになります。

　また、歳出においても投資的な事業枠を必要以上に見込んでいないかといった観点からの見直しをかけていきます。推計上、収支均衡もしくは実質収支が黒字となる場合には特に問題は発生しませんが、収支不足の場合には対策を講じることが必要になります。

　これから本格的な人口減少社会を迎える自治体では、このまま何もしなければ税収は右肩下がりになり、多くの自治体で財源が不足する事態を招くことになります。当面の間は、基金からの繰入れによって財源不足に対応できるものの、その間に、時代に見合った財政構造に変革しなければいずれ破綻

します。収支均衡をめざした行財政改革を組み入れるとともに、計画期間中の目標を明確にし、その達成に向けたプランとなるよう、財政計画を策定することが重要となっています。

　要するに自治体の財政運営は、毎年度のキャッシュフローで資金不足が発生しないように運営することが大切なポイントです。そのため、財政構造の体質にメスを入れ、収支が継続して均衡できるように、少し長い目線での計画策定と実行が必要となります。

（2）資金調達

　財政運営において、投資的事業の資金をどのように調達するか、長期でかつ低利子での資金調達が求められます。かなりテクニカルな部分ですので、人事異動が短いスパンで行われている自治体にとって、エキスパートを育成することが難しい部門となります。そのため、テクニカルな要素を漏らすことなく、しっかりと取り組んでいくための知識の継承が必要となります。

　まず、資金調達業務についての前提条件ですが、地方自治体は、地方財政法第5条により地方債をもって財源にすることが制限されており、無秩序に資金調達できないこととなっています。そのため、起債にあたっては、地方財政法第5条の3により、総務大臣又は都道府県知事に対する地方債の協議（許可）が必要とされています。なお、財政状況について一定の基準を満たす地方公共団体については、原則として、民間等資金債及び公的資金債の一部にかかる協議は不要とされていますが、この場合も事前に届出を行うことが必要です。

　各自治体は、毎年度の予算で計上した地方債を借り入れるために、事業計画に基づいた起債計画書を作成し、適切な時期にそれぞれ地方債発行の同意（許可）協議を行うことになります。同意（許可）協議は通常、上・下半期にそれぞれ1回の計2回（国の補正予算に係るものなど、年によっては複数回あることもあります）です。同意（許可）が得られれば、資金区分に基づき金融機関から資金調達をすることになります。

　自治体の資金調達は、かつては、政府資金が借り入れの大部分を占めていましたが、近年は民間金融機関からの借り入れが多くなる傾向にあります。ただ、ここ数年、自治体の規模によっては、臨時財政対策債に政府資金が充

てられる優遇策が講じられていることもあり、川西市でもその恩恵を受けて政府資金の割合が増えていますが、地方債計画での動きからわかるように、大きな流れからすると民間金融機関への資金シフトが起きているという認識でいいと思います。

　したがって、民間金融機関からいかに有利な条件で資金を調達するかが、財政運営において重要になってきます。多くの自治体は、３月から５月にかけての資金調達が多いのではないかと思いますが、自治体によっては、市場金利の動向を見ながら、金利上昇リスクを避けるために調達時期をずらすなどの工夫をしているところがあります。もっとも、金融機関の関係者によると、金融市場側も３月から５月にかけて自治体からの資金需要が増えることを織り込んで年間の計画を立てているので、市場金利には大きく影響しないという意見もあります。また、借り入れの方法も指定金融機関からの調達だけにとどまらず、入札制度や市場公募債の発行など多様な方法で金利負担の軽減を図っているところもあり、資金調達担当者には、ぜひいろいろと研究していただきたいところです。地方自治体の出資により運営されている地方公共団体金融機構が各自治体の実情にあわせたオーダーメイド型の出前講座を無料で実施していますので、それを活用するなどして、金融知識を身に付けていくとよいでしょう。

　また、指定金融機関との調整は年間を通じて行うことになりますが、最近、その指定金融機関制度が揺らいでいます。というのは、金融機関を取り巻く環境が激変しているからです。かつては、自治体の指定金融機関になることが地域でのステータスの確保につながり、預金という形でもって金融機関に資金が自動的に集まってきたのが、ネットバンクやコンビニ収納などの出現により、公金を取り巻く環境が様変わりしています。振り込みや資金運用が、ネットでの取引に移り、近い将来には銀行窓口やＡＴＭが街から消えることも現実化しそうな勢いです。

　その中で、指定金融機関（収納代理金融機関含む）と自治体の関係も変わらざるを得ないものになっています。役所の中の金融機関の派出所、口座振替、窓口収納のコストも低廉もしくは無料の時代から、的確な対価を支払わないと実施環境を維持できない時代となりました。それとあわせて、金融機関からの資金調達にもビジネスライクな取り組みが必要になります。特に、

自治体における指定金融機関との新たな関係構築が必要で、自治体全体のグループファイナンス的な発想による取り組みが求められてきます。図表3－6－4は、そのイメージです。グループ内での資金融通を行い、対外的に金融機関に支払うコストの最小化を図る取り組みです。それには、自治体内の調整機関が必要になりますが、財政担当部門が中心になって取り組むことがいいでしょう。

　次に、地方債における金融機関からの資金調達です。金利を低くする取り組みは多くの自治体で取り入れられています。資金調達に向けての考え方を整理して金融機関との交渉にあたることが必要になってきます。

　図表3－6－5は、川西市の事例です。指定金融機関への対応、発注ロット（借入額）、償還期間の考え方を整理し、検討課題を明確にして臨むといいでしょう。特に、マーケットとの向きあい方、財政運営との関連は、留意すべき点です。

　次に、銀行等から借り入れる際に、最も気になるのは、金利水準です。金利の考え方は、図表3－6－6のとおりです。金融機関が自治体に融資する際の金利は、資金を調達する際の金利Aに、金融機関の事務費用Bとリス

図表3－6－4　グループファイナンスのイメージ

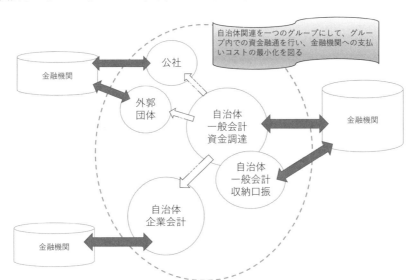

図表３－６－５　５月銀行借入計画の考え方（2019.5.10）

指定金枠について
・これまでの経緯から指定金枠と入札を概ね１：１とする
（今回の借入で年間通して概ね１：１）
発注ロットについて
・将来の金利リスクに備えて借入年数を５年、10年、10年超に分散する
・10年超については、指定金では対応できないため、入札とする
（JA、京都、但馬は応札意向があることを確認済）
・５年、10年については、指定金枠のロット調整によって入札と分割
・現在の金利情勢が低いことから10年超においても低利の応札が見込める
・各同意年数に合わせて選手分け。
・バルーン想定の借換債は、ミス防止のため一本で借りる。
（他の事業費と混ぜると元々何の事業で借入していたかが非常に複雑となる）
据置期間について
・本来は建設仮勘定の考え方から、供用開始時に元金償還が始まるように設定すべきだが、近年
は公債費負担が大きいため、据置期間を最大に取っている。
（交付税の理論償還においても据置期間が設定されている）
【今後の検討課題】
指定金枠の見直しについて
・指定金のコスト負担がH32.7から発生する。
・指定金コストを市が負担するのであれば、指定金への金利負担を見直してもいい。
・具体的には、指定金枠での貸付枠の見直しを検討する。
マーケットとの向き合い方
・マーケットの動きは、日々情報収集を行う。
金利のトレンド、景気動向をつかむ。
連休前後や国・諸外国の動きなどによっても大きく変わる。
長短の金利差のトレンドによって、長期での借り入れを検討するなどの判断
財政運営との関連
・負担を先送りすることのないよう財政運営を行うのが基本
・据え置き期間は交付税措置の理論償還にあわせることが基本的な考えとなる。
・財政運営上、元金償還を遅らせる必要性がある場合は、判断が必要。

（出所：川西市資料）

ク・利ザヤＣを乗せて作られます。Ａの部分は金融市場（マーケット）によって決まりますので、Ｂ、Ｃの部分がどれだけになるかがポイントです。この部分が、自治体と金融機関との交渉で決まることになります。指定金融機関は、Ｂ、Ｃを決めるところで、自治体との関わりの中でのコストを含めて調整してきますので、その分が乗った割高な金利水準になることがあります。したがって、過去の資金調達レートと比較しながら、スプレッドがどのレベルにあるかに留意して交渉にあたる必要があります。

　図表３－６－７は、川西市の入札結果と過去からのスプレッド状況です。指定金融機関枠で借りているところが割高な金利になっていますが、過去の状況から見れば、最近はかなりスプレッド幅の小さいところで推移しているのがわかります。金利の見積もり合わせ（入札）をする場合にはこの点に留意して取り組むといいでしょう。

図表３−６−６　銀行引き受け債の金利

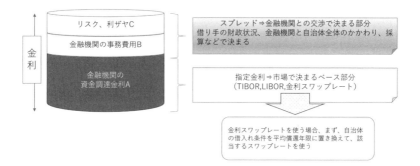

金利は下図のように決められてきます。資金調達する場合には、この仕組みを理解したうえで、スプレッド部分の最小化をめざして金融機関と交渉します。

リスク、利ザヤC	スプレッド⇒金融機関との交渉で決まる部分 借り手の財政状況、金融機関と自治体全体のかかわり、採算などで決まる
金融機関の事務費用B	
金融機関の 資金調達金利A	指定金利⇒市場で決まるベース部分 （TIBOR,LIBOR,金利スワップレート）

（金利）

金利スワップレートを使う場合、まず、自治体の借入条件を平均償還年限に置き換えて、該当するスワップレートを使う

図表３−６−７　見積合わせ結果（2019年５月30日借入れ分）

①【5月22日見積もり⇒30日実行】指定金融機関

76,700千円　償還年限10年　据置2年　平均償還年限　6.25年

指定金A	指定金B	→ 0.945%
0.945	1.017	

スプレッド　　0.830　　0.902　　0.830

	スワップ5年	スワップ7年	修正後 スワップレート
5/21金利	0.081	0.136	0.115

②【5月22日見積もり⇒30日実行】指定金融機関

88,000千円　償還年限10年　据置なし　平均償還年限　7.63年

指定金A	指定金B	→ 1.005%
1.005	1.017	

スプレッド　　0.846　　0.858　　0.846

	スワップ7年	スワップ10年	修正後 スワップレート
5/21金利	0.136	0.245	0.159

③【5月22日見積もり⇒30日実行】指定金融機関

145,450千円　償還年限10年　据置3年　平均償還年限　8.66年

指定金A	指定金B	→ 1.005%
1.005	1.017	

スプレッド　　0.809　　0.821　　0.809

	スワップ7年	スワップ10年	修正後 スワップレート
5/21金利	0.136	0.245	0.196

④ 【5月22日見積もり⇒30日実行】入札

157,600千円　償還年限5年　据置なし　平均償還年限　2.75年

指定金A	指定金B	金融機関C	金融機関D	金融機関E	金融機関F
0.330	辞退	0.210	0.201	0.390	0.136

スプレッド　　0.269　　　　　　0.149　　0.140　　0.329　　0.075

	スワップ2年	スワップ3年	修正後 スワップレート
5/21金利	0.065	0.060	0.061

⑤ 【5月22日見積もり⇒30日実行】入札

280,400千円　償還年限15年　据置5年　平均償還年限　10.25年

指定金A	指定金B	金融機関C	金融機関D	金融機関E	金融機関F
0.660	辞退	0.380	辞退	0.570	0.520

スプレッド　　0.406　　　　　　0.126　　　　　　0.316　　0.266

	スワップ10年	スワップ11年	修正後 スワップレート
5/21金利	0.245	0.281	0.254

（出所：川西市資料）

7 行政経営には地域内分権の視点が必要

（1）変わる自治体の役割

　地方自治法においては、自治体の役割を「住民の福祉の増進を図ることを基本として、地域における行政を自主的かつ総合的に実施する役割を広く担うものとする」として定めています。自治体は、これまで、この役割に基づいて連綿と行政サービスを実施してきており、これからもこの基本原則を中心に据えながら、行政経営を進めていくことは言うまでもありません。ただ、一方で自治体を取り巻く環境が激変してきています。四日市大学の岩崎恭典学長は、「時代の峠に立ち会ってしまった我々の責務」として次のようにまとめています。

○２つの震災の間の人口ピーク
・1995年阪神・淡路大震災→「なんでも公頼み」の危険性の露呈→市民のボランティア活動の高まり、企業の社会的責任の認識の高まり→NPO法、地域社会への注目（面識社会の必要性への認識の高まり）
・2011年東日本大震災→自治体まるごとの移住、日本国民挙げての息の長い復興支援、原発依存の見直し→個人の生き方の問い直し→グリーン・環境・福祉等の新産業の創出可能性、住民の新しい絆づくり→NPOに対する寄付税制等→法人格付与、休眠預金の活用等
・国勢調査結果（予測）から
・1995年国勢調査結果　生産年齢（15歳〜64歳）人口のピーク
・2005年国勢調査結果　日本人人口ピーク65歳以上人口21.0％世界最高
・2010年国勢調査結果　外国籍住民を含む総人口としてピーク
・2015年国勢調査結果（予測）高齢化率26.1％（速報値）、世帯数がピークか？
　→世帯主を構成員とする自治会・町内会は、本格的に衰退していく時代へ
・増分主義（増えていく税収をどう配るか）からの脱却　長く続いた人口増（税収増）の時代に、住民は、市町村にサービスの提供を求め、市町村も応えてきた。市町村は、都道府県に、都道府県は国に、それぞれ支援を要請。　この長く続いた増分主義からの脱却のために

- 1995年の国勢調査結果が明確に示した将来に向かって、例えば、所得税中心から消費税への転換に代表される、増分主義からの脱却過程のはじまり。残念ながら、「失われた20年」といわれるが、「産みの苦しみ」と捉えたい。例えば、
- 分権改革「地域住民の自己決定権の拡充」「国・地方の対等・協力」
- 市町村合併　人口減少社会への条件整備の一環
- しかし、肝心の住民の意識は、さほど変わっていないのではないか。「いずれ、自治体が、国がなんとかしてくれるはず、これまでもそうだった」
- 減分主義（増えていく負担をどう分担するか）の制度設計と実現に向けて一歩でも進めることは、たまたま、人口のピークを現役世代として立ち会ってしまった我々の責務

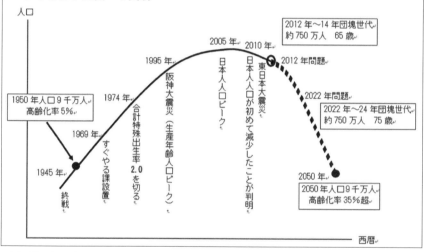

（出所：岩崎恭典「地域づくり組織と協働を改めて考える」2018年6月29日）

　人口減少、高齢化、自治体の資産である人・モノ・カネの減少は、これまでの増分主義の社会から減分主義の社会への転換を迫るものであり、その変化に対応して、安全・安心で活力あふれるまちとして継続的に発展していくためには、住民がこれまで以上に行政に参画するとともに、住民と行政が協働してまちづくりを進めることが不可欠となっています。

　この参画と協働のまちづくりを進める事例を紹介して、その勘所を探っていきます。先進的な取り組みをされている三重県名張市を事例として紹介します。

（2）三重県名張市の「ゆめづくり地域予算制度」

　三重県名張市は、三重県西部の伊賀地方に位置し、人口78,394人（2019年12月1日現在）、面積129.77㎢で、大阪府、奈良県のベッドタウンとして人口増とともに発展してきました。最近になって、人口が減少に転じてきている自治体です。2016年（平成26年）3月には、名張市総合計画「新・理想郷プラン」基本構想及び第1次基本計画を策定しています。

　名張市のHPでは、ゆめづくり地域予算制度を次にようにまとめています。

名張市のまちづくり（ゆめづくり地域予算制度）

　名張市は、平成15年（2003年）4月、まちづくりとは「住民が自ら考え、自ら行う」こととし、市民参加のもとに自立的、主体的な取組の気運を高め、誰もがいきいきと輝いて暮らせる地域をつくりあげるため、行政の支援として「ゆめづくり地域予算制度」を創設しました。

　地区公民館等（平成28年度から市民センターに変更）を単位とする15の地域で、住民の合意により設立された住民主体のまちづくり組織である「地域づくり組織」が、まちづくり活動を活発に行っています。名張市は、この「地域づくり組織」に対し使途自由な「ゆめづくり地域交付金」を交付し、住民主体のまちづくり活動を支援するとともに、名張市における都市内分権（地域内分権）を進めています。

　平成24年度からは、新たに「ゆめづくり協働事業交付金」を加えて、ゆめづくり地域予算制度の拡充を図っています。

〜中央集権から地方分権へ、地方分権から都市内分権へ〜

　国から地方（都道府県や市町村）へ権限や財源を移譲するというのが「地方分権」の考え方でした。しかし、権限や財源が中央官庁から市役所に移っても住民にとって“権限や財源はお役所（行政）にある”という状況に変わりはありませんでした。

　都市内分権（地域内分権）とは、地域と行政が役割を分担するなかで、「地域でできることは地域で」「行政がすべきことは行政が」「地域と行政が協働で行う」といった補完性の原則に基づき、双方が協議を行い、合意形成を図り、市の権限と財源の一部をさらに「地域」へ移すことです。

　その地域の組織を、「名張市地域づくり組織条例」（平成21年制定）で定めています。

「新しい公」― 参画と連携によりみんなで支えあう社会 ―

　さらに地域づくり組織だけではなく、市民活動団体や事業者などがそれぞれ行政と対等な関係のもと、参画と連携により地域課題を解決していこうとする「新しい公」の推進にも取り組んでいます。

【ゆめづくり地域予算制度の概要】

・従来の地域向け補助金を廃止した上で、<u>使途自由で補助率や事業の限定がない交付金</u>を市内15の「地域づくり組織」に交付する制度を創設しました。
・各地域づくり組織は、この予算制度を活用し、<u>地域の課題解決のための事業を自ら実施</u>しています。
・交付金の交付対象は、<u>住民の合意により実施するまちづくり事業とし、ハード、ソフトを問いません。</u>（ただし、宗教活動、政治活動は交付金事業の対象外です。）

（出所：名張市ＨＰ）※二重線は、著者が加筆

　この制度の特徴は、市内15の地域づくり組織に使途自由な「ゆめづくり地域交付金」を交付し、住民主体のまちづくり活動を支援するとともに、名張市における都市内分権（地域内分権）を進めています。また、この交付金は、使途自由で補助率や事業の限定がない点、地域づくり組織が地域の課題解決のための事業を自ら実施する点、その事業はソフト・ハードを問わない点が特徴になっています。

　ゆめづくり地域予算制度の経緯もＨＰで公表されています。制度発足から13年を創設期（第1ステージ）から見直し期（第2ステージ）、そして地域ビジョンの実現（第3ステージ）とに分類し、どのように進化させてきたかを表しています。

ゆめづくり地域予算制度の経緯

　平成7年（1995年）頃から市内のいくつかの地域で自発的なまちづくりの活動が始まり、地域住民による※「まちづくり協議会」が結成され、地域の将来的なプランであるまちづくり計画が作成されてきました。平成13年（2001年）までには、5つのまちづくり計画が名張市長に提出されましたが、当時は、行政としてこれらのプランを実行するためのシステムや地域への財政的な支援システムはありませんでした。※当時、任意に結成された地域の組織

を便宜上「まちづくり協議会」と称していました。

【創設：第1ステージ】

○平成14年（2002年）4月に亀井市長が就任後、市政一新プログラムが策定され、これに基づき平成15年（2003年）3月に「名張市ゆめづくり地域交付金の交付に関する条例」が制定されました。これを受けて、同年5月から9月にかけて14地域（公民館単位）で「地域づくり委員会」が結成されました。

○「ゆめづくり地域予算制度」の基本となる地域の組織化は、従来の自発的なまちづくり活動という下地があったために、比較的短期間に組織化が可能であったと言えます。また、平成15年（2003年）11月9日には、各地域づくり委員会の会長が相互に意見交換、情報交換を行う場として、「地域づくり協議会」（現在、「地域づくり代表者会議」）が結成されました。

○従来の地域向け補助金を廃止し、まちづくり活動の原資として当時の14の地域づくり委員会へ使途自由な一括交付金（5,000万円現在の基本額に相当）を交付しました。

【見直し：第2ステージ】

○制度創設から6年後の平成21年（2009年）3月に、ゆめづくり地域予算制度の見直しを行いました。具体的には、平成17年（2005年）に制定された「名張市自治基本条例」第34条を受けて、都市内分権の方向性を示す新しい条例「地域づくり組織条例」を制定し、以下の2点について見直しを行いました。

①区長制度の抜本的な見直し……昭和31年（1956年）に制定された「名張市区長設置規則」を廃止（市長が区長を委嘱し、区長個人に委託料を支払うという上下関係を解消）。

②それぞれの地域内の組織を基礎的コミュニティ（区や自治会）と、地区公民館（現在は市民センター）を単位とする地域づくり組織に整理し、地域の活性化と都市内分権を推進。

○市長が委嘱した区長に支払っていた「行政事務委託料」及び「区長会運営委託料」の廃止による財源を活用し、平成21年（2009年）からゆめづくり地域交付金のコミュニティ活動費としました。

【地域ビジョンの実現：第3ステージ】

○地域ビジョン

地域ビジョンでは、地域の特性を生かした個性ある将来のまちづくり計画として、理念・目標が設定され、基本構想や方針、それらに基づく実施計画が掲げられています。特に、防犯・防災、福祉、環境のテーマについては、15の全ての地域が取り組むべき課題として取り上げています。この地域ビジョンは、平成21年（2009年）当初から各地域づくり組織で策定委員会が組織され、住民アンケートの実施や意見をまとめ、課題を整理する等の検討会議で協議が重ねられ、平成24年（2012年）３月に15の全ての地域づくり組織で策定され、地域づくり代表者会議実践交流会において発表されました。

　この地域ビジョンは、「名張市総合計画後期基本計画（地域別計画編）」に位置づけ、地域の将来像を最大限尊重した市の計画としました。

（出所：名張市HP）

　この内容を読み込めば、非常に丁寧に都市内分権化が行われてきたことがわかります。単に補助金を集めて一括交付金化するのではなく、自治体内の地域づくり組織をきっちりと構築することにかなりのエネルギーをかけて制度化しています。この丁寧な取り組みが一つのポイントです。さらに地域ビジョンの実現をめざす第３ステージへ進化させています。この地域ビジョンを総合計画の後期基本計画（地域別計画編）に位置づけている点は、注目するところです。地域の将来像を最大限尊重する姿勢と使途自由な交付金がセットになって、この予算制度が成り立っています。

　次に、この取り組みを自治体内部では組織としてどのようにまわしているかですが、この点については次のように説明しています。

地域づくり組織との協働推進体制

平成７年頃～地域振興推進チーム員の配置

　任意のまちづくり協議会が設置されてくるなか、市職員から「地域振興推進チーム員」を任命（兼任）し、指導及び助言、情報の収集及び提供、関係部局との連携調整を図る。

平成15年４月地域振興推進チーム制度

　地域予算制度をスタートさせるにあたり、市内14地域に市職員124名（兼任）で編成。

> **平成21年５月地域担当職員制度**
>
> 　地域づくり組織の安定的な継続支援をするため、地域づくり組織ごとの地域ビジョン策定の支援を行うほか、地域づくり活動に係る情報の収集・提供及び助言を行う。地域づくり組織ごとに管理職２名（兼任）で構成し、内１名をチーフとする。
>
> **平成24年４月地域担当監の配置**
>
> 　地域ビジョンの施策反映の仕組みや地域予算制度の拡充に伴い、地域づくり組織等との協働を推進するための組織体制として、新たに「地域部」を設置し、かつ専任スタッフ職として地域担当監３名を配置する。

（出所：名張市HP）

　また、地域づくり組織化、予算の一括交付金化とあわせて、図表３－７－１のように、地域部の設置や地域担当監の配置など地域の政策形成をサポートする庁内の組織体制を固めています。制度化を考える場合、行政が地域をサポートする体制づくりが、大事な部分です。

　では、具体的にゆめづくり地域交付金額はいくらになっているのかを見てみましょう。2016年度（平成28年度）の地域交付金の積算根拠は、図表３－７－２のような内容です。

　これに基づいて15の地域づくり組織についた予算は、地域交付金合計で

図表３－７－１　地域部組織体制

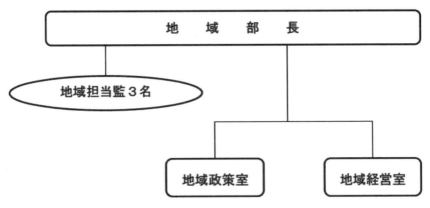

（出所：名張市HP）

図表３－７－２　地域交付金の積算根拠（平成28年度）

基 本 額	均 等 割	（3,500 万円×30%）÷15（地域づくり組織数）
	人 口 割	（3,500 万円×70%）×各地域人口÷市人口
コミュニティ活動費	基礎的コミュニティ代表者協力事務費	72,000 円×基礎的コミュニティ数(174)
	基礎的コミュニティ活動費	25,000 円×基礎的コミュニティ数(174) 200 円×基礎的コミュニティの人口
特別交付金	地域調整額	1 地域 30 万円 〔但し、国津地域：50 万円 薦原地域、錦生地域、箕曲地域：各 40 万円〕
	地域事務費	基本額 150 万円に人口数や基礎的コミュニティ数を勘案して加算した額（平成 24 年度から）

※　上記の積算根拠に基づき算定された交付金を、一括して地域づくり組織へ交付
※　人口は１月１日現在　基礎的コミュニティ数は４月１日現在
※　地域調整額：事務局経費
※　地域事務費：地域づくり組織が雇用する地域事務員の人件費

（出所：名張市HP）

105,462,800円（基本額34,991,000円、コミュニティ活動費32,971,800円、特別交付金地域事務費32,500,000円、特別交付金地域調整額5,000,000円）です。これに市民センターの指定管理料89,700,480円を加算した総計は195,163,280円となっています。これが市全体の予算に占める割合を見ると、一般会計予算に占める割合は約0.7％、一般財源総額に占める割合は約1.1％、市税に占める割合は約１％になっています。

　さらに、義務的経費とされる人件費・扶助費・公債費にかかる一般財源と予算編成上裁量が効きにくい維持補修費、繰出金にかかる一般財源を除いた一般財源に占める割合を見ると、3.4％まで上昇します。この割合をどう評価するかは意見の分かれるところですが、自治体の予算編成を補完する「参加型予算」として、地域住民にゆだねる金額としてはかなりの規模であると感じています。間接民主主義により議会の議決が義務付けられている予算において、どこまでこの予算枠を広げていくかが課題です。そこで重要なのは

住民のまちづくりへの参加状況です。より多くの住民が地域づくり組織に参加し、議論をし、地域ビジョンの達成に向けて動いているのであれば、この予算枠の拡大を進めていくことが可能となるでしょう。

　では、具体的に15の地域づくり組織への住民の参加はどうかというところです。ゆめづくり予算制度は、住民の自主性がより尊重される予算制度であり、それゆえにどれだけの地域住民が関心をもって関わっているかがポイントになります。その点について、図表3-7-3の名張市の2015年度（平成27年度）の行政評価（施策評価管理シート）を見ると、地域づくり組織、区、自治会などの地域づくり活動に参加したことのある市民の割合は、目標値の76％に対して50％台の横ばいで、なかなか数値が上がってこない現状が見えてきます。10年以上地道に取り組んできても、このように結果がついてこないことが課題です。また、部局の施策評価のところで記述されている内容からも、まちづくりに参加する人材の育成と後継者不足が依然として課題としてあることがうかがえます。

　この課題は、行政も真摯に受け止めるべきです。地域の衰退が自治体の衰退につながっていきます。この課題を克服するためにも、地域課題を共有し、双方が協働して、まちづくりに参加する人を地道に増やすことが重要になってきます。団体事務としての責務が自治体にはありますが、一方で、自治事務としての部分は地域内での権限移譲を行い、自らのまちづくりは、自らの責任でもって進めていくというところを増やしていく試みは、これから必要になってくるところです。

図表３−７−３　住民参加の様子がわかる行政評価シート

施策評価管理シート

2015（平成27）年7月作成

担当部局名	部長名	連絡先　（担当室名）
地域部	奥村　和子	63-7484（地域経営室）

施策体系	政策	1	互いに認めあい支えあう、健康で安心できる暮らし
	基本施策	2	地域づくりと市民活動の促進
	施策	1	地域づくり

1．施策の基本方針　[*Plan*]

・都市内分権を積極的に推進するとともに、地域づくりに対する支援制度の充実や人材育成などを進めます。
・地域の特性を生かした個性あるまちづくりに向け、地域による地域ビジョンの策定を促進するとともに、施策に反映できる仕組みづくりを行います。

2．目標
○重点目標　[*Plan*]

・平成２５年度より開設した「名張ゆめづくり協働塾」に関して、より充実した内容とすることにより、まちづくり活動へ参画する人材の育成はもとより、地域づくり組織の組織力をさらに充実させます。
・基礎的コミュニティの活動拠点となる集会施設等の整備を促進し、地域コミュニティの充実を図ります。

○目標達成に向けた課題　[*Plan*]

・地域づくり組織において、会計処理の明確化、労基法、税法等をはじめとした法の遵守や地域における課題解決に向けた支援が必要となっています。
・増加、多様化する地区からの要望に対して、自治振興の促進を図るため、地区の負担の軽減を図りながら適切に対応する必要があります。また、自治意識の高揚につなげるため、地域のコミュニティ活動をさらに促進していく必要があります。

＜行政評価委員会からの意見＞
今後の施策展開や課題解決に向けた検証や市の地域づくり組織との関わり・調整等の強化を図りながら、より多くの市民の地域づくり活動への参加・参画を促す取組が必要である。

○施策指標（目標）及び達成状況　[*Plan*] [*Do*]

施策指標（目標）の内容　　（単位）		現状値 (H20)	2011 (H23)	2012 (H24)	2013 (H25)	2014 (H26)	2015 (H27)	進捗率
地域づくり組織・区・自治会などの地域づくり活動に参加したことのある市民の割合　（％）	目標	–	–	74.0	–		76.0	
	成果	71.0	53.8	54.2	54.8	58.8		0%
隣近所や地域の人との交流があると感じている市民の割合　（％）	目標	–	–	75.0	–		77.0	
	成果	71.5	70.5	70.2	71.6	70.9		0%
地域づくり協議会実践交流会に参加して、住民主体のまちづくりの必要性を認識できた参加者の割合（％）	目標	–	–	80.0	–		82.0	
	成果	76.6	94.0	99.0	100.0	91.7		100%

3．取組内容
○課題解決への取組内容　[*Do*]

・「名張ゆめづくり協働塾」を開設して、まちづくり活動へ参画する人材を育成し、地域づくり組織の組織力をさらに充実させることが出来ました。

＜行政評価委員会からの意見に対する取組内容＞
年５回開催した地域づくり代表者会議において、地域における課題解決に向けた協議をより充実したものとしました。また、年７回開催したゆめづくり協働塾においても、より多くの市民の地域づくり活動への参加・参画を促し、地域における課題解決に向けた市と地域づくり組織との関わり・調整等の強化を図りました。

○地域等との連携、協働に向けた取組　[*Do*]

・地域づくり組織において求められている会計処理の明確化、労基法、税法等の法の遵守や地域における課題解決について、「名張ゆめづくり協働塾」を活用し、支援を行いました。
・基礎的コミュニティの活動拠点となる集会施設等の整備を促進し、地域コミュニティの充実を図りました。

4．施策達成のための事務事業及び評価　　　（合計　5　事業）　Do　Check

事務事業シート番号	事業名・担当室名		事業費 (単位：千円)		担当室による評価			部局による評価	
			2013 (H25)	2014 (H26)	事務事業の施策への貢献	地域づくり組織等との連携・協働	事務事業シートでの今後の方向	施策達成への貢献度	施策達成への重要度
1012	市民活動保険事業	地域経営室	5,597	4,734	B	実践している	継続（改善）	B	B
1014	自治振興費	地域経営室	900	1,393	B	実践している	継続（現行）	B	B
3005	コミュニティ助成事業補助金	地域経営室	17,300	8,200	B	実践している	継続（現行）	B	B
3006	ゆめづくり地域交付金事業	地域経営室	109,660	106,963	A	実践している	継続（改善）	A	A
3007	自治振興施設補助金（集会所）	地域経営室	28,090	37,150	B	実践している	継続（改善）	A	A
	合計（単位：千円）		161,547	158,440					
	小計（うち、一般会計分）		161,547	158,440					
	小計（うち、特別会計・企業会計・組合会計分）		0	0					

5．部局による施策評価　Check

評価
計画どおり事業推進

成果・評価理由

・15の地域で策定された「地域ビジョン」を最大限尊重した行政計画である市総合計画後期基本計画（地域別計画）を具体化する取組として、「ゆめづくり地域交付金」の交付や「集会所補助金」などの財政的支援を行いました。
・「名張ゆめづくり協働塾」を開設・活用し、まちづくり活動へ参画する人材を育成し、地域づくり組織の組織力の更なる向上を図りました。

6．今後の施策の方向性、改善方法　Action

・住民主体の地域づくり活動が活発に推進されるよう、市民情報交流センターにおいて情報の収集や交流の場を設けるとともに、「名張ゆめづくり協働塾」を活用し、新たな人材の参画手段として若者をターゲットにした研修会を行うなど、支援制度の充実や人材育成を推進し、都市内分権の積極的な推進に努めます。
・従来の「ゆめづくり地域交付金」や「集会所補助金」に関して、限られた財源をより効率的・効果的に活用するため、基準等を見直す必要があります。
・市民活動補償制度の継続・充実に向け、契約内容の見直しを行う必要があります。

事務事業評価シート

	(H.28)No.	3006	(H.27)No.	3006

事務事業名	ゆめづくり地域交付金事業

	会計区分		事業コード	
	一般会計		025401	
款	総務費		（中事業名）※予算審事業名	
項	総務管理費		ゆめづくり地域交付金事業	
目	地域振興費		（小事業名）	
			ゆめづくり地域交付金事業	

担当部局名	担当室名	室長名
地域環境部	地域経営室	山村　昌也

1. 事務事業の位置付け

総合計画	政　　策	1	互いに認めあい支えあう、健康で安心できる暮らし
	基本施策	2	地域づくりと市民活動の促進
	施　　策	1	地域づくり
	小施策	2	地域づくりの推進
重点施策コード			2-3.地域ビジョンの推進

2. 事務事業の概要

事業目的（めざす効果）

住民主体のまちづくり活動を支援し、都市内分権（地域内分権）を進めていきます。

事業内容

15の地域づくり組織に対し、地域の思いが反映された「ゆめづくり地域交付金」を交付し、住民主体のまちづくり活動を支援します。

3. 総合計画の目標達成に向けた主な事業の実績・計画

	H.27年度（事業量・取組実績）	H.28年度（事業量・取組計画）
主な事業の実績・計画	・ゆめづくり地域交付金を15地域に交付 ＜算出根拠＞ （基本額） ・人口割：35,000千円×70%×地域人口÷市人口 ・均等割：35,000千円×30%÷15 （加算額） ・地区代表者協力事務費：72千円×基礎的コミュニティ数(174) ・地区活動費：25千円×基礎的コミュニティ数(174) ・地区活動費：0.2千円×基礎的コミュニティの人口 他　事務局経費・地域事務費	・ゆめづくり地域交付金を15地域に交付 ＜算出根拠＞ （基本額） ・人口割：35,000千円×70%×地域人口÷市人口 ・均等割：35,000千円×30%÷15 （加算額） ・地区代表者協力事務費：72千円×基礎的コミュニティ数(174) ・地区活動費：25千円×基礎的コミュニティ数(174) ・地区活動費：0.3千円×基礎的コミュニティの人口 他　事務局経費・地域事務費

	H.29年度（事業計画）	H.30年度（事業計画）	H.31年度（事業計画）
	・ゆめづくり地域交付金を15地域に交付	・ゆめづくり地域交付金を15地域に交付	・ゆめづくり地域交付金を15地域に交付

		H.27年度（決算見込）	H.28年度（作成時予算額）	H.29年度（計画予算）	H.30年度（計画予算）	H.31年度（計画予算）
①直接事業費		106,339千円	106,536千円	108,500千円	108,500千円	108,500千円
内訳（千円）	国・県支出金					
	地方債					
	その他（　）	1	1	1	1	1
	一般財源	(0) 106,338	106,535	108,499	108,499	108,499
人工数	職員	0.50人	0.50人	0.50人	0.50人	0.50人
	臨時職員等	0.10人	0.10人	0.10人	0.10人	0.10人
②概算人件費		(0千円) 3,970千円	3,970千円	3,970千円	3,970千円	3,970千円
①+②総事業費		(0千円) 110,309千円	110,506千円	112,470千円	112,470千円	112,470千円

4. 担当室による事務事業の点検 （*点検等による成果向上や見直しが困難な事業(法令等による義務的経費、災害復旧等緊急事業など)は点検対象外）

考察（H.27年度の取組評価、課題）	⇨	今後の対応方針（課題解決への取組、工夫・改善の内容）
地域づくり組織の組織力をさらに充実させていくために、まちづくり活動へ参画する人材を育成することを主な目的として、平成25年度から「名張ゆめづくり協働塾」を開設しました。		地域づくり組織においては、会計処理の明確化、労基法、税法等をはじめとした法の遵守がより一層求められています。平成25年度から開設した「名張ゆめづくり協働塾」を活用し、支援していきます。

点検項目	内容（施策達成への貢献内容、連携・協働の実践・検討内容）
(1) 事業内容や取組成果は、総合計画の施策達成に貢献しているか **A（2つ以上の施策指標達成に貢献又は基本方針達成に特に貢献）**	地域住民による自主・自立の地域づくりを支援しています。
(2) 地域づくり組織、市民活動団体等との連携・協働は図れないか **実践している（※実践内容を記載→）**	地域づくり組織が、主体的に活動できる地域の思いが反映された交付金を交付しています。

5. 今後の方向性（担当室による内部評価）

【選択肢】
継続（改善）、継続（現行）、継続（拡大）、継続（縮小）、統合検討、休止検討、廃止検討、事業完了（予定含む）

継続（改善）

具体的な見直し内容・検討内容、継続の理由	6. 事務事業の取組に関係する主な市の計画
ゆめづくり地域交付金の積算根拠の見直しや交付のあり方を検討するため、「名張ゆめづくり協働塾」等を活用し、地域づくり組織への意識啓発を図る必要があります。	

（出所：名張市HP）

8 ▶ PFI手法を有効に 活用するには

　2019年（令和元年）6月に閣議決定された「経済財政運営と改革の基本方針2019」（骨太方針）では、地方創生の推進の項目において、公共施設等の整備・運営などのあらゆる公共サービスにPPP/PFIを積極的に活用し、地域の企業等の参入を促すとされています。

　また、政府は、PPP/PFIアクションプラン（令和元年改訂版）において、10年間（平成25年度から令和4年度まで）で21兆円の事業規模目標を掲げています。すごい事業規模です。ほとんどの自治体の公共事業で検討することをめざしていると言っても過言ではないでしょう。

　これらを受けて、多くの自治体で本格的にPFIの検討に着手していると思いますが、誤解を恐れずに言えば、PFIは財政削減の魔法の杖でも特効薬でもありません。PFIという手法の中身を理解して、これまでの発想を変えて積極的に官民連携の取り組みを進めていく覚悟がなければうまくいかないと思います。

　ここでは、PFIの仕組み、現状、PFI事業の進め方、PFIの事例、PFIの課題を説明し、その実践ポイントを探ることにします。

（1）PFI(Private Finance Initiative) とは

　PFIは、英国で1992年（平成4年）に導入された手法で、それが世界各国において行われるようになり、わが国でも1999年（平成11年）に、「民間資金等の活用による公共施設等の整備等の促進に関する法律」（PFI法）が成立し、今日に至っています。

　次の二つの文章を比較していただければ、現在の日本におけるPFIの受け取り方がわかると思います。

●内閣府民間資金等活用事業推進室

PFIとは、
○公共施設等の建設、維持管理、運営等に民間の資金、経営能力及び技術的
　能力を活用することにより、<u>同一水準のサービスをより安く、又は、同一
　価格でより上質なサービスを提供する</u>手法
○PFI法に基づき実施

○民間の資金、ノウハウ等の活用により、公共施設等の整備等にかかる<u>コス
　トの縮減</u>
○国・地方とも財政状況の厳しい中で、真に必要な社会資本整備を公的資金
　のみでなく、民間の資金やノウハウを活用することにより<u>効率的</u>に進め、
　<u>経済活性化及び経済成長を実現</u>

（出所：内閣府HPより抜粋）※下線は筆者が加筆

●特定非営利活動法人　日本PFI・PPP協会

　PFIとは、公共施設等の設計、建設、維持管理及び運営に、民間の資金と
ノウハウを活用し、<u>公共サービスの提供を民間主導で行う</u>ことで、<u>効率的か
つ効果的な公共サービスの提供を図る</u>という考え方です。
　VFM（Value for Money）がPFIの基本原則の一つで、<u>一定の支払いに対
し、最も価値の高いサービスを提供する</u>という考え方です。公共サービス提
供期間中にわたる国及び地方公共団体の財政支出（適切な割引率により現在
価値化された総事業コスト）の軽減が図られ、あるいは、<u>一定の事業コスト
の下でも、経済・社会への変化に対応した水準（質・量）の高い公共サービ
スの提供が可能となる</u>ことがPFIでは必要です。ただし、<u>これからの公共サ
ービスは、より質が重視されるものと考えられますので、必ずしもコストの
低い事業者のものがよいということではありません。</u>

（出所：日本PFI・PPP協会HPより抜粋）※下線は筆者が加筆

　この二つの文章を比較すると、国（内閣府）は、PFIにおいて、コスト縮
減を重要視する側面が強く、多くの自治体のPFIがその考え方に引きずられ
ているところがあると見ています。これは、我が国のPFIが、財政縮減を必
須とした時代背景の下で導入を進められてきたことによるのではないかと考

えています。一方で、日本PFI・PPP協会が示すように、本来のPFIは、VFMを重視し、公共サービスの質を重視する考え方が大切です。協会の説明にあるVFMを最大化するという考え方に基づき、官民がWIN-WINの関係になることが必要です。

（2）PFIの仕組み～ PFI法の概要～

PFI法では、図表3－8－1にあるように、目的(第1条)、対象施設(第2条)、公共施設等の管理者等(第2条)、基本方針(第4条)などが定められており、我が国のPFIはこの法律に基づき進められています。この法律は2018年（平成30年）に改正され、⑴公共施設等の管理者等及び民間事業者に対する国の支援機能の強化等、⑵公共施設等運営権者が公の施設の指定管理者を兼ねる場合における地方自治法の特例、⑶水道事業等に係る旧資金運用部資金等の繰上償還に係る補償金の免除が追加されています。PFIを推進するために、国の支援策が強化されているところです。

（3）PFI事業の実施状況

1999年（平成11年）から2018年（平成30年）までのPFI事業の実施状況は、図表3－8－2のとおりです。実施方針の累計で740件、契約金額累計は6兆2,361億円となっています。

（4）PFI事業の進め方とポイント

地方自治体でPFI手法を導入する際の進め方は、概ね、図表3－8－3のようになります。

最初に、図表①の導入基本方針で、PFI手法をどのような目的で、何を大事にして進めるのかを決定します。これはかなり大切な部分です。特に、事業者募集の段階における地元事業者への配慮などが自治体に求められます。自治体を取り巻く環境への対応をしっかりと方針に盛り込むことで、PFI事業に取り組む市の姿勢を内外に示すことになります。

次に、どの事業をPFIで実施するかを選定しなければなりません。②事業の提案は、実施計画の策定や予算編成の時点で、公共施設の整備にはほとんどの事業にチャンスがあります。ただし、留意しなければならない点は、該

図表３－８－１　PFI法の概要

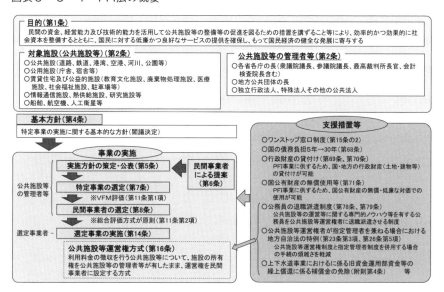

（出所：内閣府HP）

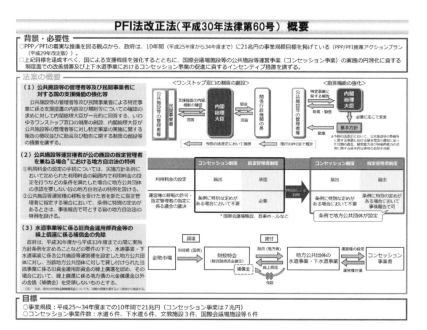

（出所：内閣府HP）

図表３－８－２　PFI事業の実施状況

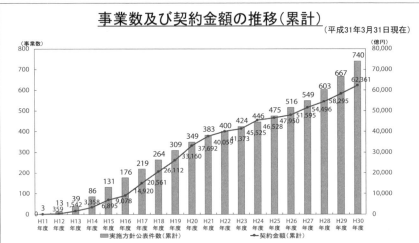

事業数及び契約金額の推移（累計）

（平成31年3月31日現在）

(注1)事業数は、内閣府調査により実施方針の公表を把握しているPFI法に基づいた事業の数であり、サービス提供期間中に契約解除又は廃止した事業及び実施方針公表以降に事業を断念しサービスの提供に及んでいない事業は含んでいない。
(注2)契約金額は、実施方針を公表した事業のうち、当該年度に公共負担額が決定した事業の当初契約金額（公共負担額）を内閣府調査により把握しているものの合計額であって、公共施設等運営権方式における運営権対価は含んでいないなど、PPP/PFI推進アクションプラン（令和元年6月21日民間資金等活用事業推進会議決定）における事業規模と異なる指標である。
(注3)グラフ中の契約金額は、億円単位未満を四捨五入した数値。

分野別実施方針公表件数

（平成31年3月31日現在）

分　野	事業主体別			合計
	国	地方	その他	
教育と文化（社会教育施設、文化施設 等）	3	207(29)	40(2)	250(31)
生活と福祉（福祉施設 等）	0	24(1)	0	24(1)
健康と環境（医療施設、廃棄物処理施設、斎場 等）	0	111(7)	2	113(7)
産業（観光施設、農業振興施設 等）	0	18(5)	0	18(5)
まちづくり（道路、公園、下水道施設、港湾施設 等）	18(1)	151(20)	2	171(21)
安心（警察施設、消防施設、行刑施設 等）	8	18	0	26
庁舎と宿舎（事務庁舎、公務員宿舎 等）	45(2)	16(1)	6(2)	67(5)
その他（複合施設 等）	7	63(3)	1	71(3)
合　計	81(3)	608(66)	51(4)	740(73)

(注1)事業数は、内閣府調査により実施方針の公表を把握しているPFI法に基づいた事業の数であり、サービス提供期間中に契約解除又は廃止した事業及び実施方針公表以降に事業を断念しサービスの提供に及んでいない事業は含んでいない。
(注2)括弧内は平成30年度の実施件数（内数）

（出所：内閣府HP）

図表３－８－３　地方自治体におけるPFI事業の進め方

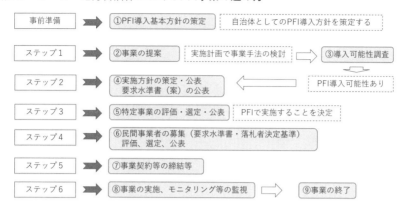

当事業がPFIとしてのマーケット環境にあるかどうかです。ポイントの一つは、事業規模、事業費のロット感です。事業内容によりますが、私がPFI関係者と交渉する中で学んだ経験では、概ね10億円以上のロット感が必要だと思います。小さなロットでは、無理をせず従来の手法を使うほうがいい場合もあります。要するに、PFI手法は一定の事業規模がある中で、事業者の競争環境がある場合にメリットが発生します。もう一つのポイントは、事業にどれだけ自由度があるかです。特に、運営面での自由度がある場合には、行政サービスの質を上げることにつながりますのでPFI事業に適していると言えます。つまり、VFM（Value for Money）が最大化する可能性が高い場合にPFI事業を選択します。

　その判断は、③の導入可能性調査を綿密に行えば判断できます。特に、参入を希望する事業者からサウンディング調査をしっかり行えば、ある程度、マーケット状況はつかめます。そのときに競争環境やマーケットが存在しない場合、もしくは限りなく小さい場合は、PFI事業に踏み込まない判断をすることが大切です。

　一方で、導入可能性調査にもコストとして500万円〜1000万円ほどかかります。VFMは、LCC（Life Cycle Cost）とPSC（Public Sector Comparator）＝従来コストと比較して現在価値で算出しますが、LCCにはこの導入可能性調査のコストも含めて算出し、比較していいと思います。コンサル費用を含めてVFMが出ればGOサインです。事業の自由度を上げることによって還元

される住民サービスの質的向上は定性的評価になり、VFMに入りませんので、この部分はVFMにプラスされる部分という理解です。したがって、VFMが出ていればOKということになります。仮に、VFMが出ない、もしくは小さい場合には、導入可能性調査のコストを無駄とは思わず、勇気をもって撤退しましょう。将来の長い期間の運営を考えた場合のリスクを小さくする意味でも大切な判断です。実は、このVFMはコンサルに委託して算出しますので、アバウトな部分があります。したがって、マーケットでのサウンディング調査や事業の自由度に対するマーケットの反応などをよく吟味し、決断することをお薦めします。

　導入可能性調査で、ほぼ、PFI事業としての実施環境はつかめますが、同図表ステップ２の④実施方針を公表することで、マーケットの反応がより詳細にわかります。実施方針は案の状態で公表し、その後、官民が連携を図り、質疑応答や対話を行いながら実施方針をつくりあげていきます。あわせて、この時点で要求水準書（案）も一緒に公表します。この要求水準書（案）で自治体の考え方が詳細にわかりますので、これに基づいた事業者との対話を行うことになります。ここが従来の仕様書発注と違う点です。事業者のノウハウを引き出すには、この作業が大切になってきますので、この事業にどのような特徴を出したいのか、どんな施設でどのようなサービスを提供したいのか、自治体から強いメッセージを出していくことが大切です。あわせて、リスク分担についても明確にしておくことが大切です。特に、行政サービスを運営していく部分でのリスクを洗い出し、双方での分担を明確にしておきます。このリスク分担をあらかじめ決めておくことが重要です。先の読めない部分も多くありますが、ここがPFI事業の勘所になる部分です。これまでの自治体のやり方を脱して、民間企業と協力しWIN-WINになる実施方針ができれば、かなりの効果が引き出せます。どれだけ自治体側が柔らかい頭で臨めるかがポイントです。

　次に、⑤の特定事業の評価・選定・公表は、PFI事業として進めることの最終意思決定です。この行為で大きく変更されることはありません。公式的なスタートを切る行為だと思ってください。

　次に、⑥の民間事業者募集、評価、選定、公表から⑦の事業契約等の締結等の実行段階に進んでいきます。その際に重要な要素は二つあります。要求

水準書と落札者決定基準です。要求水準書は、PFI事業の公募にあって最も大切な資料になります。④の実施方針の公表時に要求水準書も案として事前に公表して、官民双方で対話していきますが、そこでの変更点も加味して最終の要求水準書を示すことになります。したがって、この時点で、自治体のPFI事業で求められる内容が確定することになります。ここで、特に、留意しなければならない点は、要求水準で必要以上に細かく縛りすぎない点です。求める内容を記載するということは、詳細を決めることではなく、引き出したい効果や達成目標を示して、手法は事業者のノウハウによる提案に委ねるぐらいの内容のほうが、民間活力を引き出すことにつながりますが、どうしても仕様書発注の習慣から抜けられず、細かく要求してしまいがちです。ここが、自治体の苦手とする部分で、発想の転換が必要です。

次に、落札者決定基準です。この基準は、事業や選定の際の手引書に相当するものですが、この決定基準で大切なことは、定量的評価と定性的評価の配分をどのようにするかです。つまりは、価格重視か性能重視かがこの落札者決定基準で明らかになります。現在のPFI事業では、概ね、価格（定量）40対性能（定性）60が中心ラインです。性能（定性）を70、80と上げていくと、民間事業者にとっていいものをつくっていいサービスを提供しようというインセンティヴになります。また、民間の技術力を争うことになりますので事業者間の競争環境はぐっと上がる一方で、コストが高止まりする懸念はあります。決してコストの低い事業者が選定されるとは限らず、コストパフォーマンスがいい事業者が選定されることになります。その選定結果について、住民への説明が求められますので、落札者決定基準の作成にあたっては、評価委員会の意見も聞きながら慎重に対応することが必要です。

事業者の選定、公表が終わると、事業契約をし、公共施設の整備、維持管理、運営に入っていきます。その際に重要なのが、モニタリング等における事業監視です。実施方針、要求水準書、公募時のプレゼンでの説明（プレゼン時の説明も契約事項に入ります）、契約書に沿った事業が実施されているかをチェックし、その成果に対して費用を負担することになります。モニタリングの方法は、施設によって違いはありますが、まずは、事業者がセルフモニタリングし、その結果に基づいて自治体のモニタリングをします。次のステップとして、専門的な領域がある場合、学識経験者等の専門家によるモニ

タリングを入れるといいでしょう。民間事業者との間で意見が分かれることや疑義が生じて協議する場面が出てきますが、実施方針で示しているリスク分担表を参考に、しっかりとモニタリングしていくことが必要です。とは言え、自治体側に事業に対するノウハウがない、もしくは少ない場合があります。それを補うには、実施方針から事業契約までコンサルタントしてもらった事業者に、モニタリングアドバイスとして業務委託をすることが安全だと思います。モニタリングにコストはかかりますが、専門的な知識をもった職員の育成に時間とコストがかかることを考えると、このほうが得策ではないかと考えます。

(5) PFI事業の事例

　ここからは、川西市が取り組んできたPFI事業をもとに事例紹介をします。川西市は2013年（平成25年）にPFI基本方針を定め、その後、今日まで５つのPFI事業を実施してきています。どのような内容をPFI事業で取り組んできたのか見てみましょう。

　まず、図表３-８-４は、PFI導入基本方針と５つの取り組みです。導入基本方針で①から⑥までの項目を配慮すべき重要な視点として挙げていま

図表３-８-４　川西市におけるPFI事業の導入

●平成２４年度から本格的にPFIの取り組みをスタート
　これは、厳しい財政状況のもと、学校耐震化、中央北地区整備事業、公共施設の再配置計画などを効率的かつ効果的に進めるためにPFIに取り組んでいる

川西市PFI導入基本指針 （平成２４年６月策定）	No.	PFI事業名称	主な整備施設	方式	事業期間
○基本目標 　民間事業者のノウハウを最大限活用し、市サービスの価値向上と財政負担の削減・平準化を同時達成することで、市の行政課題を効果的に解決する ○導入にあたって配慮すべき重要な視点 ①市の重点施策の価値向上 ②財政収支計画との整合 ③導入に向けての十分な体制 ④地元企業への配慮を検討 ⑤サービスの質の確保 ⑥情報公開	1	中央北地区整備事業	都市基盤 （公園・遊歩道・街路）	BTO	H25～ 10年間
	2	小学校施設耐震化・大規模改造事業	小学校５校　校舎耐震化・大規模改造	RO	H26～ 7年間
	3	市民体育館等整備・運営事業	体育館、運動場、テニスコート、駐車場	BTO （一部RO）	H26～ 22年間
	4	低炭素型複合施設整備事業	文化会館、公民館、福祉施設等の複合	BTO	H27～ 23年間
	5	学校空調設備整備事業	小・中・特別支援学校、幼稚園の空調	BTO	H29～ 23年間

（出所：川西市HP）

＜事例①＞

①中央北地区整備事業

事業費：15億9,308万円

事業概要

▸ 都市施設整備業務
道路・公園の設計・施工・維持管理

▸ まちづくりコーディネート業務
市民参加、低炭素、エリアマネジメント

▸ 付帯業務（住宅の誘致）
市関連用地の売却・住宅誘致

事業スケジュール

▸ 導入可能性調査－H23.4

▸ 実施方針策定－H24.11

▸ 特定事業選定－H25.1（VFM：約3%）

▸ 事業者選定－H25.7

▸ 事業契約締結－H25.9

▸ 事業契約終了－H35.3

（出所：川西市資料）

＜事例②＞

②小学校施設耐震化・大規模改造事業

事業費：34億5,585万円

事業概要

・小学校5校の耐震補強及び大規模改造業務
　・実施設計、整備工事

・PFI事業者からのVE（Value Engineering）提案
　・高断熱複層ガラス、空調設備、地窓、エレベーターの設置

・当該校の建築物・建築設備定期点検業務（建築基準法第12条点検）

事業スケジュール

・導入可能性調査－H24.10

・実施方針策定－H25.1

・特定事業選定－H25.4
　　　　　　（VFM：約4%）

・事業者選定－H25.10

・事業契約締結－H25.12

・校舎整備－H26(2校),H27(3校)

・定期点検－H26から7年間

・事業契約終了－H33.3

（出所：川西市資料）

す。その中でも、特に、④地元企業への配慮を検討、⑤サービスの質の確保、⑥情報公開が大切です。

事例①は、道路・公園整備と運営にPFI事業を導入した珍しい事例です。VFMは3％です。

事例②は、小学校5校を一括して学校耐震化と大規模改造事業を行った事例で、事業者からVE（Value Engineering）提案を受けて実施しています。VEは技術提案です。ここでは、高断熱複層ガラス、空調設備、地窓の設置、エレベーター1基の整備の提案がありました。市として事業費を見込んでいない部分なので、事業者からVE提案ができるとの意見をもらっての採用です。VFMは、導入可能性調査時4.66％、特定事業提案時4.13％、契約時12.6％となっています。

事例③は、運営事業者が中心となり、事業提案を受け入れて実施したものです。事業者提案として室内ランニングトラックの設置、空き駐車場を利用した3on3バスケットボールの実施と独自イベント、物販、広告などの提案を受けています。VFMは、導入可能性調査時10％、特定事業選定時9.8％、契約時7.5％です。民間運営事業のノウハウを引き出すことができたところです。また、この事業ではSPC（特定目的会社）の代表企業を、デベロッパーではなく運営会社のM社が務めたことも特色となっています。したがって、施設整備時点から、運営の目線での組み立てをして、運営時点で最高のパフォーマンスが発揮できるように工夫しているところが特徴です。

事例④は、事業者から低炭素技術、エリアマネジメント、飲食施設の提案を受けて実施しています。VFMは、導入可能性調査時6.9％、特定事業選定時9.8％となっています。

この事例における導入可能性調査時点での取り組みは図表3−8−5のとおりです。導入可能性時点で、エネルギーマネジメント、エリアマネジメントを取り入れたところが特徴です。つまり、運営面でのクリエイティブな発想を事業者に求めており、行政と民間企業がWIN-WINになれるように、事業化の検討の時点からこのような視点を取り込んでマーケットと向き合い、PFI事業の可能性を探ることが必要になってきます。

事例⑤は、25校園、680室の空調設備の整備を一括して行うもので、夏休み期間中での実施を求めたものです。この期間に確実に実施できるというこ

＜事例③＞

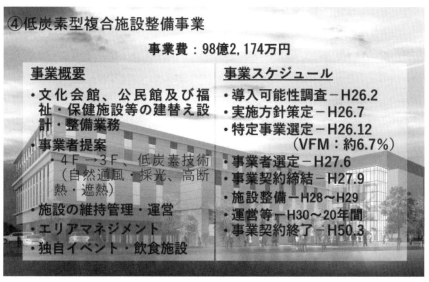

③市民体育館等整備・運営事業

事業費：30億2,749万円

事業概要

・体育館の建替え及び運動場・テニスコートのリニューアルに係る設計・整備業務

・事業者提案
　・室内ランニングトラックの設置、空き駐車場を利用した3on3バスケットボールの実施

・施設の維持管理・運営業務

・独自イベント、物販、広告

事業スケジュール

・導入可能性調査－H25.4
・実施方針策定－H26.2
・特定事業選定－H26.4
　　（VFM：約9.8％）
・事業者選定－H26.9
・事業契約締結－H26.12
・施設整備－H27～H28
・運営等－H28～20年間
・事業契約終了－H48.7

（出所：川西市資料）

＜事例④＞

④低炭素型複合施設整備事業

事業費：98億2,174万円

事業概要

・文化会館、公民館及び福祉・保健施設等の建替え設計・整備業務

・事業者提案
　・4F→3F、低炭素技術（自然通風・採光、高断熱・遮熱）

・施設の維持管理・運営

・エリアマネジメント

・独自イベント・飲食施設

事業スケジュール

・導入可能性調査－H26.2
・実施方針策定－H26.7
・特定事業選定－H26.12
　　（VFM：約6.7％）
・事業者選定－H27.6
・事業契約締結－H27.9
・施設整備－H28～H29
・運営等－H30～20年間
・事業契約終了－H50.3

（出所：川西市資料）

図表３－８－５ （参考）低炭素型複合施設建設におけるPPP導入可能性調査

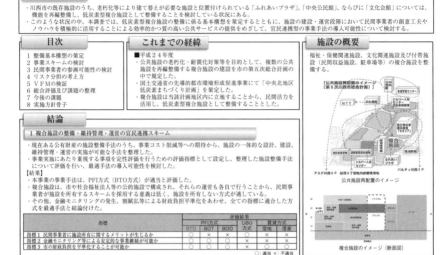

目的
- 川西市の既存施設のうち、老朽化等により建て替えが必要な施設と位置付けられている「ふれあいプラザ」「中央公民館」、ならびに「文化会館」については、機能を再編整備し、低炭素型複合施設として整備することを検討している状況にある。
- このような状況の中、本調査では、低炭素型複合施設の整備に係る基本構想を策定するとともに、施設の建設・運営段階において民間事業者の創意工夫やノウハウを積極的に活用することによる効率的かつ質の高い公共サービスの提供をめざして、官民連携型の事業手法の導入可能性について検討した。

目次
1 整備基本構想の策定
2 事業スキームの検討
3 民間事業者の参画可能性の検討
4 リスク分担の考え方
5 ＶＦＭの検証
6 総合評価及び課題の整理
7 今後の課題
8 実施方針骨子

これまでの経緯
■平成２４年度
- 公共施設の老朽化・耐震化対策等を目的として、複数の公共施設を再編整備する複合施設の建設を市の第五次総合計画の中で規定した。
- 国土交通省の先導的都市環境形成促進事業にて「中央北地区低炭素まちづくり計画」を策定した。
- 複合施設は当該計画区域内に立地することから、民間活力を活用し、低炭素型複合施設として整備することとした。

施設の概要
福祉・保健関連施設、文化関連施設及び付帯施設（民間収益施設、駐車場等）の複合施設を整備する。

公共施設再配置のイメージ

複合施設のイメージ（断面図）

結論

1 複合施設の整備・維持管理・運営の官民連携スキーム
- 現在ある公有財産の施設整備手法のうち、事業コスト削減等への期待から、施設の一体的な設計、建設、維持管理・運営の実施が可能な手法を整理した。
- 事業実施にあたり重視する事を定性評価を行うための評価指標として設定し、整理した施設整備手法について評価を行い、最適手法の導入可能性を検討した。

【結果】
- 本事業の事業手法は、PFI方式（BTO方式）が適当と評価した。
- 複合施設は、市や社会福祉法人等の公的施設で構成され、それらの運営も各自で行うことから、民間事業者が施設を所有するスキームを採用する意義は低く、施設を所有しない方式が適切である。
- その他、金融モニタリングの発生、割賦払等による財政負担平準化をあわせ、全ての指標に適合した方式を最適手法と結論付けた。

指標	評価結果					
	PFI方式			DBO方式	賃貸方式	
	BTO	BOT	BOO		借地	借家
指標1 民間事業者に施設所有に関するメリットが生じるか	○	○	×	×	×	×
指標2 金融モニタリング等による安定的な事業継続が可能か	○	○	○	×	○	○
指標3 市の財政負担を平準化することが可能か	○	○	○	○	×	×

○：適当 ×：不適当

結論（続き）

2 低炭素技術の導入スキーム
- 民間事業者の募集・選定段階において、複合施設に導入した低炭素技術の採用を目的として導入可能性及びスキームを検討した。
- 事前提案①（入札公告前）：本事業の実施に関心のある民間事業者から、入札公告前に低炭素技術に関する事前提案を受け付け、優れた技術提案の導入が可能となるよう、要求水準や予定価格へ反映する。
  低炭素技術の多様な提案を受け入れる余地を広げることを目的とする。
- 事前提案②（入札公告後）：本事業への入札参加表明を行った民間事業者から、低炭素技術に関する提案書を受け付け、提案技術の要否を判断する。入札参加者は判断結果に基づき、提案の見直しを行う。入札参加者が市が期待する技術提案に注力することを目的とする。

【期待できる効果】
- 多様な低炭素技術を採用できる余地が広がる。
- 民間にとっても、自社が得意とする技術採用の余地が広がることで技術提案のインセンティブとなる。

【課題と対応策】
- 多種多様な低炭素技術の中から、本事業に最も適したものを評価・採用できる審査体制を整える必要がある。
- 事業者選定委員会に低炭素技術の有識者からなる専門部会を設置して対応する。

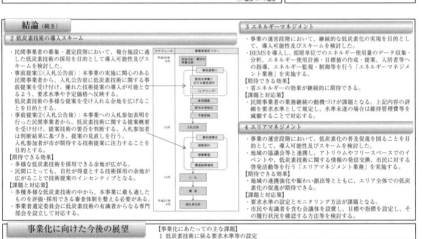

3 エネルギーマネジメント
- 事業の運営段階において、継続的な低炭素化の実現を目的として、導入可能性及びスキームを検討した。
- BEMSを導入し、施設単位でのエネルギー使用量のデータ収集・分析、エネルギー使用計画・目標値の作成・提案、入居者等への指導、エネルギー監視・制御等を行う「エネルギーマネジメント業務」を実施する。

【期待できる効果】
- 省エネルギーの効果が継続的に期待できる。

【課題と対応策】
- 民間事業者の業務継続の動機づけが課題となる。上記内容の詳細を要求水準として規定し、水準未達の場合は維持管理費等を減額することで対応する。

4 エリアマネジメント
- 事業の運営段階において、低炭素化の普及促進を図ることを目的として、導入可能性及びスキームを検討した。
- 地域の協議会等と連携し、アトリウムやフリースペースでのイベントや、低炭素技術に関する情報の発信・交換、市民に対する啓発活動等を行う「エリアマネジメント業務」を実施する。

【期待できる効果】
- 地域の連携強化や賑わい創出等とともに、エリア全体での低炭素化の促進が期待できる。

【課題と対応策】
- 要求水準の設定とモニタリング方法が課題となる。
- 市民や有識者を含む会議体を設置し、目標や指標を設定し、その履行状況を確認する方法等を検討する。

事業化に向けた今後の展望

実施事項	実施時期				
	H26	H27	H28	H29	H30〜
民間事業者の募集・選定		←→			
施設整備（設計、建設）			←→		
開設・供用開始、運営管理					←→

【事業化にあたっての主な課題】
1 低炭素技術に係る要求水準等の設定
- 市が求める低炭素型複合施設を確実に実現するため、要求水準の設定方法、技術提案の提案様式及びその加点評価方法を整理する必要がある。
2 モニタリング手法の設定
- 複数の運営業務が含まれる事業となることから、良好な公共サービスを継続して提供する動機付けとなるモニタリング手法を整理する必要がある。
3 中央北地区の活性化
- 地区全体の活性化に向けたエリアマネジメント業務の内容を整理する必要がある。

（出所：川西市HP）

<事例⑤>

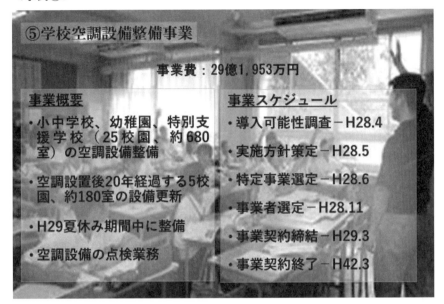

（出所：川西市資料）

とを要求水準で求めたことがポイントの一つになっています。また、この事業は、全学校を対象にしたスケールメリットを活かした点も特徴となっています。VFMは、導入可能性調査時9.88％、特定事業選定時5.87％となっています。

(6) PFI事業の課題

　川西市が取り組んできた五つの事例を紹介しましたが、前述したようにPFI事業は万能ではありません。しっかりとした目的と取り巻くマーケット環境があり、その上で、官民双方がイーブンのWIN-WINをめざすものでないと効果が出ないと考えています。そこでPFI事業の現状における課題を整理したのが、図表3-8-6です。

　同図表で従来手法とPFI手法の比較をしています。図表下部のPFI手法を見れば、事業者決定のための入札まで約2年です。かなり手間暇がかかりますが、入札が従来の手法の4回に比べ1回で済んでいます。要するに間接コ

図表３－８－６　PFIの現状と自治体の抱える課題（その１）

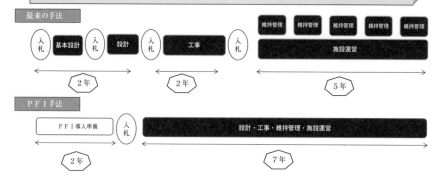

★ＰＦＩ法の基本理念（ＰＦＩ法）
　地方公共団体と民間事業者が責任分担の明確化を図りつつ、収益性を確保するとともに、地方公共団体の民間事業者に対する関与を必要最小限にすることにより民間事業者の有する技術及び経営資源、その創意工夫等が十分に発揮され、低廉かつ良好なサービスが国民に提案されることでなければならない。
　所謂、官と民がwin-winの関係を構築するために最適なリスク配分モデルを設計し、事業全体の事業リスクを抑えることで、施設が生み出す事業価値の最大化をめざすものである。これには、契約期間全体からＬＣＣを考えた運営が重要になる。

従来の手法

入札　基本設計　入札　設計　入札　工事　入札　維持管理　維持管理　維持管理　維持管理　維持管理　施設運営

2年　　　2年　　　5年

ＰＦＩ手法

ＰＦＩ導入準備　入札　設計・工事・維持管理・施設運営

2年　　　7年

ストと時間を省略することができています。一方で、導入準備の約２年の間は、マーケットでのサウンディング調査や落札者決定基準の作成、事業者選定委員会など、かなりのエネルギーがかかることになります。この期間の対応が、将来の住民サービスの命運を握っていると言っても過言ではないと思います。

　次に、PFI手法において、自治体と民間事業者の抱える課題について図表３－８－７で整理しています。

　課題を５点挙げていますが、４点は自治体側の課題です。①民間事業者のノウハウを引き出す姿勢に欠ける点、②自治体側の上から目線、③官民の技術レベルの差とLCCで考える意識の欠如、④モニタリング体制の不備です。一方、事業者のほうにも、従来型の建設関係のデベロッパーが中心で対応するものが多く、住民サービスを長期間にわたって担う事業者が中心となっていないという課題があります。本来、住民サービスや施設運営の視点で考えて、最も運営に適した施設が整備されなければなりません。これがPFIの本質です。その点を考えれば、現在の建設デベロッパーが中心となって構成されるSPC（特定目的会社）ではなく、運営会社主体のSPCに変わっていくことが望まれます。

図表３－８－７　PFIの現状と自治体の抱える課題（その２）

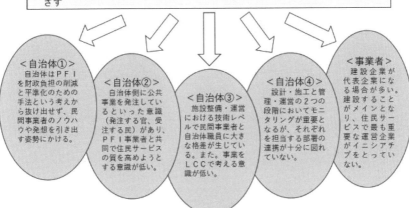

★官と民がwin-winの関係を構築するために最適なリスク配分モデルを設計し、事業全体の事業リスクを抑えることで、施設が生み出す事業価値の最大化をめざす

<自治体①>
自治体はPFIを財政負担の削減と平準化のための手法という考えから抜け出せず、民間事業者のノウハウや発想を引き出す姿勢にかける。

<自治体②>
自治体側に公共事業を発注しているといった意識（発注する官、受注する民）があり、PFI事業者と共同で住民サービスの質を高めようとする意識が低い。

<自治体③>
施設整備・運営における技術レベルで民間事業者と自治体職員に大きな格差が生じている。また。事業をLCCで考える意識が低い。

<自治体④>
設計・施工と管理・運営の２つの段階においてモニタリングが重要となるが、それぞれを担当する部署の連携が十分に図れていない。

<事業者>
建設企業が代表企業になる場合が多い。建設することがメインとなり、住民サービスで最も重要な運営企業がイニシアチブをとっていない。

9 第三セクター改革に 必要な視点

（1）第三セクター改革の道のり

　バブル経済崩壊後、自治体の行財政運営において、自治体本体の外側にある第三セクター等[3]のあり方が大きく問われることになりました。第三セクター等の改革における国・総務省のこれまでの動きを整理すると次のようになっています。

　「政府においては、経済社会の構造改革推進に向け、不良債権問題の解決、企業及び産業の再生、規制改革の推進等各般の取組みが進められており、加えて、国及び地方公共団体においても、財政状況の一段の悪化等その取り巻く状況は大きく変化してきています。一方、第三セクターを取り巻く状況もバブル崩壊後経済環境が変化する中で、経営が深刻化するなど一段と厳しさを増しており、地方公共団体においては、このような社会経済情勢の変化等に的確に対応し、関係する第三セクターについて、その運営改善等に積極的に取り組むことが求められています。第三セクターの活用に当たっては、指定管理者制度の創設等も踏まえ、他の手法で行う場合との比較も行いつつ、当該第三セクターの意義、費用対効果、収支の見通し、関与のあり方等について絶えず検証するとともに、第三セクター方式のメリットが十分に発揮されるよう、民間の資本や人材の参画を促進する等その経営ノウハウを積極的に活用する必要があります。また、第三セクターの経営悪化は設立団体の財政運営に大きな影響を及ぼすケースもあり得ることから、地方公共団体は第三セクターの健全な運営の確保に万全を期し、もって住民の信頼に応えていくことが不可欠であり、点検評価の結果を踏まえつつ、必要に応じて、事業の見直し、廃止、民間譲渡、完全民営化等を行うことが望まれます。また、

3　ここで言う第三セクター等については、総務省の「第三セクター等の経営健全化等に関する指針」において、カテゴライズされているものを使用している。「第三セクター」とは地方公共団体が出資又は出えんを行っている一般社団法人及び一般財団法人並びに会社法人をいい、等には「地方公社」（地方住宅供給公社、地方道路公社及び土地開発公社）を含んでいる。

> 経営悪化が深刻化し第三セクターの存続が危ぶまれる場合には、問題解決を
> 先送りすることなく、法的整理を含め抜本的な対応を行う必要があります。」

（出所：2003年（平成15年）12月12日「第三セクターに関する指針」の改定：総務省自治財政局長）※下線は、筆者が加筆

　当時の時代背景は、バブル崩壊後の金融不安から1998年（平成10年）に金融ビックバンがはじまり、銀行の大型再編が進められた時期であり、政府でも2001年（平成13年）から小泉構造改革がスタートしています。また、地方自治においては、2003年（平成15年）の地方自治法改正により、指定管理者制度がスタートした時期でもあり、経営面で行き詰まっている第三セクター等に対して早期の経営健全化への取り組みを求めています。また、2007年（平成19年）に制定される自治体財政健全化法の制度設計においても、第三セクターが抱える債務の捉え方が議論されたところです。特に、この指針では、公的支援のあり方において、第三セクターの資金調達の際の金融機関への損失補償は、原則として行わないこととするとされ、一旦、債務の拡大に歯止めをかけた上で、第三セクターの全面的な見直しがスタートしています。こうした中、総務省の「債務調整等に関する調査研究会」が2008年（平成20年）にまとめた「第三セクター、地方公社及び公営企業の抜本的改革の推進に関する報告書」において、第三セクター等の抜本的改革として、経営改善の見込みのない第三セクター等の破綻処理を進める方針が示されました。図表3－9－1はそのときに示されたフローチャートです。

　本書159頁の通知では、自治体財政健全化法の施行にあわせ、5年間、地方債の特例活用をして、第三セクター等改革推進債の発行を認めることによって、廃止・清算を含めた抜本的改革を進める枠組みを制度化し、自治体の第三セクター等の改革を後押ししています。この5年間の改革の成果を総務省は、図表3－9－2にまとめています。

　この表では、第三セクター等改革推進債の活用で、大規模な改革が実践されたことが明らかになっています。特に、損失補償・債務保証額の45.5％減は、かなりの改革になっていますが、その実態は、損失補償や債務保証額を地方債の活用により自治体本体に移してカバーするもので、言い換えれば、住民負担に置き換えて10年間で負担を平準化して対応したものです。不

図表３－９－１　第三セクター等の抜本的改革フローチャート

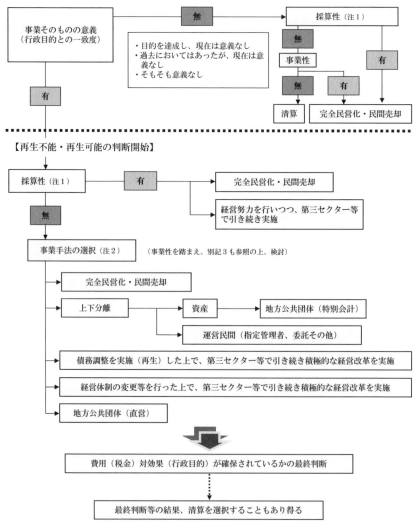

(注１)　採算性の判断に当たっては、基本的には、指針中第２の「１　処理策検討の手順」参照のこと。

(注２)　地方公共団体が、補助金を投入する前提で事業手法の選択を行うべきではない。ただし、性質上第三セクター等の経営に伴う
　　　収入をもって充てることが適当でない経費及び当該第三セクター等の事業の性質上能率的な経営を行ってもなおその経営に伴う
　　　収入のみをもって充てることが客観的に困難であると認められる経費等に限って、補助金を投入することもあり得る。

（出所：総務省HP）

第1 地方公共団体財政健全化法の全面施行
第2 抜本的改革（1処理策検討の手順　2情報開示の徹底による責任の明確化等　3議会の関与　4債務調整を伴う処理策　5残資産の管理等）
6 地方債の特例の活用

　「地方公共団体が地方公共団体財政健全化法の全面施行から5年間で第三セクター等の抜本的改革を集中的に行えるよう、「地方財政法」（昭和23年法律第109号）が改正され、平成21年度から平成25年度までの間の時限措置として、第三セクター等の整理又は再生のために特に必要となる一定の経費を議会の議決等の手続を経て地方債の対象とできることとする特例措置（第三セクター等改革推進債）が創設されたことを受け、地方公共団体は、この第三セクター等改革推進債も活用し、第三セクター等の存廃を含めた抜本的改革を集中的に行うべきである。

　　注）第三セクター等改革推進債の対象となる「第三セクター等の整理又は
　　　　再生のために特に必要となる一定の経費」は次のとおりである。

　⑴　地方公共団体が損失補償を行っている法人の法的整理等を行う場合に
　　　必要となる当該損失補償に要する経費（短期貸付金の整理に要する経費
　　　を含む）

　⑵　土地開発公社及び地方道路公社の解散又は不採算事業の廃止を行う場
　　　合に必要となる地方公共団体が債務保証等をしている公社借入金の償還
　　　に要する経費（短期貸付金の整理に要する経費を含む）

　⑶　公営企業の廃止（特別会計の廃止）を行う場合に必要となる以下に掲
　　　げる経費

・施設及び設備の撤去並びに原状回復に要する経費
・地方債の繰上償還に要する経費
・一時借入金の償還に要する経費
・退職手当の支給に要する経費
・公営企業型地方独立行政法人の設立に際して必要となる資金その他財産の
　出えんに要する経費
・国又は地方公共団体から交付された補助金、負担金等の返還に要する経費

第3 存続する第三セクター等の指導監督等
第4 第三セクター等の設立に関する留意事項
第5 その他

（出所：2009年（平成21年）6月23日「第三セクター等の抜本的改革の推進
等について」総務省自治財政局長通知）

図表３−９−２　第三セクター等の抜本的改革の成果

○第三セクター等の抜本的改革の進捗状況

（単位：億円、法人）

	平成20年度	平成25年度	増減率 （H20→H25）
地方公共団体の損失補償・債務保証額	74,784.0	40,783.7	▲45.5%
借入額	168,412.5	108,993.2	▲35.3%
地方公共団体からの借入額	46,362.2	42445.8	▲8.4%
地方公共団体以外からの借入額	122,050.4	66547.4	▲45.5%
地方公共団体からの補助金等交付額	4,378.8	2688.3	▲38.6%
法人数（総数）	8,685	7,634	▲12.1%
経常赤字法人数	2,783	2,544	▲8.6%
債務超過法人数	409	282	▲31.1%

※各年度の「第三セクター等の状況に関する調査」（公営企業課）による。
※地方公共団体が出資又は出えんを行っている社団法人・財団法人、会社法法人及び地方三公社の状況である（特別法に基づき設立された法人等を除く。）。
※「経常赤字法人数」「債務超過法人数」は地方公共団体の出資比率が25%未満かつ財政援助を行っていない法人を除く。
※「法人数（総数）」は各年度末時点の数であり、それ以外は各年度直近の財務諸表による。

○第三セクター等改革推進債の許可額（平成21年度〜平成28年度までの累計）
214件・１兆826億円（第三セクター 39件・2,126億円 、地方公社 140件・7,267億円 、公営企業 35件・1,434億円）

（出所：総務省資料）

良債務の拡大に歯止めをかけ、第三セクター等の経営健全化の道筋をつけたものですが、この事態をつくり出した経営責任は問われず、最後は住民負担で処理をせざるを得ない結果になったことを重く受け止めるべきです。その意味では、第三セクター等の運営には慎重になるべきであり、あわせてその経営には、経営感覚が求められることの再認識が必要となります。

　「第三セクター等の抜本的改革」の集中的な推進は、全国的には相当の成果をあげたことから、当初の予定どおり平成25年度末をもって一区切りとしました。しかし、地方公共団体は自らの財政規律の強化を不断に図っていくことが重要であり、平成26年度以降においても、関係を有する第三セクター等について自らの判断と責任による効率化・経営健全化に取り組むことが必要となります。このため、「経済財政運営と改革の基本方針2014」（平成26年６月24日閣議決定）においても、地方財政改革の推進のために、「公営企業・第三セクター等の徹底した効率化・経営健全化を図る。」こととされているところです。特に、第三セクター等の財政的なリスクを正確に把握して

いない地方公共団体や同リスクが潜在的に極めて高い水準に達している地方公共団体等にあっては、当該第三セクター等の抜本的改革を含む経営健全化に速やかに取り組むことが求められます。また、人口減少・少子高齢化、インフラの老朽化等を始めとする現下の社会経済情勢を踏まえれば、公共部門においても民間の資金やノウハウの活用により、経済再生・地域再生と財政健全化の両立を図ることも重要です。第三セクター等は、健全な経営が行われる場合には、公共部門において民間の資金やノウハウを活用するための有力な手法の一つとなるとともに、経営が好調な場合には投下した資金を上回る経済効果をあげることが可能であり、また、市町村の圏域を越えた活動が可能であること等の長所も有しているところです。このため、地方公共団体は、適切な経営が行われることを前提として、第三セクター等を活用した経済再生・地域再生等について検討することも重要です。これらのことを踏まえて、今般、総務省においては「第三セクター等の経営健全化等に関する指針」を策定しました。

（出所：2014年（平成26年）8月5日「第三セクター等の経営健全化の推進等について」総務大臣通知、同日「第三セクター等の経営健全化等に関する指針の策定について」総務省自治財政局長通知）※下線は、著者が加筆

5年間の抜本的な改革期間が過ぎ、新しい指針の内容が本書162頁のように示されました。一区切り付いたとはいえ、継続的な検証と経営見直しを行っていくものとなっています。

以上が、第三セクター等の改革の経過です。第三セクターを抱える自治体では、これらの内容を踏まえて、段階を経て改革に取り組んできていますが、特に、2009年（平成21年）からの5年の間に抜本的な改革が行われています。多くの団体でかなりのエネルギーをかけて取り組んでいて、その改革の多くは、自治体本体に債務を付け替えての住民負担による時間をかけた債務解消という手法によるものです。それでもこの方法を活用して早期に着手し、将来の負担軽減に取り組んだことは評価できるものです。

（2）第三セクター改革の事例と実践ポイント

① 第三セクターの状況

ここで、著者が取り組んだ川西市での第三セクター改革を事例として、その実践ポイントについて紹介してみたいと思います。

第1 本指針の基本的考え方

「人口減少・少子高齢化、インフラの老朽化等を始めとする現下の社会経済情勢においては、地方公共　団体の区域を超えた施策の展開、民間企業（第三セクター等以外の企業をいう。以下同じ。）の立地が期待できない地域における産業の振興や雇用の確保、公共性、公益性が高い事業の効率的な実施等が強く期待されるところであり、第三セクター等はそれらを実現するための有効な手法となる場合がある。各地方公共団体におかれては、これらの点を踏まえて、出資（原則として25％以上）を行っている法人、損失補償等の財政援助を行っている法人その他経営に実質的に主導的な立場を確保していると認められる法人を対象として、効率化・経営健全化と地域活性化等に資する有意義な活用の両立に取り組まれるよう留意されたい。」

第2 地方公共団体の第三セクター等への関与

1. 経営状況等の把握、監査、評価
2. 議会への説明と住民への情報公開
3. 経営責任の明確化と徹底した効率化等
4. 公的支援の考え方
   (1) 基本的な考え方
   (2) 損失補償
   (3) 短期貸付
   (4) 長期貸付
   (5) 出資（増資を含む）
   (6) 長等の私人としての債務保証

（出所：総務省資料より抜粋）

　対象となる第三セクターは、川西都市開発株式会社です。なお、ここで紹介する内容は、2012年（平成24年）11月9日の川西市経営評価委員会から川西市長への答申「川西都市開発株式会社のあり方について」及び2013年（平成25年）3月に川西市議会に委員会資料として提出した「川西都市開発株式会社への経営支援」のものです。また、本文中考え方の部分は著者の私見となります。

　川西都市開発株式会社とアステ川西の概要について、経営評価委員会からの答申書には次のように記載されています。

●川西都市開発株式会社等によるアステ川西の概要

【アステ川西が誕生した経過】

　昭和40年代頃から住宅開発を中心とした川西市の発展のなかで川西能勢口駅周辺の自然発生的な市街地では、住環境の悪化、道路交通や商業機能など都市機能の低下、その他公共施設等都市基盤整備の立ち遅れなどの問題が生じていた。そのような状況下、市では、昭和48年度に川西能勢口駅周辺の都市機能の更新と環境整備を図るため、7つのブロックからなる38ヘクタールの区域について、「駅周辺都市整備計画基本構想」を策定し、駅周辺を川西市の玄関口にふさわしい土地利用計画にするため、具体的な事業を進めてきた経過がある。また、同時に施行した「川西能勢口駅付近連続立体交差事業（兵庫県事業）とも密接に関連しており、この事業に協力していただいた権利者に、アステ川西の床を特定分譲した経過がある。

【川西都市開発株式会社設立の経過】

　アステ川西は、将来の社会的動向に柔軟に対応していく商業施設であるとともに、再開発事業の趣旨を受け、施行者（市）の理念を引き継ぎ、これを達成し、市の商業核として、又、市の顔として継続していかなければならない使命を有している。また、アステ川西の構成は、阪急百貨店、専門店、文化施設等を併有し、かつ様々な個性を有する区分所有者から構成される複雑なものとなっているため、この複雑な要素を有している施設を1個体として機能させるために、ビル維持管理面のほか、運営面においても個性の異なる集合体を超える全体的な視野に立って主導しうる管理主体の存在が必要であり、その役割として市が出資した第三セクター方式の管理会社を設立されたところである。

【川西都市開発株式会社の概要】

・本店所在地　　兵庫県川西市栄町25番1号
・設立年月日　　昭和61年6月13日
・設立の目的　　川西市の再開発ビル「アステ川西」専門店棟の管理運営を受託すると共に同ビルの施工者、川西市の事業施行理念を受け継ぎ同ビルの準ディベロッパー的存在としてテナント管理等を行い、また、駐車場ホール等の経営主体として、アステ川西の繁栄・発展を図ることを目的として設立
・資本金　　5億円
・決算期　　3月末日
・主な事業内容　　アステ川西、TEMPO175、駐車場、アステホール等の管理・経営等

・株式の状況　発行済み株式の総数　10,000株

川西市	持株数	4000株	出資比率40%
㈱日本政策投資銀行	持株数	2000株	出資比率20%
エイチ・ツ・オーリティリング㈱	持株数	1400株	出資比率14%
富士火災海上保険㈱	持株数	1400株	出資比率14%
㈱池田泉州銀行	持株数	500株	出資比率5%
㈱三井住友銀行	持株数	500株	出資比率5%
阪急電鉄㈱	持株数	300株	出資比率3%
みずほ信託銀行㈱	持株数	200株	出資比率2%
能勢電鉄㈱	持株数	100株	出資比率1%
大阪瓦斯㈱	持株数	100株	出資比率1%

・役員　取締役　5人（代表取締役社長　市のOB）
　　　　監査役　3人
・従業員　14人

【会社財務の状況】

●会社決算状況　　　　　　　　　　　　　　　　（単位:円）

年度	会社全体の経常損益	うち賃料部門の経常損益
平成19年度	32,211,188	△ 7,085,688
平成20年度	△ 13,503,796	△ 43,782,743
平成21年度	△ 73,829,698	△ 150,571,561
平成22年度	7,892,289	△ 116,687,248
平成23年度	54,955,663	△ 82,908,948

※平成23年度はリニューアルに伴うアステ川西管理組合からの返済金37,200,000円を含んでいる

●借入金残高（平成24年3月末現在）　　　　　（単位:円）

日本政策投資銀行	237,000,000
池田泉州銀行	796,154,000
三井住友銀行	128,375,000
京都銀行	32,800,000
アステ川西管理組合	120,000,000
川西市（短期貸付）	500,000,000
合計	1,814,329,000

※池田泉州銀行及び三井住友銀行の残高のうち、95,832,000円を市が損失補償契約している

【アステ川西店舗の状況】

●アステ川西店舗の状況　　　　（平成24年7月現在）

階	自社床	サブリース	直営	直貸し	計
6F	4	0	0	0	4
5F	6				6
4F	-	-	-	-	-
3F	4	26		1	31
2F	10	17	3	8	38
1F	2	25	7	7	41
B1F	0	10	2	1	13
計	26	78	12	17	133

●空き店舗及び催事店舗数　　　（平成24年7月現在）

階	空き店舗	催事店舗
3F	4	5
2F	3	8
1F	0	9
B1F	4	0
計	11	22

※催事店舗は、契約が1年未満の短期の催しものとして貸しているもの

（出所：川西市HP）

　以上が、会社の概要です。1989年（平成元年）にビルがオープンしてから店舗部分であるTEMPO175の年間の売り上げ高は、オープン当時100億円を超え、最盛期の1995、96年（平成7、8年）は130億円を超える時期があったものの、1997年（平成9年）以降、景気の後退や近隣他都市における大型商業施設が連続してオープンするなどの影響から、2009年（平成21年）には、60億円を切るまでの落ち込みを見せています。その影響から店舗撤退が相次ぎ、空き店舗と契約期間1年未満の催事店舗をあわせた数は、2012年（平成24年）現在で33店舗になり、賃料収入を中心にする会社の経常損益において、毎年度1億円から1.5億円の赤字を出す状況に陥っています。併設して所有する駐車場部門からの利益が毎年度1.3億円ほどありましたので、会社全体の経常損益はかろうじて維持しているものの、有利子負債約18億円を抱える中で、日々の資金繰りにさえ窮する、まさに瀕死の経営状況に陥りました。また、この状況を打開するために、2010年（平成22年）から地下1階部分のリニューアルを計画したものの、その実施段階で想定以上の経費増加を招き、さらに会社の資金繰りを悪化させた上に、新しくリニューアルし

て地下1階に誘致した食品スーパーが業績不振により2年を保たずに撤退することになり、さらなる経営悪化を招きました。この状況に際して、一時的に市からの追加短期融資などにより緊急避難措置をしたものの、返済のめどがたたず、経営危機を招く事態に陥ったところです。

② 見直しの道すじ

　市ではこの看過できない状況に陥った会社の抜本的な見直しを行うため、2012年（平成24年）5月に経営評価委員会を立ち上げ、「当該会社のあり方について」市長から諮問されました。答申内容は次のようになっています。

答申

　本答申書が、平成24年5月22日に川西市長から諮問のあった川西都市開発株式会社のあり方について、検討した結果をまとめたものである。

　本答申書の作成に至る経過では、川西市から提出された資料に基づき、川西都市開発株式会社へのヒアリング、現地視察を含めて、7回にわたり委員会を開催し、検討・討議を重ねてきた。検討にあたっては、総務省から示されている「第三セクター等の抜本的改革に関する指針（平成21年6月23日）自治財政局長通知」に沿って、会社の事業性、採算性、事業手法の選択等について、可能な限り広範かつ客観的に検討を加え、さらに市民の負担を最小化することを念頭において提言すべきシナリオをまとめている。

　今後、市は、本答申書で提言したシナリオをもとに、川西都市開発株式会社の経営再建に向けての取り組みを決められることになろう。しかし、このシナリオは、前提条件としている仕入原価の見直しや売り上げの向上に未確定な要素が多く、変動リスクを抱えているうえに、経営再建までに時間がかかる。

　したがって、市においては、経済・社会情勢の変化に応じ、適宜、適切に手法を選択し、責任をもって対応策を取っていかれることを要望する。そのためには、市は、これまで以上に川西都市開発株式会社の経営監視をしっかりとしていくことが必要となってくる。

　最後に、このシナリオに沿って会社経営を再建していくためには、会社体制を抜本的に見直すことが必須の条件となる。そのため、会社自身が厳しい決断と取り組みを行い、そのうえにたって地権者、市、金融機関の各ステークホルダーがそれぞれの立場で最大限の努力をしていくことで、現在の窮状を打破し、再建への道を歩めるものであることを申し添えておく。

（出所：川西市HP）※下線は、筆者が加筆

下線部分が、特に重要です。①市民負担の最小化をめざす、②仕入原価の見直しと売り上げの確保が前提、③経営再建までには時間が必要、④市の会社に対する経営監視、⑤会社体制の抜本的見直し、⑥各ステークホルダーの最大限の努力、この６点が鍵になることを指摘しています。①の市民負担の最小化をめざすために、②から⑥が必要であると指摘されたところです。さらに、答申では、具体的に次の三つのシナリオが提言されています。シナリオ(1)をベースに、ステップ２の債務圧縮のプランを三つの手法で検証し、今後15年間で会社の資金計画がプラスに転じることができるかをシミュレーションしています。

★シナリオ(1)
　ステップ１　⇒仕入原価の見直し……賃料部門のあるべき水準へ是正
　　　　　　　①　地権者賃借料の見直し
　　　　　　　②　敷金の見直し……分割返済
　　　　　　　③　会社経費の削減強化
　ステップ２　⇒会社業務の選択と集中（債務の圧縮）
　　　　　　　・アステホールの売却
　ステップ３　⇒売上の向上
　　　　　　　①　１階２階に集客力のあるテナントをリーシング
　　　　　　　②　会社体制の強化

★シナリオ(2)は、ステップ２が第２駐車場の売却に変更された場合
★シナリオ(3)は、ステップ２で①アステホールの売却と②第２駐車場の売却の双方を実行した場合

　この三つのシナリオは、債務の圧縮手段に何を利用するかによる違いです。このシミュレーションの結果を受け、経営評価委員会では、シナリオ(1)を選択して提言しています。その際、意見を次のようにつけています。

当委員会として、シナリオ(1)を選択して提言する。さらに、シナリオ(1)を選択する際に留意するべき点を以下のとおり指摘する。第1に、このシナリオにおいて、最も大きな効果が見込める部分は、ステップ1の仕入原価の見直しであり、シミュレーションの掲げた3つの改善が会社再生の鍵を握っていることを改めて強調しておく。第2に、ステップ3を実現するためには、会社体制の強化が必須の条件となる。すなわち、短期間で収益を向上させなければならない現状を考えると、現体制でスタッフを育てていくことが時間的に可能かというとそれは難しいであろう。つまり、内部を強化する時間がないという強い懸念があるため、経営体制を抜本的に変えることが求められる。例えば、実際の経営は外部の専門家にアウトソーシングし、会社は経営監視に徹するといったガバナンス改革に積極的に取り組んでいただきたい。第3に、収支改善効果が現れて資金繰りが改善するのが8年先になることから、その間の資金繰りが悪化してシナリオ自体が成り立たなくなってしまう危険性がある。したがって、短期貸付を長期貸付に切り変える市の支援、そして金融機関からの資金面での追加支援が必要となるという点である。

　ここで、一つ付言しておきたい。我々の議論のベースになっているのは、市民負担を最小限にするということである。一方で、短期貸付を長期貸付にかえることは、市民負担の増加でないかという議論もあろう。しかし、今、短期貸付を長期化せずにいることによって、会社が危機に瀕してアステ川西の存在を変えてしまうということが起これば、それによって失われる市民の便益は、かかる費用よりはるかに大きいと考えられる。そのことから、当委員会が提言するシナリオ(1)は、市民の便益を失わせない、市民の損失を最小限にするということになると考えている。

※下線部分は、筆者が加筆

　この提言でのポイントを下線（著者が加筆）で引いています。市民の便益を失わせない、市民の損失を最小限にするという目的を達成するには、三つのステップを確実に実行することが必要であることが指摘されています。

　この経営再建のポイントは3点です。1点目は、会社経営として収益構造も見直すこと、適正な仕入れと売り上げの確保により、収益と費用のバランスをとることです。2点目は、経営ができる会社体制への再構築、3点目は、そこに行きつくまでの支援です。

　一番難しい点は、1点目です。この問題の最大のタスクとなる仕入れ原価

（床の賃料）を実勢にあわせて妥当な賃料水準まで引き下げることです。

　では、なぜ、今までできなかったのでしょうか。それは、市街地再開発事業（第2種事業）により建設されたビルであることに起因しています。ここで、市街地再開発事業を簡単に説明しておきます。国土交通省の説明では次のようにまとめられています。

　市街地内の、土地利用の細分化や老朽化した木造建築物の密集、十分な公共施設がないなどの都市機能の低下がみられる地域において、土地の合理的かつ健全な高度利用と都市機能の更新を図ることを目的として、建築物及び建築敷地の整備並びに公共施設の整備に関する事業です。そのうち、第①種事業「権利変換方式」は、土地の高度利用によって生み出される新たな床（保留床）の処分（新しい居住者や営業者への売却等）などにより、事業費をまかないます。従前建物・土地所有者等は、従前資産の評価に見合う再開発ビルの床（権利床）を受け取ります。第2種事業「管理処分方式（用地買収方式）」は、いったん施行地区内の建物・土地等を施行者が買収又は収用し、買収又は収用された者が希望すれば、その代償に代えて再開発ビルの床が与えられます。保留床処分により事業費をまかなう点は第1種事業と同様です。

（出所：国土交通省HP）

　このように、多くの地権者の協力のもと市街地再開発事業により完成した再開発ビルという点が、会社経営の側面で問題を抱えることになります。権利床を受け取った地権者には、市の事業に協力したという意識が働き、一方で、市のほうには、駅前ビルとして継続して繁栄させる責任がのしかかります。つまり、「地権者vs市」という再開発事業の構図を引きずることになってしまいます。この構図は右肩上がりの経済成長の時代には、双方がWIN-WINな構図です。地権者は、地価が上昇する局面では、メリットとして貸床の賃料アップというリターンがあり、市の事業に協力した成果を得られる仕組みです。一方で、地価が下降局面に入ればリターンは目減りし、得られる成果は減っていきます。リスクのある投資信託のようなものです。このビルが完成した時代背景から見れば、完成時がバブル期であり、その後も数年間は、地価上昇によるリターンが得られていたところです。バブル崩壊後は地価が下がり、本来、その地価下落に応じて賃料水準を下げていくべきとこ

図表３－９－３　川西都市開発株式会社への経営支援について

●会社の経営再建計画（骨子）

◎ステップ１⇒仕入原価の見直し

15年間効果目標額
11億1500万円

地権者賃借料の15％減額、敷金の見直し、会社体制の再構築

◎ステップ２⇒有利子負債の圧縮

15年間効果目標額
4億1700万円

6階フロアの売却

◎ステップ３⇒売り上げの向上

15年間効果目標額
1億1300万円

フロア構成の再構築、テナントリーシングの強化

●川西市からの経営支援

（ⅰ）長期貸付⇒5億年20年無利子貸し付け（当初12年返済猶予）

（ⅱ）6階フロアの購入⇒3億3,000万円（アステ市民プラザとして整備）

（ⅲ）経営健全化助成金⇒空店舗等のリーシング促進支援　約3,500万円

（ⅳ）金融機関への損失補償⇒5億円の損失補償

●会社年度別資金計画

（単位：百万円）

	H25	H28	H31	H34	H37
経常収支	▲20.5	94.7	113.2	83.0	89.2
繰り越し預金残高	239.0	160.7	161.7	198.4	176.7
債務残高	1969.8	1728.4	1312.7	980.5	671.5

（出所：川西市資料をもとに筆者が作成）

ろですが、そこができていなかったということです。これは、やはり市の再開発事業に協力していただいたという市側の負い目を会社が背負ったように感じています。第三セクターで運営をスタートした時点では、想定できていなかった点であり、地権者目線では、第三セクターは市と同一に見えてしまっていたのです。実際、会社創設から20年間、社長を市長が務めていたことからもその実態がうかがえます。その後も市特別職のOBが社長を務めていれば、自然と地権者への対応に厳しさがスポイルされることになります。そのようなマインドの中、対応が後手にまわり、傷口を広げ、結果、最悪の事態を招いています。

③　経営再建と関係機関の支援

　次に、この提言を受けて、会社の経営再建、市などの関係機関の支援等はどのように行われたのかを紹介します。図表7－9－3は、2013年（平成25年）3月に市議会常任員会等に提出して説明した資料からの抜粋です。

　経営評価委員会の答申を受けて、会社での経営再建計画の実行と川西市の経営支援策の両面で改革に取り組んでいます。実行局面でかなりのエネルギーがかかりますので、その実践ポイントを3点挙げます。

　一つは、経営体制の見直しです。第三セクターは、設立の経過にもよりますが、行政の影響を大きく受けて経営されていることが多いので、そこの体制を見直すことが必要です。今回、会社の再建計画の実行に際して、そこの部分から切り込みを入れています。ステップ1と3の部分はそこがキーポイ

ントになります。マーケットに明るく経営経験のある人材を会社に招聘することにあわせ、賃料引き下げ交渉を行うコンサルタント企業を活用することを取り入れています。双方ともかなり難しい点がありましたので、金融機関に協力と支援をいただきながら、人材紹介会社や賃料交渉のコンサルタント企業を紹介いただいて、そこに委託して進めてきました。その際、内部に抵抗はあります。想定されることではありますが、役所体質となっている会社組織は、危機意識が甘く、自分たちのやり方で何とかできるのではという姿勢とコストをかけずにできないかという発想になりがちです。その方法で乗り越えられるのならそれに越したことはないですが、マーケット感覚をもたずに、役所体質で仕事をしてきたメンバーではさすがに無理があります。あわせて、再開発事業のように、取り巻く関係者が市、行政に依存した形で進められてきた場合は、かなり厳しい環境です。また、通常、コストは得られる成果との比較で考えるものですが、役所体質のもとでの考え方は、成果を出すことより失敗を恐れてコストを縮小することに重点が移りがちになります。コストをかけ、最大の成果を引き出すにはどうするべきかを考えるのが経営であり、その経営感覚が必要です。

　後日になりますが、第三セクター問題を抱える他市の職員と第三セクターの役員の方が、本市の第三セクター改革の視察に見えました。先方から単刀直入に次の質問を受けました。「どうすれば、駅前再開発ビルの経営改革ができるのでしょうか、その勘所はなんでしょうか」との質問です。私の答えは明確です。「役所OBが役員として経営している限り、改革はできないと思います」とお伝えしました。ご質問いただいた方に対して失礼になったかもしれませんが、そこが大事なポイントです。マーケット感覚をもった経営者が経営する環境づくりが、第三セクター改革には必要です。

　二つには、経営再建には、地権者の交渉やテナント構成の再構築、それに続くテナントリーシングに時間がかかります。時間を稼ぐ意味では、市と金融機関によるつなぎ資金の確保が必要となります。川西市は、金融機関に損失補償契約をすることで、当面の資金繰りの支援を金融機関から引き出しました。ここで大事な視点は、返済できる会社経営の再建計画の策定と実行です。次に説明する有利子負債の圧縮とあわせて、会社の重荷になっている部分を外して、経営再建で黒字体質に変えていくこと、それと市のバックアッ

プの姿勢を明らかにすることができれば、金融機関の協力を取り付けることが可能です。当たり前のことですが、金融機関も破綻処理をするより継続して少しでも利益が上がることが優先事項となります。その観点は、自治体、金融機関で共通のベクトルですので、双方で協力してバックアップする体制を整え、そのあとの経営監視を充実させていくことが大切です。

　三つには、有利子負債の圧縮です。ここが一番課題のある手法です。破綻した駅前ビルに公共施設が入っているケースをよく見かけます。この事例も例外でなく、会社から床を市が買い取り、抜本的なリニューアルをしてアステ市民プラザを開設しました。そこでのポイントは、負の債務になる可能性がある床の買取りを、いかに住民サービスの質的向上に転換できるかです。川西都市開発の場合も、会社が6階のフロアを所有し、アステホールというネーミングの貸しホール経営と床の一部を賃借して民間カルチャー教室を運営する方法でオープン時から経営してきています。その後、施設の老朽化などから貸しホールの需要が低迷したことや、民間カルチャー教室への賃借がオープン当初に市が誘致した関係から低い賃料のままの継続が条件になっていることから、6階フロアの経常収支において、赤字が継続する事態に陥っていました。6階フロア部門の経常赤字が、直ちに会社経営全体に大きな影響を与えるものではなかったのですが、会社全体の有利子負債を減じるためには、会社の資産のうち、売却可能な資産、いわゆるキャッシュの確保に資する資産を洗い出して、その資産でもって有利子負債の圧縮を図ることが必要となってきます。逆に言えば、それぐらい思い切った改革をしなければ、会社経営を立て直せない事態に陥っているということです。

　次に、どこに売却するかです。駅前の市の中心地であること、再開発ビルの設立経過などによる、公益ゾーンとしての位置づけが必要であるとの判断から、市のほうでフロアを買い取ることになりました。一方、市のほうでも、行政経営上簡単に公共施設を増やすことはできませんので、老朽化した公共施設（文化ホール）の一部機能を廃止して再配置することと抱き合わせて提案を行っています。また、市の取得価格も鑑定による適正価格で進めています。それでも市議会のほうでかなりの議論になりました。そこまでして会社経営を立て直す必要があるのか、会社をたたんで、再開発ビルから撤退するべきではないのかという議論です。そこで市が一番大切にしたのは、経

営評価委員会の答申で示された、次の内容（再掲）です。

　「我々の議論のベースになっているのは、市民負担を最小限にすることである。一方で、今、短期貸付を長期貸付にかえることは、市民負担の増加でないかという議論もあろう。しかし、今、短期貸付を長期化せずにいることによって、会社が危機に瀕してアステ川西の存在を変えてしまうということが起これば、それによって失われる市民の便益は、かかる費用よりはるかに大きいと考えられる。そのことから、当委員会が提言するシナリオ(1)は、市民の便益を失わせない、市民の損失を最小限にすることになる」

　すでに会社が、市の損失補償契約がついた金融機関への負債を多く抱えていることに加え、市の中心地で駅前直結のビルには6階のホールのほかに、4階には中央図書館があり、隣接するビルには、市が設立当初に誘致した大型百貨店が入居していること、さらに、駅前に公共駐車場を経営していることなどを考慮すると、駅前立地の公益ゾーンとしてこのビルの位置づけを失うことが市民負担を最小限にすることにはならないとの判断をしたところです。市議会との議論はまさにこの点の賛否が問われました。また、市とともに会社を支えてくれた金融機関は、市が6階フロアを公共施設として取得することを高く評価して、長期資金としての市との協調融資に応じてくれることになりました。市と金融機関の双方が会社の当面の資金繰りを支えていく体制を整えることができたことは、今回の改革を大きく後押ししています。この点は大きかったと思います。

　このように、三つの実践ポイントを、市が責任をもって行えたことが、今回の会社の経営再建を支えたところです。

　経営再建はこのような取り組みでスタートしていますが、①経営再建は軌道に乗る前、②スタートをした直後、③経営が軌道に乗ったとき、の三つの節目で厳しく経営をチェックしていくことが必要になります。現在、川西都市開発株式会社の経営再建は、③の経営が軌道に乗り、安定した経営を行える環境になりましたが、大事なことは、取り巻く商環境に常にアンテナをはりながら、リスクを早期にチェックして、大きな綻びにつながらないように、経営再建を検証することです。そのためには、市・金融機関・会社のトライアングル的経営を進めていくことが必要です。川西市が取り組んできた第三セクター改革は、まさにこれからが正念場であると言えます。

病院事業改革
～地域医療を守るために必要な取組みのポイント～

（1）公立病院は存続できるのか

　自治体が抱える課題の一つである病院事業の改革における実践ポイントについて、考えてみます。

　まず、今、病院事業の改革が必要になる理由を押さえておきます。マクロの観点から医療における2025年問題があります。2025年は団塊の世代が75歳になる年であり、このときに医療・介護需要が最大化すると言われています。そのため、医療機能に見合った資源の効果的かつ効率的な配置を促し、急性期から回復期、慢性期までの患者が、状態に見合った病床で、状態にふさわしい、より良質な医療サービスを受けられる体制をつくることが必要であるとされています。これまでの国における議論、法律や計画策定のプロセスを時系列に整理すると次のようになっています。

◆　2012年（平成24年）8月「社会保障・税一体改革関連法」が成立

◆　2013年（平成25年）8月「社会保障制度改革国民会議報告書」

　　　　この報告書の中で「病院完結型」医療から「地域完結型」医療への転換、医療提供体制の改革とそのための地域医療ビジョン策定の必要性、都道府県の役割強化、国民健康保険の財政運営責任主体の都道府県への移行、医療と介護の連携と地域包括ケアシステムの構築などのめざすべき改革の方向性が示されています。

◆　2013年（平成25年）12月「持続可能な社会保障制度の確立を図るための改革の推進に関する法律」の制定

◆　2014年（平成26年）6月「地域における医療及び介護の総合的な確保を推進するための関係法律の整備等に関する法律」（医療介護総合確保推進法）の成立

　　都道府県による地域の将来の医療提供体制に関する構想（地域医療構想）などが定められる

◆　2014年（平成26年）10月　医療機関が都道府県知事に病床の医療機能を

報告する制度がスタート、厚生労働省の地域医療構想策定ガイドラインにより都道府県が二次医療圏ごとの地域医療構想を策定開始

→2016年（平成28年）までに全都道府県で策定済み

◆ 2017年（平成29年）6月「経済財政運営と改革の基本方針2017」において、政府は「地域医療構想の実現に向けて地域ごとの『地域医療構想調整会議』での具体的な議論を促進する。病床の役割分担を進めるためのデータを国から提供し、個別の病院名や転換する病床数等の具体的対応方針の速やかな策定に向けて、2年間程度で集中的な検討を促進する」とした。

　次に、公立病院の改革のこれまでのプロセスを見てみます。公立病院は、地域や特定の診療科で医師が不足している現状や厳しさを増す地方財政を背景に経営状況が悪化し続け、医療提供体制の維持が危ぶまれるような状況があり、早くから取り組みが進められてきました。

◆ 2007年（平成19年）　総務省から「公立病院改革ガイドライン」が示され「公立病院改革プラン」の策定が求められる。

　⇒このガイドラインに基づき地方公共団体が設置するほぼすべての公立病院でプランの策定が行われている。その成果について、総務省では次のようにまとめた。

　　・経常収支の黒字化が3割→5割程度へ

　　・再編・ネットワーク化が65ケース、162病院

　　・経営形態の見直しが227病院で実施、うち地方独立行政法人化53病院、指定管理者制度導入16病院

◆ 2015年（平成27年）3月　総務省が国の医療提供体制の改革の動向を踏まえ「新公立病院改革ガイドライン」を示し、地方公共団体に対して「新公立病院改革プラン」策定を求める。次の4つの視点による新プランの策定を総務省が要請

　　①経営の効率化

　　②再編・ネットワーク化

　　③経営形態の見直し

　　④地域医療構想を踏まえた役割の明確化（新プランで新たに追加）

図表３－10－１　新南和公立病院体制基本構想・基本計画（全体イメージ）

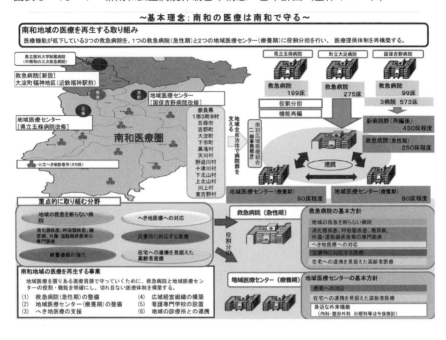

1 南和医療圏・南和公立3病院の現状と課題

現状

南和医療圏では
■ 人口の減少とともに高齢化率は
　２１．３％に上昇
■ 地域住民が地域内の医療機関に
　入院する割合は、４割程度

公立３病院の医療機能は、平成16年度
から５年間で
■ 医師数は約２５％減少
　看護師は約１０％減少
■ 救急搬送は約２０％減少
■ 入院患者数は約２５％減少
　外来患者数は約２５％減少
■ 医業収益は約２５％減少
　多額の実質損失

課題

■ 救急医療の機能向上

■ 急性期医療機能の向上

■ 療養病床の整備

■ 病院経営を支える仕組みが必要

■ へき地医療への対応

■ 医師、看護師の確保

2 新南和公立病院体制における目標

（1）南和公立3病院の機能再編の基本理念

> 南和地域の3つの救急病院を1つの救急病院（急性期）と2つの地域医療センター（療養期）に役割分担を行い、体制を再構築する

基本理念
南和の医療は南和で守る

○ 医療提供体制は、地域の市町村が主体的に支えていくこと

○ 地域住民が必要な医療を適切に受けられる体制をつくること

○ 医療提供体制を将来にわたり維持するためには、医療を受ける側の地域住民が理解を深め、協力すること

2 新南和公立病院体制における目標

（2）新たな医療体制構築のための広域運営組織の設立

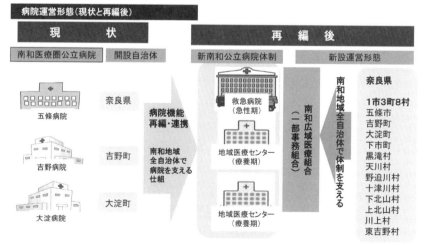

（出所：平成23年11月7日「南和の医療等に関する協議会」資料から抜粋）

公立病院事業改革の方向性は、上記の流れを踏まえ、「新公立病院改革プラン」に定める4つの視点でもって進められています。特に、新しく追加された地域医療構想を踏まえた役割の明確化は、国全体の動きを受けて、将来に向けての公立病院の役割を再構築していく必要があります。

　ここで、公立病院改革により地域医療の医療環境を再構築する事例を二つ紹介し、大きなエネルギーがかかる改革の勘所を探っていきます。

(2) 奈良県南和地域での「新南和公立病院体制の構築」

　奈良県南和地域での病院改革の特徴は、奈良県と市町村が連携して地域の医療環境を守るという目標に向かって取り組まれた事例です。奈良県が間に入っての取り組みは、本書第4章3（213頁）で取り扱う自治体間連携「奈良モデル」の事例としても取り上げられる県・市町村連携の事例です。

　新南和公立病院体制のイメージは、図表3－10－1に示しているように、3つの急性期病院573床を統合して、一部事務組合方式により病床を再編し、一つの急性期病院250床程度と2つの療養型180床程度に再編した事例です。これは、南和の医療は南和で守るという基本理念のもとに取り組まれています。このきっかけになったのは、不幸な事件ですが、2006年（平成18年）8月の町立大淀病院での事件です。この事件の概要は、当該病院に分娩のため入院中であった女性患者が容態が急変したため、産婦人科のある急性期病院への転送を打診したが19病院に断られ最終的に死亡に至ったものです。この事件に限らず、人口減少と高齢化が進む地域の課題として、患者数の減少とそれに伴う医療スタッフ（医師・看護師）の減少、さらに患者数が減少するという負のスパイラルの加速があります。それに伴い地域の医療体制は崩壊し、既存の病院経営も非常に困難になってくるという状態に追い込まれてしまっています。南和地域ではこの事件を契機に2010年（平成22年）に「南和の医療等に関する協議会」が設置され、「南和の医療は南和で守る」を基本理念として、医療機能が低下している3病院を一つの救急病院と二つの地域医療センターに統合・再編する構想が検討されてきました。統合・再編の経過をまとめた奈良県のＨＰに掲載されている南奈良総合医療センターのところを次に抜粋しています。

奈良県は、人口の9割が県北西部の大和平野地域に集中しています。県南部の南和地域は山間部が多く、人口が少ない過疎地です。これまでは、この地域の医療がなかなか充実せず、患者が南和地域以外の病院に通っていたという実情があります。南和地域には、県立五條病院、町立吉野病院、町立大淀病院という公立の病院があり、3病院すべてが入院や手術を要する症例に対する医療を行う二次救急病院という位置付けがされていました。また、医者が確保できず、人数が少なくなってきているという課題がありました。実際の患者の利用状況を見ると、救急病院は一つあれば十分で、他には慢性期の治療を行う療養病院のようなものがあればいいという分析結果が出ています。

ところが3病院は、県・町というように経営主体が違うので、なかなか統合ができませんでした。そこで、県が間に入って、「地域の全ての市町村で地域を支える病院にしませんか」という提案をしました。また、過疎地域だけで発行が認められている地方債の「過疎債」も積極的に活用した結果、「南和広域医療企業団」として新たに組織（一部事務組合）を発足し、3病院の再編をすることができました。

◎南奈良総合医療センターの開設を受けて

今月1日に南和広域医療企業団の中心病院である「南奈良総合医療センター」が開院しました。県内に医者の新たな働き場所が確保でき、県立医大の努力もあって、開院時には50人もの医者が集まってくれました。

開院からの経過を観察していますが、患者さんに来ていただいており、順調に病院経営が進んでいると思います。サービスを良くすると、救急患者や慢性病の患者さんにも来ていただけると考えており、良い病院経営を続けられると思います。南奈良総合医療センターはスタートしたばかりですが、南和地域の方にとって「通い慣れた病院」という雰囲気が、既に出てきているように感じます。

他の2病院についてですが、同時期に開院した吉野病院には、リハビリや退院支援を行う地域包括ケア病床や医療療養病床を設置したところで、県立五條病院は比較的症状が安定した患者が長期療養する病院とするための改修を進めているところです。

南和地域の医療の中で重要なのは、へき地の診療所がこの南和広域医療企業団の一翼として、また地域の連携診療所として担っていくことです。もう一つ大事なのは、県の働きかけにより、南和地域医療のバックアップ体制を取ろうと動き出している県立医大と連携をすることです。例えば、電子カル

> テを共通カルテにすれば、周産期に少し異変がある場合や出産を県立医大で希望される場合に、すぐに対応できることになります。南奈良総合医療センターで分娩はできませんが、同等のサービスができるようになると思います。それと診療機器も充実してきたので、今までよりレベルの高い医療サービスが提供できるようになってきたと思います。

（出所：奈良県HP）

　南和広域医療組合の当時の改革に携わった担当者からこの再編の課題と取り組みの３段階の経過について聞いています。

①県立病院、町立２病院を設置自治体でない市町村を入れた枠組みに変える

　・これまでにない医療の姿を見せる

　・市町村財政負担の軽減策を提示する

　この２点に特に苦労があったと聞いています。特にこれまで病院事業をもっていない自治体には、財政的にどうしても抵抗感が出てきます。新しい医療環境を見せるとともに、財政負担の軽減を現実に示すことに取り組んだとのことです。合意まで約２年半かかっているとのことでしたので、大変苦労された点ではないかと思います。

②３病院の医療者のコミュニケーションと組織づくり

　・トップ人事の早期決定と組織づくり→毎月１回の勉強会の実施

　・医師供給元である医科大学の協力→奈良医科大学の協力

③地域住民への理解

　・地域の医療関係者への周知、シンポジウム、広報誌

　県の面積の64％を占める広範な地域であり、１市３町８村の多くの自治体を巻き込んでの急性期病院の統合・再編になるので、地域住民からの理解を得るのに苦労があったと思います。多様な方法を駆使して周知が行われています。特に、奈良県がリーダーシップをとって、積極的に調整したのが、この統合・再編を動かすエネルギーになったものと感じています。

　図表３−10−２は、南和広域医療組合設立後のスケジュールです。組織体制も一部事務組合の地方公営企業法非適用から順次全部適用に移行し、地方独立行政法人化をめざしています。経営の効率化、経営形態の見直しに順次取り組んでいるところもモデルになる事例です。

　最後に、地域医療構想に向けての地域医療提供体制がどのようになってい

図表３－10－２　南和広域医療組合設立後のスケジュール

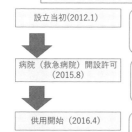

業務内容に応じた組織体制への移行
一部事務組合設立当初から医療機能再編後の病院群運営まで、遂行する業務の内容に応じた組織体制を構築し、順次移行する。

設立当初(2012.1)	一部事務組合（地方公営企業法非適用） 業務内容 ●ハード面：施設整備の基本設計・実施設計の作成 ●ソフト面：再編後の新体制での病院経営の方針検討
病院（救急病院）開設許可 (2015.8)	一部事務組合（地方公営企業法一部財務規定適用） 業務内容 ●ハード面：施設整備の建築・改修工事着手・工事進捗 ●ソフト面：再編後の新体制での病院経営の具体的内容検討
供用開始（2016.4）	企業団方式（地方公営企業法全部適用） 業務内容 ●ハード面：施設整備の建築・改修工事の完了・供用開始、既存施設の移管 ●ソフト面：新体制病院経営開始（病院職員身分移管・病院経営統合）

経営の安定化を図りながら地方独立行政法人化の検討を進める

（出所：南和広域医療企業団　南奈良総合医療センター資料）

るかを見ておきます。図表３－10－３が、その全体像です。急性期・回復期・慢性期と地域の医療ニーズに沿った役割を、南和広域医療事業団の３病院が担い、高度急性期医療部分は、県立医科大学附属病院との連携によりカバーしています。また、在宅、地域の病院、へき地診療所、地域診療所との連携を図っています。限られた医療資源を有効に活用するには、このような医療機関同士の連携・協力は欠かせなくなってきます。「南和の医療は南和で守る」という基本理念を実現するための素晴らしい取り組みであると感じています。この取り組みは、地域医療改革、病院改革に県と市町村が力を合わせたモデルとして大いに参考にすべきところです。

（3）兵庫県川西市の病院改革
①　病院をめぐる状況

　２つ目の事例は、著者が携わった兵庫県川西市の病院改革の事例です。現時点では改革途中ですので、これまでの経過と今後の方向性について触れたいと思います。

　奈良県南和地域で行われた病院再編は、広域で公立病院を再編統合し、一部事務組合で公立病院を整備し運営する改革でしたが、兵庫県川西市での取り組みは、公立病院と民間病院を再編整備し、公設民営に変える病院改革の

図表３−10−３　地域医療構想に向けた南和地域医療提供体制

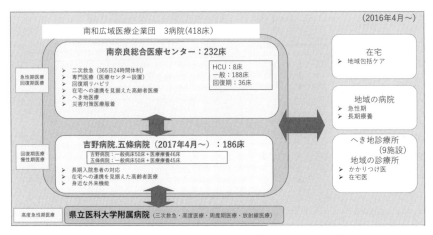

（出所：南和広域医療企業団　南奈良総合医療センター資料）

事例です。

　兵庫県川西市が運営する市立川西病院は、地方公営企業法の全部適用を受ける急性期病院で、許可病床数は250床です。当該病院事業も医療環境を取り巻く環境の影響を受け、2002年（平成14年）以降、病院事業収支は赤字での運営が続いており、近年は資金不足が継続して発生する状況に陥っています。川西市においてもこの間、何もしなかったのではなく、2009年（平成21年）３月に、「市立川西病院事業経営改革プラン」を策定し、経営の効率化に取り組んできました。しかしながら、医師数の大幅な減員が生じたことにより、入院及び外来患者数が大きく減少し、医業収益が大幅に落ち込んでいます。これを受け、2011年（平成23年）３月に同プランを改定しています。その後、改定した取り組みを加速させますが、収益構造の改善にまでは至らず、一方で、毎年度の資金不足が累積した結果、2014年度（平成26年度）決算で、財政健全化法に基づく資金不足比率が経営健全化基準の20％を超える25.8％になり、経営健全化団体となってしまいました。それを受けて、市では、2015年度（平成27年度）から３年間の経営健全化計画を2016年（平成28年）３月に策定し、経営改革に着手することになります。

② 病院経営の課題と経営改善のポイント

　このような中、国の医療介護総合確保推進法が成立、川西市も、総務省が

2015年（平成27年）3月に発出した「新公立病院改革ガイドライン」に基づき、2017年（平成29年）3月に「市立川西病院事業新経営改革プラン」（以下、新プランという）を策定しています。ここで新プランに書き込まれた同病院の経営課題は、次の通りです。

（1）　現状における経営上の課題

ア　市立川西病院の赤字経営と市の支援

　市は市立川西病院設立から一貫して公立病院の必要性を認識し、病院経営に対する支援を実施しており、現在、補助金として約10億円、長期の貸付金26億円を行って経営を支えています。さらに、病院経営の赤字運営が続く中で資金不足への対応として、短期貸付金6億円を長期貸付金とは別に行っている状況です。市では、できることであれば今後も支え続けたい思いはありますが、市を取り巻く環境がそれを許さない状況となってきています。市税収入は、20年前には250億円ありましたが、現在では200億円を下回っており、今後も減少傾向は続くと思われます。市の貯金にあたる基金も100億円以上あったものが30億円まで減少しています。一方で少子高齢化社会に伴う行政需要である子育て支援や高齢者支援などの対応は喫緊の課題です。今後も市税収入が減少していく中で、増大するこれらの社会保障経費への対応や計画的に取り組まなければならない公共施設の更新を考えると、市として10億円を超える病院への補助は継続できないことにあわせ、返済めどが立たない貸付金もこれ以上の増額には対応できない状況です。

イ　医師の確保

　市立川西病院における医師の確保は、大学医局の影響を受けます。それを補完するものとして医師紹介業などの利用もありますが、継続性、安定性に不安が残るところです。また、新たな大学医局との関係を構築することは、その医局と実績ある医療法人等との関係に新たに食い込んでいくことであり、これも非常に困難なものと思われます。

ウ　看護師の確保

　毎年度多くの看護師が退職しています（自己都合退職者数H27＝17人、H26＝22人、H25＝15人）。その理由はさまざまですが、他の病院へ転職しているケースも相当数あると思われます。優秀な看護師に長く勤務してもらうためには、給与・福利厚生面の充実だけではなく、家族寮、独身寮の整備、院内

保育所の設置、教育体制・研修制度の充実などに取り組んでいく必要があります。

エ　事務スタッフの充実

　病床利用率の向上、診療科ごとの収益分析、医薬品の購入方法・価格交渉などについて、病院関係者をコントロールして最適化を図ることができる専門性の高い人材がおらず、十分な取り組みができていない状況です。また、病院経営をサポートする事務職員の専門的なスキルアップを図る体制がとれておらず、市の人事異動により職員が入れ替わるという脆弱な体制となっています。

オ　職員人件費の高騰

　市立川西病院の立地や施設整備の状況から安定的に医師の確保を図るには、ある程度人件費を投入する必要があり、これが職員人件費の比率を押し上げ、経営上の課題となっています。

カ　経営健全化計画の進捗状況

　経営健全化計画では、平成28年度の医業収益は対前年度比で11.3％増を見込んでいますが、28年度上期の状況をみると厳しい環境にあると思われます。また、29年度以降の新たな具体的な改善策が少ないこと、今後は病院にとって有利な診療報酬の改定が期待できないことから、資金不足が継続するリスクを抱えており、経営健全化計画の達成ができない可能性があります。

キ　病院施設の老朽化

　市立川西病院は、開設以来33年が経っています。昨年5月に示した「市立川西病院の整備に向けた考え方」では、建て替えによる整備を基本としていますが、現在取り組んでいる経営健全化計画でも資金不足を解消できない経営実態では、財源となる地方債の国からの許可が得られず、建設する財源を確保できない状況です。したがって、法定耐用年数である39年に近づきつつある病院を建て替え、公立病院の存続を図るためには、県の地域構想に沿って医療機関の再編・ネットワーク化などの抜本的な病院経営改革を行って、地方債、地方交付税支援などの財源対策を講じていく必要があります。

（出所：川西市HPから抜粋）　※下線は、著者が加筆

新プランで指摘されたポイントを下線で強調しましたが、負のスパイラルに陥った病院経営を改善させるためには、経営そのもののあり方から抜本的な見直しが必要です。一方で、経営の効率化・経営改善だけで判断ができないのが病院事業の難しさです。地域の医療体制も確保して良質な医療を継続して提供していくことと両立させることが必要です。トレードオフにならないような取り組みが求められることになります。新プランでは、この点について、次のように記載されています。

---

(1) 再編・ネットワーク化に係る計画

　阪神北圏域は、高度急性期病床、回復期病床が特に不足していることから、圏域内完結率が71.8％と県内で最も低い完結率となっています。その解消に向けて、医療需要に応じた提供体制の見直しが必要です。医療の提供体制を検討する際には、公立病院だけではなく、民間病院も巻き込んだ中で、相互の機能の重複、競合をできる限り避け、それぞれの医療機関の的確な役割分担が図れるように取り組みます。

(2) 再編・ネットワーク化に係る留意事項

ア　他圏域との連携

　阪神北圏域は、共通して圏域内完結率は低くなっていますが、各自治体によって医療連携がなされている圏域（阪神南、大阪、神戸）が異なっているという特徴があります。本市でも、高度急性期病床がない状況ですが、多くは大阪方面の医療機関と救急医療等による医療連携がされています。今後においてもそれぞれの自治体が地域環境に合わせた連携を図っていくことが重要です。

イ地域包括ケアシステムの構築

　医療介護総合確保推進法においては、地域包括ケアシステムの構築を目的の一つに掲げていますが、兵庫県地域医療構想の中でも将来の在宅医療の必要量が示されており、阪神北圏域においては平成25年時点の在宅医療需要5,832人／日を平成37年には11,554人／日と見込んでいるなど、川西市医師会や介護事業者を含めた強力な連携により、医療と介護が総合的に確保されることを求められています。市立川西病院にあっては、介護保険事業との整合性を図りつつ、在宅医療に関する役割、住民の健康づくりの強化にあたっての具体的な機能、緊急時における後方病床の確保などについて検討していかなければなりません。

ウ　医師等の確保について

　各大学医局が供給できる医師には限界があるため、各病院が専門性を高め、専門医の確保に努める必要があります。医師の供給体制の継続性を保つためには、その専門性を活かした勤務環境を整えるなど、医師の生涯教育・研究環境に配慮する必要があります。

　また、看護師を確保するためには、給与、福利厚生面の充実だけでなく、研修、教育体制の充実を図ることが非常に重要です。

エ　病院施設の立地

　病院施設の老朽化が進んでおり、近い将来建て替えの時期がやってきますが、利用者の利便性はもとより、大学医局から医師を派遣しやすい環境にも配慮した立地を検討する必要があります。

　一方で、現在の市立川西病院は市北部にあり、主に当市北部地域の住民や猪名川町、豊能町、能勢町の医療の一部を担っています。そのため、北部地域の住民等の安心を確保する観点からの検討を行う必要があります。

4　経営形態の見直し

(1)　経営形態の見直しの方向性

　市立川西病院は昨年度策定した経営健全化計画に基づき、健全化に取り組んでおり、病床利用率は回復傾向にあります。しかしながら、診療報酬の改定の方向性、公営企業の高コスト体質などを考えると、経営健全化計画の達成ができない可能性があります。さらに、病院が抱える40億円を超える累積債務の解消と毎年10億円以上の補助金が必要となっています。そのため、市立川西病院が公立病院として、小児、周産期、救急などの不採算医療や高度・先進医療を継続的に担っていくという役割を果たしつつ、健全な経営を行い、将来にわたっても市民の医療の安全・安心を確保するためには、民間的経営手法の導入等、抜本的な解決策を講じることが必要となっています。一方で、阪神北圏域に属する伊丹市、宝塚市との連携や猪名川町、豊能町、能勢町から何らかの協力を求めていくことが必要となります。民間的経営手法の導入等の観点から行う経営形態の見直しに関し、考えられる選択肢は次のとおりです。

ア　地方独立行政法人化

　地方独立行政法人は、地方独立行政法人法の規定に基づき、地方独立行政法人を設立し、経営を譲渡するものです。地方公共団体と別の法人格を有する経営主体に経営が委ねられることにより、地方公共団体が直営で事業を実

施する場合に比べ、例えば予算・財務・契約、職員定数・人事などの面でより自律的・弾力的な経営が可能となり、権限と責任の明確化に資することが期待されます。

イ　指定管理者制度の導入
　指定管理者制度は、地方自治法の規定により、地方公共団体が指定するものに公の施設の管理を行わせる制度であり、民間の医療法人等を指定管理者として指定することで、民間的な経営手法の導入が期待されるものです。また、税制上で有利な社会医療法人を指定管理者とすることができればコスト的にも大きな削減が期待できます。

ウ　PFIの導入
　PFIは、民間資金等の活用による公共施設等の整備等の促進に関する法律（PFI法）の規定により、公共施設等の建設、維持管理、運営等を民間の資金、経営能力及び技術的能力を活用して行うものです。民間の資金、能力を活用することにより、地方公共団体が直接実施するよりも効率的かつ効果的に公共サービスを提供することが期待されます。

（出所：川西市HPから抜粋）※下線は、著者が加筆

　以上が新プランの核心部分です。結果、川西市の病院改革では、イの指定管理者制度に経営形態の見直しを行っています。このプランの実効性をどう確保するかが最大のポイントです。役所は、プランづくりは得意ですが、実行性をもたせるところに弱さがあります。実行性をもたせることの弱さの原因は、リーダーシップ、信念、行動力の欠如です。役所の責任回避体質から脱却し、未来に責任を取る強いリーダーシップ・信念・行動力の必要性を改めて感じたところです。
　このプラン策定後、川西市で順次進めた取り組みを紹介します。2019年（平成31年）2月に策定した「（仮称）川西市立総合医療センター基本構想」からその内容を抜粋します。2019年（令和元年）9月時点では、指定管理者制度の導入と新しい総合医療センターの整備事業者が決まったところです。これからが本番ですが、官民連携による病院改革の取り組みに着手できたのは、未来への大きなステップになったと考えています。次は基本構想の抜粋です。

1.阪神北医療圏・川西市を取り巻く環境 【基本構想 第1-1】

● 行政動向

平成30年4月 診療報酬改定
→急性期機能を担っていた病院に対する要件の厳格化

兵庫県地域医療構想
→医療機能の分化・連携、在宅医療の充実、医療従事者の確保が求められている

● 将来人口の推計

国立社会保障・人口問題研究所 日本の地域別将来推計人口（平成25年3月推計）より

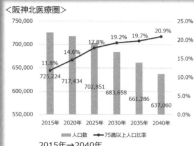

＜阪神北医療圏＞

2015年→2040年
人口：72.5万人→**63.7万人**
後期高齢化率：11.8%→**20.9%**

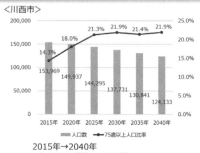

＜川西市＞

2015年→2040年
人口：15.4万人→**12.4万人**
後期高齢化率：14.3%→**21.9%**

● 市内完結率

市内全域 計5,596人

エリア	市内完結率
全域	40.6%
北部	49.3%
中部	42.0%
南部	34.0%

平成28年9月から平成29年8月までの川西市内居住患者の国保レセプトデータより入院実患者別の利用医療機関を集計
（精神科受療患者は除く）

川西市全域 40.6%
（阪神北医療圏71.8%）
北部よりも南部のほうが低い

● 川西市における1日あたりDPC患者数（推計）

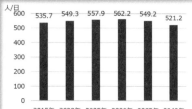

※一定の推計方法を用いて算出した推計値のため、実際の患者数とは異なります

2030年まで増加し、その後減少。呼吸器系、循環器系、外傷系が増加、消化器系、女性生殖器系が減少

● 機能別病床数

平成28年度病床機能報告及び兵庫県地域医療構想より

＜阪神北医療圏＞

	高度急性期	急性期	回復期	慢性期
① 2016年報告値	233床	3,105床	820床	2,673床
② 2025年必要数	497床	1,890床	1,718床	2,465床
差（①-②）	▲264床	1,215床	▲898床	208床

急性期病床の半数近くを高度急性期・回復期へ移行する必要あり

川西市内には**高度急性期を担う病院がない**

＜川西市＞

病院名	稼働病床数			
	高度急性期	急性期	回復期	慢性期
市立川西病院	-	235床	-	-
協立病院	-	313床	-	-
ベリタス病院	-	199床	-	-
自衛隊阪神病院	-	106床	-	-
第二協立病院	-	40床	151床	234床
協立温泉病院	-	-	50床	361床
九十九記念病院	-	-	-	82床
正愛病院	-	32床	-	38床
合計	0床	925床	201床	715床

2.市立川西病院を取り巻く環境 【第1-2】

● 地域別入院患者

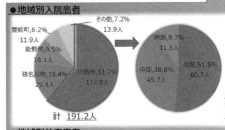

計 **191.2人**

● 入院患者数と診療単価

		平成26年度	平成27年度	平成28年度
1日あたり 入院患者数	実績値 (目標値)	152.7人	173.8人 (173.0人)	191.2人 (195.0人)
平均入院 診療単価	実績値 (目標値)	46,103円	46,264円 (46,411円)	45,938円 (47,500円)
病床稼働率		76.7%	75.2%	81.7%

※目標値は市立川西病院経営健全化計画における目標値を示す

川西市、猪名川町、能勢町、豊能町で**92.8%**を占めている
市南部からの患者は市内患者のうち**9.7%**と少ない
入院患者数、診療単価ともに**目標値未達成**

● 地域別外来患者

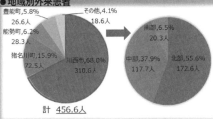

計 **456.6人**

● 外来患者数と診療単価

		平成26年度	平成27年度	平成28年度
1日あたり 外来患者数	実績値 (目標値)	423.2人	457.7人 (457.0人)	456.6人 (454.0人)
平均外来 診療単価	実績値 (目標値)	9,696円	9,691円 (9,694円)	10,027円 (10,000円)

※目標値は市立川西病院経営健全化計画における目標値を示す

川西市、猪名川町、能勢町、豊能町で**95.9%**を占めている
市南部からの患者は市内患者のうち**6.5%**と少ない
外来患者数、診療単価は**目標値をクリア**

● 経営状況

市からの補助金や長期貸付金などにより経営を支えているが、
平成14年度以降、経常収支の赤字が解消できない状況が続いている
直近5年間の状況は次のとおり

(単位：百万円)

	平成24年度	平成25年度	平成26年度	平成27年度	平成28年度
経常収支※	△493	△456	△402	△328	△116
市からの 補助金	1,064	982	987	1,029	1,022
市からの 長期貸付金	20	1,320		700	

※ 経常収支＝収益（医業収益＋医業外収益）－費用（医業費用＋医業外費用）

● 施設老朽化

市立川西病院は開設以来35年が経過し、
施設・設備ともに老朽化

↓

建て替えが必要

↓

地域医療構想に沿って医療機関の再編・ネット
ワーク化などの取り組みを行い、国から地方交
付税支援を受けるなどの財政対策を講じていく
必要がある

3.新センターにおける具体的戦略 【第1-3】

● 課題整理から考察する具体的戦略

ア　病院施設の整備
　　病院中心部（キセラ川西エリア内）への建設
　　　→ 市内完結率の向上、職員のアクセス配慮

イ　高度急性期・急性期医療の提供
　　重症度の高い患者を中心に受け入れ
　　　→ 医療機能の分化・連携

ウ　救急受入体制の強化
　　365日24時間体制のスタッフ配置を目指す
　　　→ 救急完結率の向上

エ　周辺医療機関との連携
　　地域医療連携室や患者支援センター（PFM）の整備
　　　→ 切れ目なく医療・看護・介護サービスが提供できるよう支援・調整

オ　小児・周産期領域の対応
　　周辺医療機関との連携、診療機能の集約
　　　→ 公立病院の使命として診療体制を整備

カ　経営の効率化
　　指定管理者制度の導入
　　　→ 2019年4月1日より医療法人協和会が指定管理者として管理運営し、抜本的な経営改善

4.基本理念 【第2-1】

「市民が安心・信頼できる病院」

5.基本方針 【第2-2】

● （仮称）川西市立総合医療センター整備の基本方針

ア　地域の医療機関と連携し、市の基幹病院の役割として**地域包括ケアシステムの構築**を進めます

イ　**がん診療の充実**を図ります

ウ　**救急医療の充実**を図ります

エ　**小児・周産期医療を推進**します

オ　利用環境の向上を図るため、**病室の全室個室化**に取り組みます

カ　**北部診療所を整備**し、本院との連携のもと、必要な医療を提供します

●地域医療機関との連携・地域包括ケアシステムのイメージ図

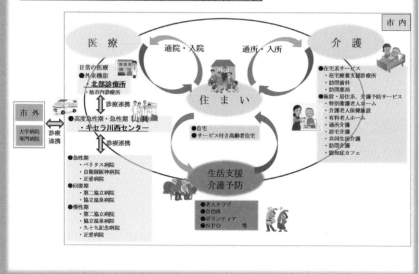

6. キセラ川西センター　診療科・診療体制 【第3-1】

● 診療科構成
内科、総合診療科、循環器内科、腎臓内科、消化器内科、呼吸器内科、糖尿病・内分泌内科、血液内科、外科、呼吸器外科、乳腺外科、眼科、耳鼻咽喉科、整形外科、リハビリテーション科、皮膚科、形成外科、神経内科、精神科、脳神経外科、麻酔科、産婦人科、小児科、泌尿器科、緩和ケア科、放射線科、病理診断科、救急科

計 28診療科

● センター化構想
循環器センター、消化器センター、脳卒中センター、周産期センター、乳腺センター、糖尿病・生活習慣病センター、腎センター、救急センター、オンコロジーセンター（仮称）、内視鏡センター、リハビリテーションセンター、患者支援センター

計 12センター

● 病床数
一般病棟377床　高度治療室等20床　脳卒中集中治療室3床

計 400床

● 想定患者数
入院：約370人/日（病床稼働率93%）　外来：約900人/日

● 想定職員数
医師：80〜90人、看護師：約400人、医療技術職：約100人

7. キセラ川西センターの特徴 【第3-2】

● 快適性

病棟の全室個室化 （うち有料個室3割、無料個室7割）

患者のプライバシーへの配慮、患者や家族等にとって快適で利用しやすい環境を確保するため、一般病室を個室化

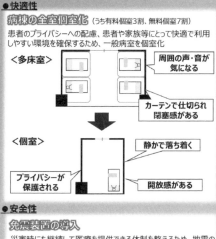

● 安全性

免震装置の導入

災害時にも継続して医療を提供できる体制を整えるため、地震の揺れを軽減させる免震構造を採用

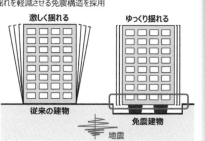

● 施設・設備の充実

重症系病床の整備

救急搬送後、手術後のなどの重症な患者を受け入れる病棟を整備

● 機能性

患者支援センターの整備

外来から入院、退院までで生じる各種支援・相談等を実施

外来	入院	退院

入院説明・書類準備

患者情報の収集

各種相談業務

退院先調整

在宅療養支援

● 経済性

将来拡張可能な設計プランの策定

医療需要の変化に対応できるよう、拡張性のある設計プランを採用

手術室のイメージ→

器材庫↓手術室	手術室①	手術室②	手術室③
ホール			
手術室④	手術室⑤	手術室⑥	手術室⑦

8.キセラ川西センター　建設地・整備スケジュール 【第3-5、8】

●建設地周辺図

キセラ川西エリア内に位置し、エリア内にある他の施設も複合的に利用しやすい立地

電車・バス・自家用車それぞれからアクセスしやすい川西市街地に建設

●整備スケジュール

キセラ川西センターは早期開院を目指し、工期短縮可能な**デザインビルド方式**※にて設計施工者に発注

※基本設計から施工までを一括して発注する方式

2022年秋頃の開院を目標

	2018年度	2019年度	2020年度	2021年度	2022年度
基本構想・基本計画 （2018年4月～2019年3月）	12				
設計・施工者選定手続 （2019年4月～7月）		4			
基本設計・実施設計 （2019年8月～2020年10月）			15		
建築工事 （2020年11月～2022年6月）				20	
搬入・移転等準備 （2022年7月～8月）					2

9.北部診療所について 【第4-1、2、3】

●診療科・診療体制

内科、整形外科、小児科、外科等その他の合計　4診療科・6診

	月～金	土・日・祝日
午前	内科3診、整形外科1診、小児科1診 外科等その他1診　　　　　　**計6診**	内科1診、整形外科1診、小児科1診 　　　　　　　　　　　　**計3診**
午後以降	内科1診（24時間急病対応）	

●建設地

現市立川西病院敷地内正面駐車場に整備

北部診療所とキセラ川西センター間のシャトルバスを運行予定

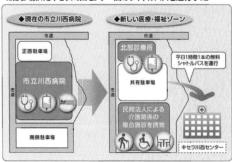

病院南側駐車場・病院跡地には、民間法人による介護老人保健施設、訪問看護ステーション、通所リハビリなどを誘致予定　※本構想対象外

●整備スケジュール

	2018年度	2019年度	2020年度	2021年度	2022年度
基本構想・基本計画 （2018年4月～）	12				
設計者選定手続 （2020年4月～7月）			4		
基本設計・実施設計 （2020年8月～2021年4月）			9		
施工者選定手続 （2021年5月～7月）				3	
建築工事 （2021年8月～2022年6月）				11	
搬入・準備等 （2022年7月～8月）					2

10.事業費について 【第5-1、2】

●キセラ川西センター 事業費

項　目	金　額	備　考
土地	約17.0億	
設計・監理等	約9.4億	地質調査費 開発行為許可申請費 測量費 基本・実施設計費 工事管理費
建築工事費	約167.5億	新築工事費（1㎡あたり360,000円）にその他（免震加算費、外構工事費、造成費）等を含む
システム導入費	約18.0億	
医療機器・備品費	約40.0億	
土壌汚染対策費	約14.0億	
キセラ川西センター事業費	約265.9億	

●北部診療所 事業費

項　目	金　額	備　考
土地	－	現市立川西病院跡地利用
設計・監理等	約0.3億	地質調査費 開発行為許可申請費 測量費 基本・実施設計費 工事管理費
建築工事費	約4.0億	1㎡あたり360,000円
システム導入費	約0.8億	
医療機器・備品費	約3.0億	
北部診療所事業費	約8.1億	

●総事業費の増額について

平成29年5月1日に発表しました「(仮称)川西市立総合医療センター構想(案)」より、建築工事費の再積算や病院機能の質的充実、土壌汚染対策費などの追加や北部診療所の建設経費の見直しなどにより、約98億円の増額を見込んでいます。

・キセラ川西センター事業費
(単位:億円)

項　目	29.5.1時点 A	基本構想 B	比較 B-A
土地	17.0	17.0	0.0
設計・監理等	7.4	9.4	2.0
建築工事費	80.0	167.5	87.5
システム導入費	12.0	18.0	6.0
医療機器・備品費	40.0	40.0	0.0
土壌汚染対策費		14.0	14.0
計(a)	156.4	265.9	109.5

・北部診療所事業費
(単位:億円)

項　目	29.5.1時点 A	基本構想 B	比較 B-A
土地	3.6	0.0	▲ 3.6
設計・監理	0.5	0.3	▲ 0.2
建築工事費	4.5	4.0	▲ 0.5
システム導入費	1.0	0.8	▲ 0.2
医療機器・備品費	10.0	3.0	▲ 7.0
計(b)	19.6	8.1	▲ 11.5

合計(a)+(b)	176.0	274.0	98.0

（出所：川西市HP）

●総事業費の負担割合

キセラ川西センターと北部診療所の総事業費274億円に30年間の借入利子を含めた総事業費は約355.5億円で、指定管理者が50%を負担し、国からの財政支援である地方交付税が約36%であるため、市の負担は約14%の約49.1億円（30年間の年平均償還額は約1.7億円）となります。

事業費の負担割合

市
約14%
約49.1億円

指定管理者
50%
約177.7億円

地方交付税〈国〉
約36%
約128.7億円

総事業費 約355.5億円
(償還30年間の利子含む)
(キセラ川西センターと北部診療所の合計)

③　病院改革のポイント

　この病院改革の実践ポイントは、二つあります。

　一つは、指定管理者制度で官民連携を図ったことです。指定管理者制度は、公の施設について管理運営を民間事業者に委託することができる制度で、公の施設の管理・運営に民間等のノウハウを導入することで効率化を図るものです。ここでポイントになるのは、公の施設の管理運営を的確に担う民間事業者を選定することです。それとあわせて双方がWIN-WINになることが大切です。特に、病院事業の場合、公立病院としての使命である政策医療（救急医療、周産期医療、小児医療）を確実に実施できる医療法人を選定することが求められます。また、病院整備や運営を行う財務体力と医師や看護師のスタッフ確保のための大学医局や看護学校との連携などの体制をもっていることが必要条件になってきます。その意味では、病院事業に指定管理者制度を導入するのは容易ではありません。それに加え、病院事業の経営には、医療法等に基づく地域医療計画による病床数の制限があるため、簡単には事業規模の拡大により収益構造を拡張することもできません。一方で、病院経営の主たる収益は、公定価格である診療報酬を基本として行われます。したがって、事業収入に外生的な要因が強く働くために、経営環境としての自由度は限定的で、安定した経営を継続していくには、それなりの規模と経営手腕が必要です。また、医師や看護師のスタッフの供給にも制限がかかるため、規模の拡大で経営を安定させることも難しい点があります。そのような環境で公立病院の運営を担う事業者の選定は、上記の複数の制約条件をクリアしなければ、難しいものとなります。指定管理者選定の詳細は紙幅の関係で省略しますが、川西市の場合、タイミングを含めてうまく制度導入が図れた事例でないかと思っています。

　一方で、公立病院としての指定管理者制度の導入には、経営に対するモニタリングが重要になってきます。これは、医療サービスが住民の安全・安心に大きく関わるものであり、サービス内容と質の確保が求められるためです。その意味からも病院に対するモニタリングが鍵になります。特に、指定管理者制度を採用する場合、経営の内容がブラックボックス化することは避けなければなりません。基本協定などで指定管理者と自治体間での取り決めはするものの、公立病院の設置者としての自治体が、経営にコミットメント

図表3-10-4

◆市立川西病院経営評価委員会（外部目線）

●目的
平成31年4月から市立川西病院の管理運営が指定管理者に移行したのに伴い、安心で安全な医療を提供できるようモニタリングを通して、医療の質と病院の管理運営状況を確認していく。
●担任事務
医療や経営、労務管理に精通した外部有識者による専門的な立場から、下記（1）～（3）の報告を踏まえて、市立病院が、基本協定書、仕様書に基づき、適切な管理運営ができているのかを評価する。
（1）指定管理者からの事業報告
指定管理者から提出される事業計画、収支計画などについて、どのような事業を行ったのか事業報告を行う。
（2）利用者である市民等からの意見、提案の報告
市民モニター会議で、市民モニターから利用者の視点で、市立病院に関する意見、提案について意見交換をした内容報告を行う。
（3）市が行う指定管理者モニタリングの報告
市立病院の管理運営について、月1回、基本協定書、仕様書に基づき作成したチェック表で定期的に確認を行い、監督、助言等を行った内容報告をする。
●委員構成
6名（学識経験者、医療関係者(医師・看護師・医療技術職員)、公認会計士、社会保険労務士）
●委員任期　2年
●開催回数　年2回

◆市民モニター制度（利用者目線）

●目的
平成31年4月から市立川西病院の管理運営が指定管理者に移行したのに伴い、更なる患者サービスの向上をめざし、市民等とともに利用しやすい病院づくりを行う。
●担任事務
利用者の視点から市民モニターが、市立川西病院の運営について意見、提案を行い、患者サービスの向上に繋げる。
【活動の方法】
ア　市民モニター会議の開催
イ　その他
●委員構成
6名程度、現病院の間は公募せず、指名制とする。
●委員任期　2年以内
●開催回数　市民モニター会議　年2回

できる仕組みが必要です。

　モニタリングは、通常、三つの方法があります。一つは指定管理者が自ら行うセルフモニタリング、二つには、外部の目線から行う経営に対するモニタリング、三つには、利用者目線からのモニタリングです。セルフモニタリングは、指定管理者制度の根幹をなすもので、これは必須条件として協定に定めて行うことになります。大事な点は二つ目と三つ目のモニタリングです。

　川西市において、二つのモニタリング制度を立ち上げています。図表3-10-4がその概要です。

　同図表のように外部の専門家と病院利用者により目線を変えてモニタリングすることで、経営リスクを防ぎ、官民双方が連携していい病院づくりをしていくことができれば、地域の医療環境の確保ができ、住民に安心・安全を提供することができるものと考えています。ただ、課題は行政側にあります。今は指定管理者への切り替え後なので、直営時代に病院経営を経験した職員が多数おり、市の事務として病院経営のモニタリングは可能です。そのうち年数が経っていくと、経験した職員がいなくなり、病院経営を監視するための人材がいなくなります。指定管理期間である20年を考えると、公立病院を経営する市の責務をどう果たしていくのか、という大きな責任と課題を負うことになります。そのため、市の専門的知識不足を補完する方法とし

て、医療コンサルタント、公認会計士等の外部有識者の力を借りることで対策をとることが必要となってきます。

　次に、二つ目のポイントは、新病院整備の際の財源確保です。公立病院の整備には莫大な費用が必要です。特に、近年は病院整備コストが上昇し、自治体が単独で病院整備をする場合には、その整備コストが経営に与える影響をしっかりと見極めておく必要があります。通常、地方公営企業で行われる病院事業は、地方債による財源調達で整備していきます。そして、その整備コストは、毎年度の減価償却費として、病院経営において負担していくことになります。公立病院の場合、救急医療、周産期医療、小児科医療などの政策医療（不採算医療）を実施することが基本となるので、病院整備コストに対して、国から地方交付税（普通交付税）による元利償還金に対する財源保障という形で財政支援を受けることができます。また、病院事業改革の一環で、2015年（平成27年）４月の総務省通知「公立病院に係る財政措置の取扱いについて」によって、公立病院の再編・ネットワーク化に関する財源措置が示され、病院の再編・ネットワーク化を講じる場合には、地方交付税による財政支援のかさ上げをすることが示されています。

　病院整備に関する財源スキームは、図表３−10−５のとおりです。

図表３−10−５

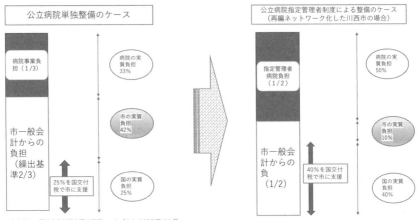

◆公立病院整備事業の財源構成
（仮定条件：病院整備は100％地方債で対応し、その地方債償還財源がトータルでカバーした場合）

★ただし、国地方交付税支援は建築コスト㎡あたり36万円が上限

単独整備する場合には、自治体がその３分の２を病院事業に一般会計から繰り出し、整備に関する元利償還金の25％は地方交付税（普通交付税）による国の財政支援を受けることになります。したがって、市の実質負担は42％となります。この負担は、自治体行政サービス全体の中で、地域医療対策としてどこまで許容できるかです。規模が小さく一般財源が少ない自治体ではかなりの負担になってきますので、スケールメリットのある取り組みが必要になってきます。簡単に言えば、都道府県や政令指定都市もしくは広域連合（一部事務組合）でないと対応できないことになります。

　また、病院事業としての負担33％もかなりの負担になります。この33％は診療報酬である病院収益の中で対応することになりますので、これをクリアしていくには　病床数を大きくし、収益構造の最大化を図る必要があります。現状では、川西市レベルの自治体で、250床から300床レベルの単独整備はかなり難しいと言っても過言ではない状況です。

　そうした中で、川西市が選択した手法は、同図表の右側になります。今回の川西市の病院整備では、民間医療法人と協力した公民連携手法を採用しています。市民病院（235床）と民間病院（313床）を廃止・統合して、新しく総合医療センター（400床）を整備するものです。国が示す再編・ネットワーク化の手法を活用しますので、国から地方交付税での支援40％を受けます。また、指定管理者と元利償還を折半して負担しますので、市の実質的な負担は10％に抑えられるスキームです。民間医療法人の負担が33％から50％に上昇していますが、民間医療法人が単独整備した場合は100％負担ですので、民間医療法人としても取り巻く地域の医療環境を考慮すれば十分に検討に値する選択肢であると言えます。

　地域の医療資源（医師、看護師、患者）の将来動向を考えれば、医療資源を集中させて、地域医療を守るというスタンスのもとで、官民が協力して取り組んでいくことは必要なことであると考えています。川西市の場合、これから改革の本番を迎えますので、しっかりと成果が得られるように取り組んでいくことが求められています。

第4章

これからの自治体に
必要な3つの視点

（1）これまで進められてきた行革

　行革（行財政改革）は前章で説明した10の実践ポイントも含めて、行政サービスのあり方、経営体制などすべての面での改革を指します。行革そのものは、すでに、どの自治体にとっても当然行うべき実践になっていて、行革を継続して取り組んでいくことが、これからも必要不可欠となっています。一方で、自治体を取り巻く環境はこの10年あまりで大きく変容してきました。図表４−１は、2018年（平成30年）10月に総務省自治行政局行政経営支援室がまとめた「地方自治体における業務改革の取組」です。2005年（平成17年）から2009年（平成21年）までの集中改革プランの実施により、職員数、給与水準の適正化が集中して行われ、自治体の減量政策が進められてきまし

図表４−１　地方行革について

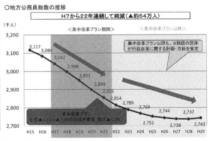

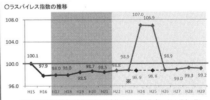

（出所：内閣府ＨＰ）

た。また、2010年（平成22年）から自主的・主体的な行革の推進が進められ、全国の自治体が行革計画を策定・公表し、推進が一層図られたところです。2015年（平成27年）には、地方行政サービス改革の推進が総務省助言通知により自治体に要請されています。

2015年8月に総務大臣から出された地方行政サービス改革の推進に関する留意事項についての通知が、図表4－2に示している内容です。1.行政サービスのオープン化・アウトソーシング等の推進、2.自治体情報システムのクラウド化の推進、3.公営企業・第三セクター等の経営健全化、4.地方自治体の財政マネジメントの強化、5.PPP/PFIの拡大と、これまでの自治体内部の減量行革から、人口減少社会到来に備えての民間活力の活用、行政サービスのアウトソーシングが中心になっています。あわせて、行政サービスの見える化を推進する内容です。見える化は、住民への説明責任を果たしながら、民間委託等の業務改革を進めることをめざすこととしています。

このように地方自治体には、2005年（平成17年）からスタートした減量型行革を一定の成果を上げつつ継続し、その上に立って、自治体が直面する人

図表4－2　地方行政サービス改革の推進に関する留意書類について（平成27年8月28日付け総務大臣通知）

1　行政サービスのオープン化・アウトソーシング等の推進	3　公営企業・第三セクター等の経営健全化
○民間委託等の推進 ▶定型的業務や庶務業務を含めた事務事業全般にわたり、民間委託等の推進の観点から、総点検を実施。 ▶業務の集約・大くくり化、他団体との事務の共同実施など事務の総量を確保や仕様書の詳細化などの工夫を行い、委託の可能性を検証。	▶公営企業については、中長期的な経営計画である「経営戦略」を策定し、経営基盤強化等の取組を推進。各水道事業及び下水道事業において、「経営比較分析表」の作成及び公表を推進。 ▶第三セクターについては、経営状況の把握等に努め、財政的リスクを踏まえた上で抜本的改革を含む不断の効率化・経営健全化に適切に取り組むことを推進。
○指定管理者制度等の活用 ▶公の施設について、指定管理者制度を導入済みの施設も含め、管理のあり方について検証を行い、より効果的、効率的に運営。 ▶複数施設での公募対応型の管理への参入環境の整備や施設業務の部分的な導入等、幅広い視点から管理のあり方について検証。	4　地方自治体の財政マネジメントの強化
	○公共施設等総合管理計画の策定促進 ▶平成28年度までに、長期的視点に立って公共施設等の総合的かつ計画的な管理を行うための計画を策定するとともに、公共施設等の集約化・複合化等に踏み込んだ計画となることを推進。
○地方独立行政法人制度の活用 ▶事務事業の廃止や民間譲渡の可能性を検討した上で自ら実施するよりも効率的・効果的に行政サービスを提供できる場合に活用を検討。	○統一的な基準による地方公会計の整備促進 ▶原則として平成27～29年度の3年間で、固定資産台帳を含む統一的な基準による財務書類等を作成し、予算編成等に積極的に活用。
○BPRの手法やICTを活用した業務の見直し ▶事務事業全般に渡って、BPRの手法を活用した業務フローの見直しやICTの活用等を通じて業務を効率化。 ▶特に住民サービスに直結する窓口業務の見直しや職員の業務効率向上につながる庶務業務の内部管理業務の見直しは徹底的に実施。	○公営企業会計の適用の推進 ▶平成27～31年度の5年間で、下水道事業及び簡易水道事業を重点事業として地方公営企業法の全部又は一部（財務規定等）を適用し、公営企業会計に移行。
2　自治体情報システムのクラウド化の拡大	5　PPP/PFIの拡大
▶複数団体共同でのクラウド化（自治体クラウド）は、コスト削減、業務負担の軽減、業務の共通化・標準化、セキュリティ水準の向上及び災害に強い基盤構築等の観点から、積極的な導入を検討。 ▶情報システム形態やコストの現状について正しく認識するとともに、コストシミュレーション比較等を実施し、業務負担の軽減、セキュリティの向上、災害時の業務継続性等についても考慮。	▶公共施設等運営権制度の積極的導入や公共施設の維持更新・集約化等へのPPP/PFI手法の導入等を推進。PPP/PFIの導入に係る地方財政措置上のイコールフッティングを図る。 ▶公共施設等総合管理計画の策定を通じ、PPP/PFIの積極的活用の検討に努めるとともに、固定資産台帳を整備・公表し、民間事業者へのPPP/PFI事業への参入を促進。

○業務改革を推進するため、民間委託やクラウド化等の各地方自治体における取組状況を<u>比較可能な形で</u>公表し、取組状況の<u>見える化を実施</u>。
○総務省においては、これらの推進状況について<u>毎年度フォローアップ</u>し、その結果を広く公表。

（出所：総務省資料）

口減少・少子高齢化の進行、デジタル化と第4次産業改革の進展、社会保障と財政の持続可能性、地方経済の活性化などに対応するために、次のステージの行革が求められています。

（2）新たな時代の行革に欠かせない技術革新の活用

　2019年（令和元年）6月の「骨太方針」において、地方行財政改革について次のように示しています。

---

　③地方行財政改革（基本的な考え方　地方創生の推進や東京一極集中の是正により、東京から地方への人・モノ・金の流れを促進することで、より個性と活力ある地域経済に再生し、同時に、次世代に持続可能な地方財政制度を引き渡していくことが重要である。Society 5.0時代の到来や人口減少を見据え、2040年頃までに顕在化する諸課題に今から対応する観点から地方行財政制度の在り方について検討し、必要となる取組を実行するとともに、国・地方で基調を合わせた歳出改革や効率化を積極的に推進する。具体的には、地方歳出についても、2020年度において、新経済・財政再生計画に定める目安に従って、国の取組と基調を合わせて歳出改革等の加速・拡大に取り組む中で臨時財政対策債等の発行額の圧縮、さらには、臨時財政対策債などの債務の償還に取り組み、財政健全化につなげる。また、人口減少に対応するためにも、地方自治体の業務改革と新技術の徹底活用を通じた住民視点に立った利便性の高い「次世代型行政サービス」への転換を積極的に推進する。同時に、歳出効率化等に前向き、具体的に取り組む地方自治体を支援するとともに、「見える化」の推進等を通じて、改革意欲を高め、効果の高い先進・優良事例の横展開を後押しする。社会保障関係費の増加、人口減少・高齢化の下での新たなサービス需要の増加といった課題に引き続き対処し、地方自治体が、より自立的かつ自由度高く、行財政運営できるよう、税源の偏在性が小さく税収が安定的な地方税体系の構築や地方行財政の持続可能性向上に向けて取り組む。地方の安定的な行財政運営を確保しつつ、上記の観点から地方交付税制度をはじめとする地方行財政改革を進める。

（出所：経済財政諮問会議「経済財政運営と改革の基本方針2019～「令和」新時代：「Society 5.0」への挑戦～」2019年6月）※下線は、著者が加筆

ここで鍵になるのは、新技術の徹底活用です。Society 5.0の実現に向けた改革として、政府では「未来投資戦略2017」を閣議決定しています。そこでは、「近年急激に起きている第４次産業改革（Iot、ビックデータ、人工知能（AI）、ロボット、シェアリングエコノミー等）のイノベーションをあらゆる産業や社会生活に取り入れることにより、様々な社会課題を解決する『Society 5.0』を実現することにある」とされています。今まさに、第４次産業改革が地方自治体の行政サービスを大きく変えようとしています。自治体現場では、そんなに急に変わるものではないだろうといった論調がありますが、今皆さんが使っているスマホが、このように使われることを10年前に誰が予想したでしょうか。人口知能の権威であるレイ・カーツワイル博士により提唱された「未来予測の概念」の中の、シンギュラリティ（Singularity：技術的特異点）という言葉で、人工知能が発達し、少なくとも2045年までに「人間と人工知能の能力が逆転する現象が起こることによって人間の生活に大きな変化が起こるという概念」を示しています。この事象が本当に起こるかどうかはわかりませんが、技術革新のスピードは速く、確実に進んでいきます。

図表４－３　地方自治体におけるAI・RPAの活用事例

○ 第9回研究会（2019年3月5日）で公表した参考資料における地方自治体におけるAI・RPAの活用事例の一覧
※☆印については、総務大臣メール「Society 5.0時代の地方」（第2号）にも掲載している活用事例

AIチャットボット

【事例P２】☆**福島県会津若松市**：AIを活用した問い合わせへの自動応答サービス。市民からの問合せに対して24時間365日対応可能。
【事例P３】**岡山県和気町**：AIチャットボットを導入。全国の移住希望者の方が知りたいときにいつでも町の情報を入手できる。

多言語翻訳

【事例P4】**東京都港区１**：多言語AIチャットサービスやAI翻訳システムを活用し、外国人に対して正確かつニーズにあった情報提供。
【事例P5】☆**神奈川県綾瀬市**：自治体翻訳システムにより、窓口で日本語が得意でない外国人でも理解できる行政情報が取得可能。
【事例P6】☆**福井県永平寺町**：AIを活用した観光案内による業務効率化。多言語AIコンシェルジュ導入により外国人の満足度の向上。

道路管理

【事例P7】**千葉県千葉市**：画像から路面の損傷程度をＡＩが自動分類する研究を実施。道路管理の省力化を実現。
【事例P8】**北海道室蘭市**：AI技術（路面画像からひび割れを自動検出）を活用し、道路管理の効率化・省力化を実現。

スマート農業

【事例P９】**北海道岩見沢市**：気象、土壌データなどを基としたAI解析のもと、農作業の最適化に資する各種情報提供を行う。
【事例P10】**佐賀県みやき町**：AI・IoTを活用したスマート農業を普及させる実証実験。ドローンによる農場撮影や農薬散布。

福祉保健分野

【事例P11】**沖縄県那覇市**：AIによる統計解析を行い、特定健診受診勧奨通知を最も効果的なメッセージで届ける。
【事例P13】☆**愛知県豊橋市**：AIがケアプランを作成支援。ケアプランを実施した場合の将来予測と共に推奨するケアプランを提案。
【事例P14】☆**埼玉県さいたま市**：AIによる保育所利用調整業務の省力化。入所申請者への決定通知を早期発信。
【事例P20】**福岡県糸島市**：AIによる国民健康保険レセプト内容点検業務支援。点検業務のコスト削減、効果向上が期待。

職員の業務効率化

【事例P15】**長崎県大村市**：AIを活用し、職員が業務を行う上で不明な点を自動で応答するサービス。全体的な業務効率化が期待。
【事例P16】**大阪府大阪市**：区役所窓口の戸籍担当業務において的確な回答を表示するAIを活用。時間短縮と正確性の向上を図る。
【事例P18】**兵庫県宝塚市**：AIで職員のパソコン操作ログを分析。職員の働き方を見直すため、業務の流れなどの実態を可視化。

議事録

【事例P17】**愛知県東郷町**：音声書き起こしソフトによる会議録作成支援。職員の事務負担軽減に寄与するのか検討。
【事例P19】☆**東京都港区２**：AIによる議事録作成支援の運用開始、保育所AIマッチングシステムの実証実験。

RPA

【事例P22】☆**茨城県つくば市**：市民窓口課・市民税課業務等について、RPAを活用した定型的で膨大な業務プロセスの自動化。
【事例P23】☆**愛知県一宮市**：個人住民税に係るシステム入力業務をOCRとRPAを組み合わせ、自動入力することで省力化を実現。
【事例P24】**熊本県宇城市**：RPAを活用し、職員給与、ふるさと納税などの業務作業を自動化。職員の作業負担軽減。
【事例P25】**東京都港区３**：コミュニティバス乗車券申請書をAI-OCRで読取り、RPAを用いてシステムに自動入力及び受付簿出力。
【事例P26】**和歌山県橋本市**：申請書等をAI-OCRで自動で取り込み、RPAによる単純作業の自動化による定型的作業の削減を推進。
【事例P27】**石川県加賀市**：「定型業務」や「大量処理業務」へのRPA導入を推進し、事務改善や時間外勤務の縮減を図る。
【事例P28】**新潟県長岡市**：RPAを活用し、９課で試験導入。原課職員の自発的なシナリオ作りを促し、現場に即した業務改善。
【事例P29】**福岡県宗像市**：農耕地の賃貸借権設定状況や利用状況について、農地情報公開システムへのデータ入力をRPAで実施。

※OCR（Optical Character Recognition/Reader：光学文字認識）
※RPA（Robotic Process Automation：ソフトウェア上のロボットによる業務工程の自動化）

（出所：総務省資料）

そのためには、いち早く新技術を徹底活用する行革に取り組まなければならないと感じています。特に、AI（Artificial Intelligence：人工知能）を活用した技術革新は、ここ数年のうちに行政サービスの質、水準を大きく変える可能性があります。AI化が予想される行政サービスは、図表4-3に示しているように、定型的な事務に加え、納税、財務、法制執務、戸籍、公共交通や保育所利用のマッチングサービスなどあらゆる分野です。すでに、多くの先進自治体では試行実施が行われています。一方で、データセキュリティの問題等の克服しなければならない課題はありますが、この技術革新を止めるのではなく、課題を乗り越えていき、行政サービスの効率化と質的向上を図ることにトライしなければなりません。

　自治体でAI導入が進めば、これまで多くの人手で対応してきた比較的単純な業務は減り、一方で、計画や戦略の策定、住民とのコミュニケーションが要る業務などが増えることになります。つまり、比較的単純で付加価値の低い業務はAIで対応し、付加価値の高い仕事を中心に受け持つことへのシフトが自治体内で起こることになります。その観点からすると、これからの自治体では、AIで得られるデータを分析・利用し、合理的に地域の実情を踏まえた的確な判断をして、サービスを構築するなどの業務が中心になってくることが想像できます。そのような自治体業務のシフトが起これば、その変化に対応できる人材の育成が必要になってきます。

　一方、ICTやAIによる先端技術に伴い、自治体と民間企業の連携は、新たな時代に突入していくことになります。これまで、自治体が発注者、民間企業が受託者という構図であったものが、自治体と民間企業が課題を共有し、ともにWIN-WINとなる関係を構築することを目指さなければなりません。

　特に、先端技術を活用する分野においては、地域・社会課題を抱える自治体と技術開発しようとする民間企業のマッチングが必要不可欠です。これまでの技術開発においては、自治体の発注は、大手ベンダーの信用力と開発力に依存することが多く、その分、コストは高止まりしていました。また、開発にリスクを抱えるベンチャー企業の場合は、コストは安くてもリスクヘッジができないため、自治体の発注・契約システムの壁を越えられずに、実績がないことを理由に門前払いされてきました。その結果、社会全体として支払うコストは高止まりするという課題を受け入れざるを得なかったという実

態があります。

　この課題に立ち向かうチャレンジが、神戸市でスタートしたUrban Innovation KOBE（2019年度下半期よりUrban Innovation JAPAN）です。この取り組みは、自治体が抱える地域・社会課題とベンチャー企業のスタートアップをマッチングするオープンイノベーション・プラットフォームです。地域・社会課題に対して、自治体とベンチャー企業が、協働で一定期間の実証実験をし成功すれば、自治体の業務として予算化され、住民サービスに活用される仕組みです。

　ベンチャー企業にとっては、門前払いされていたビジネスにトライできる仕組みであり、成功すれば実績になり、また、他の自治体でも活用されることでビジネスとしての広がりを得ることができます。また、自治体においても、開発に成功すれば、大手ベンダーへの発注に比べて大幅なコスト削減が図れるというメリットがあります。

　発注・契約手法で課題はあるものの、注目すべき取り組みです。

　神戸市で2018年から取り組みをはじめ、この２年で成果を出しつつあることを踏まえると、まさに、新しい自治体と民間事業者のWIN-WINの関係ができつつあると感じています。このような取り組みが、今後、自治体経営の中で広がることを期待するところです。

（1）変わる公務員像

　本書204頁で、AI等先端技術を活用した利便性の高い行政サービスへのシフトが起こると、その変化に対応できる人材の育成が必要になってくると述べました。行政サービスが変わればそれに対する職員に求められる能力も変わるのは当然です。今日まで、自治体の人事行政で重きを置かれてきたことは、法制を理解し、ルールに従い、的確にミスなく業務を遂行することです。これは大切な部分で、公務員のベースとして必要なものです。ただ、大過なくルールを順守して、定年まで黙々と仕事をすると揶揄される公務員像はこれから先にはないと思っています。今、求められるのは、クリエイティブな発想、変化に柔軟に対応する応用力、やり遂げようとする熱意、行政を経営するプロ意識、新しいものにトライするチャレンジ精神、多様なニーズをから必要となる政策を抽出するコミュニケーション能力です。このような部分が今の職員に欠けている部分ではないでしょうか。この部分がないと、これからの経営戦略で必要となるアウトソーシング、PPP/PFIの導入、IT戦略やAIの活用などに対応できないのは明らかです。まさに、自治体運営から自治体経営に変えていくために必要な能力であると思います。

　一方で、働き方改革の波は、自治体職員の労働のあり方を大きく変えていきます。

　一つは、2020年（令和2年）4月からスタートする会計年度任用職員制度です。これまで当たり前だった正規職員、非正規職員（臨時職員等）の区別がなくなり、職員全員が正規職員になる時代の到来、同一労働同一賃金の時代となります。確かに、これからも勤務時間による給料の格差や任用期間が1年という違いはありますが、これまでと違った会計年度任用職員を含めた全職員に対する人材育成の考え方が求められてきます。

　二つには、職員の定年延長です。国のほうで現在、検討を進めていますが、間もなく実施されるものと考えています。ところで、国民的TV番組の「サ

ザエさん」のお父さんである浪平さんの年齢はいくつかご存知ですか。54歳だそうです。番組作成当時の定年年齢55歳を意識した定年前の姿を漫画化したものです。今であれば定年前と言われると、70歳過ぎの高齢者かと思ってしまいます。それだけ高齢者と言われる年齢設定が上へシフトし、60歳前後の職員の働きが社会を支える時代になっています。年金制度も支給開始年齢が65歳から70歳に引き上げられようとしています。60歳から65歳の職員をどのように活用していくか、これも人材育成にこれから求められる要素です。その意味では、自治体が定めている人材育成方針には、人材をどう効率的に活用するかといった視点が必要になってきます。

　三つ目は、職員採用です。転職が当然の時代がやってきています。学校卒業後に就職し、同じ職場で働き続けて定年を迎える時代はすでに終わっているようです。日本のトップメーカーであるトヨタ自動車が、2019年度に総合職の採用に占める中途採用の割合を2018年度の１割から３割増しに、中長期的には５割増しに引き上げると決定したというニュースが流れてきました。トップメーカーのこの方針のインパクトは大きく、この動きが広がっていくと、これまでのように新卒の学生をターゲットにリクルートする時代ではなくなってくると思います。一度就職してからキャリアを積んだ優秀な人材をどうリクルートするのか、まさに、エントリーマネジメントが必要です。

　このような時代を迎える自治体では、自治体の人材育成方針だけを考えるのではなく、どんな人材を採用するか、どのようにその人材を活用するかも含めたトータルな人材戦略が自治体経営には必要です。

　人材戦略には、三つが必要です。一つは採用戦略、二つには育成戦略、三つには活用戦略です。図表４－４は概念図ですが、このような三つの戦略で方向性を定めることが自治体力を強化し、難しい時代を乗り切るためのパワーになってくると思います。

　残念ながらこのようなトータルな人材戦略を明確に策定している自治体は少ないようです。その中で、東京都荒川区は人事戦略を策定しています。この人事戦略では、人材育成のみにとどまらず、採用、活用まで幅広く捉えた戦略を立てて取り組んでいます。下に示したのがその戦略の目次部分です。内容は紙幅の関係ですべて記載することはできませんが、このようなところからチャレンジするのも一つの方法です。

図表4－4　人事戦略

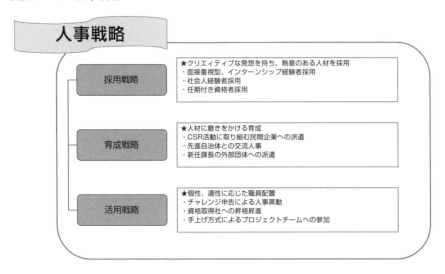

（2）東京都荒川区の人事戦略

【人事戦略】

戦略1　目標を明確にし、行動する組織の形成

戦略2　高い職務意識の醸成と、意欲ある職員集団の育成

戦略3　地方自治体の役割や雇用動向等の変化に対応した多様な人材の活用

戦略4　区政課題への取組を担保する、適正な組織体制の確立

第三章　人事戦略を実現するための具体的な取組

【重点プラン】

1. 意欲を持った人材を幅広く発掘し職員として採用する、新たな人材発掘プログラムの展開

2. 長期的視点に立った、系統的な若手職員育成システムの実現

3. 次世代リーダー育成プログラムの創設

4. 課や係などの基礎組織における、人材育成機能の強化

5. 新たな発想に立った研修機関『荒川区職員ビジネスカレッジ（ABC）』の拡充

6. 職員研修への民間研修機関のノウハウの活用と、アウトソーシングによる体制強化

7. 行政組織に適合する、新たな目標管理の導入

8. 適正な人事評価実現のため、第三者による評価検証制度を導入

9．非常勤職員の第一線での活用と、採用や処遇など制度の抜本的改革
【４つの戦略を実現するための行動プラン】
1．一貫性を持った人材育成システムへの転換
　(1)　人材育成と人事管理が一体となった、新たな人事執行体制の構築
　(2)　新しい人材育成方針の確立
　　①　<u>意欲を持った人材を幅広く発掘し職員として採用する、新たな人材発掘プログラムの展開</u>
　　②　長期的視点に立った、系統的な若手職員育成システムの実現
　　③　次世代リーダー育成プログラムの創設
　　④　昇任時等を契機とした研修から、系統的継続的な研修へ
　　⑤　職務意欲の向上や能力開発に重点をおいた多様な研修へ
　　⑥　課や係などの基礎組織における、人材育成機能の強化
　(3)　新たな発想に立った研修機関「荒川区職員ビジネスカレッジ（ABC）」の拡充
　(4)　職員研修への民間研修機関のノウハウの活用と、アウトソーシングによる体制強化
2．目標管理の導入と、適切な人事評価の実施
　(1)　行政組織に適合する、新たな目標管理の導入
　(2)　勤務実績に基づいた給与システムへの転換
　(3)　新たな人事評価の実施
　(4)　適正な人事評価実現のため、第三者による評価検証制度を導入
3．柔軟かつ多様な雇用制度の創設
　(1)　荒川区独自の雇用や処遇のあり方を検討
　(2)　常勤職員採用の多元化の実現
　(3)　非常勤職員の第一線での活用と、採用や処遇など制度の抜本的改革
　(4)　退職した職員の経験を生かす新たな活用策の検討
4．職員の特色を生かした配置や処遇の実施
　(1)　職員の経験等に適切に対応した、柔軟な職員配置方針の策定
　(2)　職員の多様性に立脚し、職務意欲の向上を可能にする新たな処遇制度の構築
　　①　常勤職員における、職員の特性を生かせる複線的な処遇制度の確立
　　②　非常勤職員の職務と職責に対応した処遇の多層化

（出所：荒川区HPより抜粋「新しい時代に対応した人事戦略構想」2007年（平成19年）９月目次）※下線は、著者が加筆

荒川区は戦略部分「地方自治体の役割や雇用動向等の変化に対応した多様な人材の活用」の中において、次のような方針を出しています。この点は大いに参考すべき点であり、これから自治体に求められるところです。

　常勤職員に関する採用方法について大幅に見直し、様々な経験を積んだ有用な人材を適宜確保していくことが重要である。民間企業や専門研究機関等での勤務実績を有する人材が新たに職員として加わることにより、職員集団の厚みが増すだけでなく、これまでの区の組織文化に異なった経験や考え方が注入され、組織全体に新たな発想や行動力を生み出すことが期待できる。

（出所：荒川区ＨＰより抜粋。「新しい時代に対応した人事戦略構想」8頁）

　次に、人材育成方針で、参考になる事例を紹介します。横浜市と大阪市の人材育成方針です。どちらも政令指定都市であり、規模が大きい自治体ですが、それぞれの自治体が今、どのような人材が必要でどのように育てるかを方針でまとめています。

（3）注目される人材育成方針

　図表4－5の横浜市の人材育成方針では、人材育成ビジョン、人材育成基本方針、全職員に求められる職員像、全職員に求められる「役割」「能力」「基礎的マインド・知識」、市職員と市の行動姿勢・取組として4年間の計画を定めています。求める人材像を明確にしている部分はとても参考になります。

　図表4－6の大阪市も同様ですが、人材育成基本計画改定の背景、めざす職員像と求められる能力、人材育成の基本的な考え方、人材育成における責務と役割にまとめています。人材育成に力点を置いた方針です。オーソドックスな計画ですが、これが基本ベースです。これにどう付加価値をつけて人材戦略にステップアップするかがポイントです。

　人材戦略は、まず、現在ある人材育成方針を見直す中で、採用・活用という要素を加味した、トータルベースでの戦略です。さらに、その計画は、期間を定めて効果・検証していく必要があります。そして効果を検証しながら、計画のローリングを実行し、自治体力の強化につなげていかなければならないものと考えています。

図表 4 - 5　横浜市人材育成ビジョン 2018〜2021

（出所：横浜市資料）

図表４－６　大阪市人材育成基本方針（概要版）

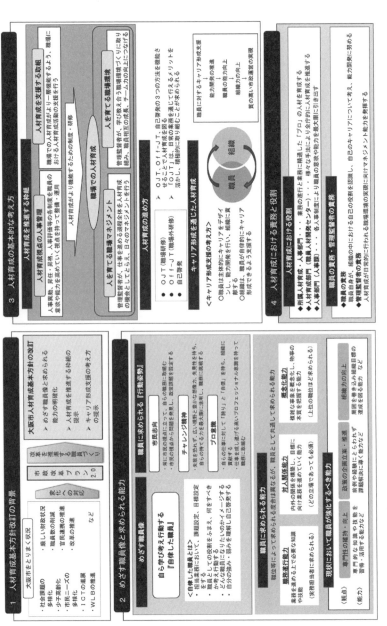

（出所：大阪府資料）

3 自治体間連携のあり方
～奈良県と高知県の取り組み～

　人口減少が地域の生活環境に影響を及ぼすことは、第2章で触れましたが、それ以上に、地域を支えてきた自治体経営においても、人・物・金の資源が減少することにより、これまで行えてきた行政サービスができなくなるという事態になるリスクは大きくなっています。実際、自治体においても、このまま税収減が続けば、これまでの組織は維持できず、組織の縮小、職員の減と相まって、行政サービスの縮小は余儀なくされます。特に、小規模な自治体は、組織としての機能を維持できない可能性も出てきます。それでも住民への行政サービスは一定必要であり、そうであるならば、それに対応した方策が必要になります。

　その一つの解決策として、重要な示唆を与えてくれるのが、奈良県の「奈良モデル」と高知県が取り組む「地域支援企画員制度」です。どちらも広域自治体である県が音頭をとり、県内の自治体と連携して取り組んでいる事例です。この取り組みでの共通事項は、急速に人口が減少し、将来に大きなリスクを抱える中、県知事が強力なリーダーシップを発揮して取り組んでいる点です。知事のリーダーシップのところは際立っていますが、どちらにしても県内の自治体と連携を強化し、実現していることが高く評価されています。

（1）市町村同士、県と市町村が連携・協働する「奈良モデル」

　まず、「奈良モデル」について見てみましょう。図表4－7は、2017年（平成29年）に出された奈良県の奈良モデルのあり方検討会の報告書「奈良モデル」の概要版です。

　この報告書のサブタイトルが、「人口減少・少子高齢社会に立ち向かう県と市町村との総力戦」とされています。このサブタイトルがすべてを物語っているところですが、奈良県では、この奈良モデルは、「市町村合併に代わる奈良県という地域にふさわしい行政のしくみ」であるとともに、人口減少・少子高齢化社会を見据え、「地域の活力の維持・向上や持続可能で効率

的な行財政運営をめざす、市町村同士または奈良県と市町村の連携・協働の
しくみ」と説明しています。

　その報告書で「奈良モデル」を推進する上での基本的な考え方について、
次のとおりまとめています。

---

① 　県と市町村はそれぞれが地方行政を担う主体であり、県と市町村は対等
　な関係にある。
② 　県と市町村は、憲法と法律が禁止しない限り、それぞれの議会の承認を
　得て、国を含む他の公共団体と自由に契約を締結し、平等な立場で連携・
　協働を進めることができる。(国の法律には記載されていない県と市町村の
　役割分担の隙間を私法上の契約で埋めていくという考え方)
③ 　県と市町村が有しているそれぞれの資源（人材、財源及び様々な施設な
　ど）を県域資源として捉え、県全体として効率的に有効活用する。

（出所：「『奈良モデル』のあり方検討委員会報告書［概要］」6頁、2009年）

　そして、県は基礎自治体である市町村を下支えし、自立心のある市町村を
様々な形でサポートする役割を果たすべきとの考えの下、取り組みを推進し
ています。この奈良モデルの代表事例が、第3章の10（本書178頁）で紹介
した病院改革事例、南和の広域医療提供体制の再構築です。奈良県が入っ
て、広域で地域医療を守ろうとした事例です。

　この奈良モデルを手法面から整理すると図表4-8のように、垂直補完、
水平補完、権限移譲・事務移譲の三つの取り組みに整理されています。

　図の左側の「垂直補完」では、逆権限移譲が行われています。道路・トン
ネルなどインフラ長寿命化において、市町村の技術的支援を市町村の委託に
より県が受け持つものです。小規模な自治体になれば、技術職員の採用や技
術的なノウハウを保有することが難しくなります。それを県が補完するシス
テムです。一方、中央部の水平補完は、職員数の減や専門職を抱えられない
という課題をもつ市町村が事務の共同処理を行うもので、消防やごみ処理の
広域化、南和地域の医療提供体制の再構築です。県が積極的に参加型の支
援、調整を行っています。県のこのような自発的でかつ積極的な取り組み
は、奈良県が全国に先駆けて取り組んだもので高く評価されています。奈良
県知事の次の言葉には重みがあります。「地方分権の基本とはやはり自立自

図表4－7　奈良モデル～人口減少・少子高齢社会に立ち向かう県と市町村との総力戦～

I　「奈良モデル」とは何か？　～奈良らしい知恵を生かした連携・協働の形～

○「奈良モデル」の定義　P.6～

　「市町村合併に代わる奈良県という地域にふさわしい行政のしくみ」であるとともに、人口減少・少子高齢社会を見据えて、「地域の活力の維持・向上や持続可能で効率的な行財政運営をめざす、市町村同士または奈良県と市町村の連携・協働のしくみ」と定義。

➤ 基本的な考え方　P.6
　・県と市町村は対等な立場に立つ地方公共団体である。
　・県と市町村は、国を含む他の公共団体と私法上の契約を活用し、柔軟に連携・協働できる。
　・県と市町村は、それぞれが有する資源（職員、予算、土地、施設）を県域資源として捉え、県全体で有効活用する。

➤ 市町村を下支えする県の役割 ＜図1＞　P.7
　・県は、サッカーに例えると、国と市町村の間に立つミッドフィルダー。市町村がゴールを決められるよう、良きボランチとして自ら考え、国からのボール（政策、情報、予算など）をコントロールし、うまくパスする。
　・国とも対等の立場で、国へ積極的に提案・要望する。

【図1　県の役割（イメージ）】

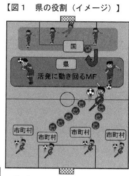

➤ 国の取組よりも先駆的だった「奈良モデル」　P.10
　・奈良県は、市町村が自立する真の地方分権のため、合併に代わり、県と市町村が連携・協働することで持続可能で効率的な行政運営をめざす独自の方向を選択。
　✓　全国に先駆けた、自治体間の柔軟な連携
　✓　県と市町村の総力戦で、地域活力の維持向上を図る取組 ┐を推進
　✓　現場の知恵を絞り、地域に相応しい取組 ┘

　・人口減少・少子高齢化が全国的な課題となるなか、国においても都道府県の役割が重要視されるなど、「奈良モデル」と同様の考え方が取り入れられてきている。

　✓　平成26年　5月　　地方自治法改正（「奈良モデル」の発展形とも言える「連携協約」等の導入）（参議院総務委員会に知事が参考人招致）
　✓　平成27年　1月　　第31次地方制度調査会専門小委員会において、知事が人口減少社会における都道府県の役割について説明
　✓　平成28年12月　　総務省「広域連携が困難な市町村における補完のあり方に関する研究会」で事例として検討が進められる

➤「奈良県・市町村長サミット」～「奈良モデル」の推進エンジン～　P.11
　・知事と市町村長が一堂に会し、行政課題について意見交換や勉強会を定期開催（年5～6回）。
　・年々議論が活発になり、知事と市町村長、市町村長間の信頼関係構築に役立つとともに、連携・協働推進のエンジンとなっている。

主な「奈良モデル」の取組とその成果 [P.15〜]

➢ 県は、財政支援や人的支援のほか、検討段階における課題提起や解決策の提案検討の場の設置
　等により一貫して支援し、取組を推進。

➢ 取組の結果、
　　・スケールメリットによる経費削減
　　・行政サービスの向上　　　　　　　｝　などの成果が上がっている。
　　・職員の能力向上

　　　　　　　　　　┌─────────────────────────────┐
　　　　　　　　　　│　・消防の広域化　　　　　　　　　　　　　　　│
　　　　　　　　　　│　・南和地域における広域医療提供体制の再構築　│
　　　　　　　　　　│　・ごみ処理の広域化　　　　　　　　　　　　　│
　　　　　　　　　　│　・道路インフラの長寿命化に向けた支援　　　　│
　　［取組例］　　　│　・市町村税の税収強化　　　　　　　　　　　　│
　　　　　　　　　　│　・移動ニーズに応じた交通サービスの実現　　　│
　　　　　　　　　　│　・情報システムの共同化　　　　　　　　　　　│
　　　　　　　　　　│　・パーソネルマネジメント　　　　　　　　　　│
　　　　　　　　　　└─────────────────────────────┘

1．県の支援のあり方 [P.39〜]

➢ 「奈良モデル」の取組成果を上げてきた県の支援の類型
　　（1）財政支援（補助金、貸付金等）
　　（2）人的支援（職員派遣、共同採用）
　　（3）県有資産の有効活用による支援（県域ファシリティマネジメント）
　　（4）その他の支援（市町村への課題解決策の提案や検討の場づくり）
　　　　①「シンクタンク機能」の発揮
　　　　②「調整機能」の発揮

➢ 「シンクタンク機能」「調整機能」の発揮といった検討段階における支援が重要であり、
　今後、重点化を図っていく。

2．今後、県が一層積極的な役割を果たす取組 [P.44〜]

➢ 「奈良モデル」は、全国的にみても先進的な取組であるとともに、人口減少社会において、
　地域活力の維持・向上を図り、持続可能な行財政運営に資する取組として、今後の都道府県
　行政あるいは基礎自治体のあるべき姿への示唆をもたらすものである必要がある。

◆これまでの成果を踏まえ、連携・協働を一層推進する取組

（1）県域水道ファシリティマネジメント [P.44〜]
　　・県営水道と市町村水道を一体として捉え、水道資源の最適化をめざす。
　　　上水道エリア：県営水道と市町村水道の統合をめざす。
　　　簡易水道エリア：管理や経営に対応できる受け皿組織の設立をめざす。
　　・業務の効率化、人材・技術力の確保に向けた民間活力導入を検討。

（2）県と市町村の連携・協働によるまちづくり P.53〜

・ＰＰＰ（公民連携）の手法も取り入れ、ハード整備後の運営管理も視野に持続可能性のあるまちづくりを検討。
・成果指標（ＫＰＩ）の設定など、効果検証ができるしくみづくりを検討。

（3）社会保障分野の「奈良モデル」としての医療・介護分野一体の取組 P.60〜

・地域医療構想を推進し、医療提供体制の整備を図るとともに、地域包括ケアシステムの構築に向け、県内に広めるモデルや具体的なしくみづくりを推進。
・医療費の地域差の分析を進め、市町村や医療機関等に医療費適正化に向けた取組を促すとともに、介護費についても分析し、介護給付の適正化を推進。
・国民健康保険の県単位化に向けた制度設計を推進。

◆ 今後、連携・協働を推進していく取組

（4）共同化の推進 P.68〜

➢ これまで「奈良モデル」を推進してきた経緯に鑑み、県は
｛・行財政基盤が脆弱な小規模団体において、将来的に行財政運営に支障を来す恐れがある場合
・市町村の自主的な行財政改革が望まれる場合
　→　行財政運営の効率化に資する、市町村運営の基礎分野において原点に立ち返り、広域連携を提案、調整を行う。

《具体的な取組》
① 事務・行政サービスの「共同アウトソース」の推進 P.69〜

事務・行政サービス等のアウトソースによる民間との連携・協働は、市町村の財政負担軽減のためにも重要。

┌─────────┐
│ 国への提言 │
└─────────┘
・共同アウトソースの受け皿として、民間事業者（指定管理者制度・業務委託）、一部事務組合、地方独立行政法人等が考えられる。
・地方独立行政法人は、公共性の担保・柔軟な業務運営・専門的な人材の育成等の面でメリットが大きいが、現行制度では受け皿となる業務の範囲が限定的である。また、幼稚園については、アウトソースすることができないため、制度改正が望まれる。

② 専門人材の共同確保 P.74〜

小規模な市町村等において、単独で専門人材を配置できない場合、持続可能で効率的な行政サービスを執行するために、県域パーソネルマネジメントの観点から、市町村間連携または県と共同で人材を確保・育成。

［取組例］　・保健師の共同確保
　　　　　　・スイスの森林環境管理制度を手本とした取組

③ ①かつ②双方に対応するための取組の推進 P.76

［取組例］　・自治体クラウドの推進

○ 「PPP」から「PPPP」へ P.77

これからの「奈良モデル」の推進においては、ＰＰＰＰ［県（Public）と市町村（Public）に民間の活力（Private）を加えた連携・協働（Partnership）の形］による取組を念頭に展開。

（出所：「『奈良モデル』のあり方検討委員会報告書［概要］」2009年）

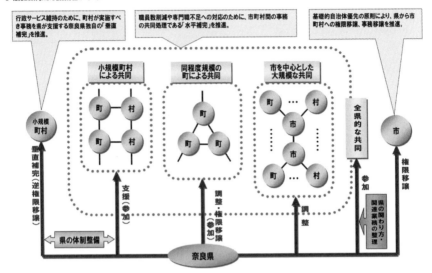

（出所：「『奈良モデル』のあり方検討委員会報告書［概要］」2009年より抜粋）

存であって、分権も連携もその上に成り立っているということです」（NARA MODEL　JOURNALより抜粋）

　奈良県は、県と市町村の対等の関係に基づいて、市町村がはばかることなく県からの支援を公平に受けられる仕組みづくりをしています。実際の支援のあり方は、図表4-9のとおり、①財政支援、②人的支援、③県有財産の有効活用による支援、④その他の支援です。これだけの支援を積極的に行っているので、著者が視察した奈良県天川村で感じたのは、県と市町村の一体感、職員同士の信頼感です。奈良モデルの現場での取り組みは他府県にはない深いものになっていると実感しました。

　このような奈良県の取り組みは、これからの自治体のあり方に有意義な示唆を与えてくれています。これだけ展開するには、県の積極的な関与が必要ですので、どこでも簡単にできるものではありません。また、一つの自治体の動きだけでは突破口を見つけることはできません。一方で、この考え方は、これからの自治体間連携で応用ができるものです。川西市でも、生活圏をともにする猪名川町との自治体間包括連携協定を2019年（平成31年）2月

図表4-9 奈良モデルにおける財政支援

① **財政支援（補助金、貸付金等）**
　補助金や無利子貸付により市町村の財政負担の軽減または平準化を図り、「奈良モデル」
の取組を支援するものである。
　平成２３年度より「『奈良モデル』推進補助金」により複数の市町村が連携して取り組む
事業の検討や計画策定、小規模なハード整備に対して支援してきたが、平成２７年６月には、
大規模なハード整備なども視野に、財政支援スキームを整理・充実した（「『奈良モデル』
推進貸付金」、「市町村とのまちづくり連携推進事業」、「ごみ処理広域化奈良モデル推進
事業」）。財政支援にあたっては、「奈良モデル」の考え方に合致する事業であって、国庫
補助金や地方交付税制度を市町村が最大限活用した上で生じる財政負担に対し、県が支援す
ることを基本的な考え方としている。

② **人的支援（職員派遣、共同採用）**
　市町村または複数の市町村が共同で設立する機関への県職員の派遣や、技術職員の採用共
同試験を実施することなどにより支援を行う。

③ **県有資産の有効活用による支援（県域ファシリティマネジメント）**
　県有施設等や県有地等の県有資産を市町村が有効に利活用できるよう支援するもので、県
にとっても、二重投資を避けるとともに、県有資産を総合的に企画・管理活用できるといっ
たメリットが生じる。

④ **その他の支援（市町村への課題解決策の提案や検討の場づくり等）**
　県は、「シンクタンク機能」と「調整機能」を発揮し、課題解決策の提案や検討の場づく
りなど、課題発掘の段階から市町村に寄り添い支援を行う。「奈良モデル」の取組の推進に
あたっては、「奈良県・市町村長サミット」での課題提起や、県が個別の市町村に対し、各
種の提案や調整を行うなど、検討段階から積極的に市町村を牽引する取組が功を奏している。

（出所：「『奈良モデル』のあり方検討委員会報告書」2009年）

に締結しています。将来、自治体が抱えるリスク、資源縮小時代への対応策
としての取り組みです。具体策はこれから生み出していくのですが、大きな
壁がある合併を選択をせず、個々具体的な連携を模索する取り組みがこれか
ら増えていくことと考えています。特に、自治体の保有する資源（資産）が
減少する、もしくは、対象者が減少するサービスでは、個々の自治体でフル
セットでの実施環境がなくなってきますので、自治体間での連携という選択
肢が活用できる分野は、ますます大きくなります。例えば、消防、防災、学

校（給食も含めて）、ごみ処理などの環境衛生、さらに、自治体内部管理における監査、選挙なども対象になってくると思っています。

（2）高知県の「地域支援企画員制度」

　高知県の事例は、垂直補完の事例です。地域支援企画員制度の概要は次のとおりです。

　高知県では、地域の元気づくりや支え合いの取り組みを応援するため、地域支援企画員が活動しています。地方分権の進展などによる新しいまちづくりが進むなかで、これからの地域づくりは地域の住民が自主的、主体的に自分たちのまちづくりに取り組むことが重要となっています。このため、地域支援企画員が、各地域に駐在して、市町村と連携しながら、こうした取り組みを住民と一緒になって進めることで地域の自立を支援しています。平成15年度からスタートした地域支援企画員制度のもと、各地域支援企画員は、地域のニーズや思いを汲みながら、地域の振興や活性化に向けた取り組みを支援するとともに、県と地域をつなぐパイプ役となって県の政策をはじめとする情報を地域に伝えたり、県民の声を県政に反映するため、地域とともに活動を行ってきました。また、平成20年度からは、最優先のミッションとして雇用や収入につながる取り組みなど、県の産業振興計画の地域アクションプランづくりに取り組んでおります。」

＜役割＞

市町村と連携しながら、実際に地域に入って、住民の皆様と同じ目線で考え、住民の皆様とともに活動することを基本に、地域の自立につながるよう、

　　1．地域の情報を汲み上げ、県の政策等に反映させる。

　　2．地域における活動の芽を育む。

　　3．県の政策を地域に伝え、実行・支援する。

　　4．地域の活性化に向けた支援を行う。などそれぞれの地域の実情や要望に応じた活動を行っています。

（出所：高知県HP）

　高知県の取り組みは、人口減少の負のスパイラルに立ち向かうための取り組みです。高知県における人口減少の負のスパイラルは、図表4－11のようになっています。このスパイラルは高知県だけでなく、日本の中山間地域をもつ自治体の共通項だと考えています。高知県では、この負のスパイラルの

図表4－11　高知県の人口減少スパイラル

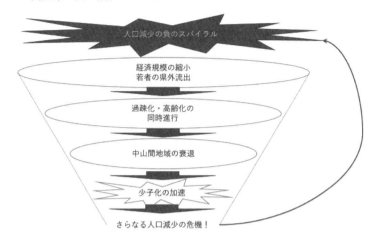

（出所：高知県産業振興推進部計画推進課地域支援企画員　近澤周平作成資料10頁、2019年10月26日）

図表4－12　地域支援企画員のポジション

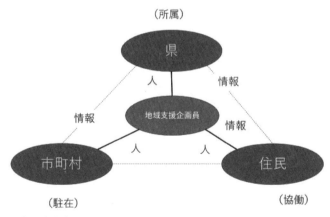

（出所：前掲資料）

克服に向けた取り組みとして、中山間地域の振興が重要になると判断し、施策を重点的に進めています。そのための「地域支援企画員制度」です。

　地域支援企画員制度は、地域に県職員が駐在し市町村と連携しながら、住民と同じ目線で考え、地域とともに活動することを基本にして、それぞれの

地域の実情やニーズに応じた支援を行うことによって、地域の自立や活性化をめざすものです。県内7ブロックに地域本部を設置し、各地域に64人が駐在しています。地域支援企画員のポジションは、図表4-12のとおりです。

　また、地域支援企画員の配置方針は、次のとおりです。

●県内7ブロックに地域本部を置き、各地域に①〜③の64人が駐在しています。
　①地域産業振興監（副部長級）7人
　　⇒産業振興計画地域アクションプラン等の総括
　②地域支援企画員総括（課長補佐級）18人
　　⇒地域支援の総括、集落支援の総括
　③地域支援企画員　39人
　　⇒地域本部及び各市町村の駐在
●原則としてすべての市町村に配置。ただし、これまでの取り組み、地域の状況、特殊性などを考慮して決定。

（出所：前掲資料29頁）

　この地域支援企画員制度について、私が参加している勉強会の中で、高知県地域支援企画員である近澤周平氏から次のようなコメントをいただいています。

「この地域支援企画員制度は、最初7人からスタートし、県職員の身分のまま、自治体に入るもので、市町村の職員とどう協力していけるかがキーポイントになっています。また、市町村の中に入って、地域振興をする仲間として、体を一緒に動かし、地域の人の力を信じて実行する。そこが大切です。そこには、地域の人との信頼関係を培う力、コミュニケーション能力が必要となってきます」

　このように先駆的に取り組まれてきた制度について、著者が感じたのは、地域支援企画員の熱い思いです。中山間地域を何とかしたいという熱意には驚かされました。県職員として地域の目線で地域の活性化に取り組む姿勢は、大いに評価できるものと思います。これを裏付けるものとして次のアンケート結果があります。

　制度創設から15年が経って県内34市町村はどのような受け止め方をしたか

について、地元の高知新聞が2019年10月20日にアンケート結果を公表しています。このアンケート結果では、「地域支援企画員制度」について、県内34市町村の6割近い19の市町村が「絶対必要」、14の市町村が「あったほうがよい」となっています。さらに、地域支援企画員の活動に満足しているかという質問には、「大いに満足」が12、「まずまず満足」が19であることを考えると、ほとんどの市町村がこの制度に満足していることがうかがえます。また、「県とのパイプ役」「住民とよく交流する」「市町村の目線で考えてくれる」との評価が高いところは、これに関わってきた企画員に対する評価であると考えています。一方で、不満な点として、「個人差が大きい」「動きが見えない」との意見もあり、制度的にはまだ改良の余地を残しているところです。

　いずれにしても、高知県の取り組みは、県と市町村が従来の自治体の枠を超えて地域の活性化に取り組んでいくモデルケースとして大いに参考にできるものであり、これからの自治体経営のあり方に、有意義な示唆を与えてくれるものです。

　以上が、「奈良モデル」と高知県の「地域支援企画員制度」の概要です。全国の自治体の多くで人口減少が急激に進むことが予想されるだけに、都道府県と市町村の垂直補完の取り組みは、行政サービスを維持していく上で、重要な選択肢になってくるものと考えます。この実現には、都道府県側の姿勢が与える影響が大きいですが、小規模自治体においても、この動きを加速させるために自治体間の連携を強めていく必要があると考えます。

おわりに

　私が市役所に入った1983年（昭和58年）当時、役所にはネット環境などなく、電話と電卓、ペン、カーボンコピー式の申請書類が常にあり、ようやくコピー機とFAXが入りだして、ワードプロセッサー（ワープロ）の登場に驚き、手書き文書からワープロへの移行が画期的であった時代でした。職場では多くの職員が喫煙しながら仕事をしており、今思えばすごい環境で仕事をしていたと思います。

　あれから38年、平成の激動期を超え、令和の時代になり、職場環境は様変わりしました。パソコンで仕事をし、連絡はメールで、スケジュールはデータで共有化され、決裁は電子決済で済ませ、固定電話やFAXの文化も消えそうになっています。政府の方針や会議内容は瞬時に拡散され、情報取得の時間短縮には格段の進歩が見られます。それだけ業務の効率化、スピードアップが図られています。

　また、住民サービスにおいても住民票などの証明書類はコンビニで取得可能ですし、税金の納付もクレジットカードやコンビニで済ますことができ、住民への情報提供も、広報誌という紙媒体からホームページ、そしてFacebook、Instagram、Twitterへと多種多様な方法によるようになりました。役所に必置されていた金融機関の窓口も、キャッシュレス化の流れの中で縮小、さらに、指定金融機関という位置づけそのものが揺らぎ始めています。

　また、2020年（令和2年）4月からは、会計年度任用職員制度がスタートし、地方公務員の働き方も大きく変わっていきます。取り巻く環境が激変し、自治体のあり方も変わる、新しい時代の到来です。その意味で本書のタイトルが「自治体生存戦略」となりました。

　自治体が住民サービスを持続して展開していくための戦いがすでに始まっています。これからの自治体職員には、トライ&エラーを繰り返しながら、熱意をもって自治体の経営改革に挑戦していく姿勢が必要です。その先に、自治体の新しい時代があるものと信じています。

　私自身の公務員生活の集大成としてまとめた本書が、これから新しい時代に挑戦する後輩たちへのエールになればうれしく思います。

　最後に、本書を刊行する機会をいただき、私を温かくサポートしていただいた学陽書房の川原正信氏に心より御礼を申し上げます。

2020年（令和2年）1月　　松木　茂弘

【参考文献】

公益財団法人 日本都市センター編、稲沢克祐、宮田昌一、鈴木潔著『自治体の予算編成改革
　　―新たな潮流と手法の効果―』（ぎょうせい、2012年）
大矢野修編著『財政縮小時代の人材戦略　多治見モデル』（公人の友社、2007年）
小西砂千夫『財政学』（日本評論社、2017年）
小西砂千夫『自治体財政健全化法のしくみと運営』（学陽書房、2019年）
西寺雅也『多治見市の総合計画に基づく政策実行―首長の政策の進め方』（公人の友社、2004年）
松木茂弘『自治体予算編成の実務』（学陽書房、2017年）
松木茂弘『自治体財務の12か月（第1次改訂版）』（学陽書房、2018年）

【著者情報】

松木 茂弘（まつき しげひろ）
川西市総合政策部長。

1959年生まれ。神戸大学経営学部卒。1998年関西学院大学大学院経済学研究科博士課程前期課程修了。2004年4月企画財政部財政課長、2008年4月企画財政部参事兼財政課長、2009年4月企画財政部参事（財政課担当）、2011年4月総合政策部財政室長、2012年4月理事（総合政策部担当）、2013年4月理事兼公共施設再配置推進室長、2014年4月理事（公共施設再配置推進室担当）、2015年4月より現職。日本地方財政学会会員（1998年〜）。関西学院大学人間福祉学部非常勤講師（2018年）。

「自治体財政の効率化」日本地方財政学会編『地方財政改革の国際動向』（勁草書房、1999年）、「自治体の予算改革への挑戦」経済学論究1999年3月（関西学院大学経済学部研究会）、「予算編成と総合計画との連動」地方財務2002年9月号、「枠予算の活用と政策形成システム」産研論集2006年2月（関西学院大学産業研究所）、「自治体財政健全化法：健全化判断比率等の算定様式の作成にあたって」地方財務2008年7月号、『自治体財務の12か月』（学陽書房、2010年）、『自治体予算編成の実務』（学陽書房、2017年）、『自治体財務の12か月＜第1次改訂版＞』（学陽書房、2018年）等、論文・著書を多数執筆。

人口減少時代に打ち克つ！
自治体生存戦略
──どの自治体でも取り組める3つの視点と10のポイント

2020年2月27日　初版発行

著　者　松木茂弘

発行者　佐久間重嘉

発行所　学 陽 書 房

〒102-0072　東京都千代田区飯田橋1-9-3
営業／電話　03-3261-1111　　FAX　03-5211-3300
編集／電話　03-3261-1112　　FAX　03-5211-3301
振替　00170-4-84240
http://www.gakuyo.co.jp/

装幀／佐藤博　　DTP制作／みどり工芸社　　印刷・製本／三省堂印刷
© Shigehiro Matsuki, 2020, Printed in Japan
ISBN 978-4-313-16162-7 C2036
＊乱丁・落丁本は、送料小社負担にてお取替えいたします。

『一般財源の縮小時代に機能する

自治体予算編成の実務

―技術向上、新たな試み、政策形成としての総合力強化』

松木　茂弘 著
A5判ソフトカバー　192ページ
2017年6月発刊
本体2,500円＋税

◎財源の限られる時代に見合った新たな予算編成を解説！
　予算編成をめぐる財政課の本音と建て前をおしみなく披
　露した実践的な解説書。
◎人口減少や公共施設等の老朽化による財政負担等、山積
　する問題に対応するため変わってきている自治体の予算
　編成方針や進め方に合わせ、予算編成の基本的な資料の
　読み方や書類の作成、新たな行政課題に対応する考え方
　と具体的な手法を解説。

『自治体財務の12か月

―――仕事の流れをつかむ実務のポイント＜第1次改訂版＞』

松木　茂弘 著
A5判ソフトカバー　248ページ
2018年9月刊
本体2,600円＋税

◎財政・財務の仕事を月別のスケジュールとして示した上
　で、実務の考え方と事務のポイントを解説。重要項目に
　ついても詳解した、画期的な手引書。お金の流れと施策
　決定の財源の裏付けが理解でき、地方議員や事業部局の
　職員にも大いに参考になる。
＊実際に次に（翌月などに）何をするべきかがスケジュー
　ルで示されているので便利。
＊実務についての解説も充実しており、異動して1年目だ
　けでなく2・3年目の職員にも役に立つ。
＊地方財政制度も理解できる。